Learning Arduino programming

# 러닝 아두이노

**황희수** 지음

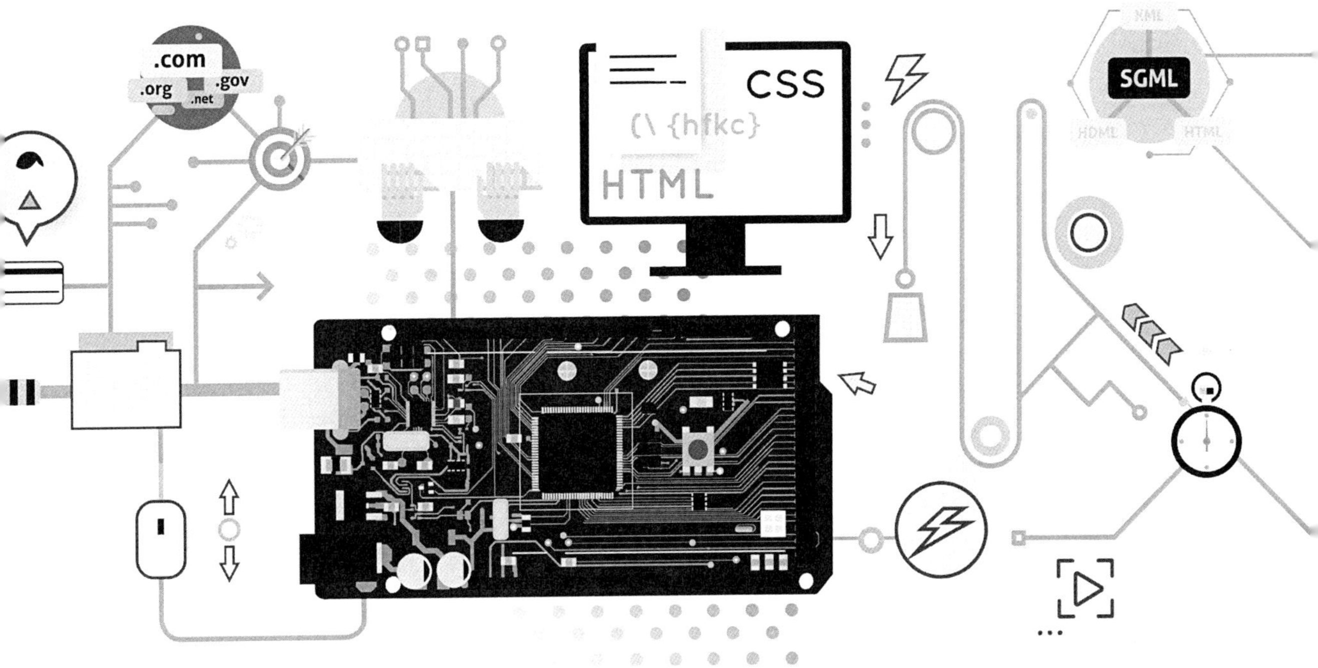


**신나는 상상을 현실로!**
**나만의 프로젝트를 위한**

홍릉과학출판사

## 저 / 자 / 소 / 개

연세대 전기과 공학박사.
한국고속철도기술개발사업단 수석연구원(프랑스 GecAlsthom에서 KTX 기술이전 및 차세대 한국형고속철도기술개발 수행), 기술신용보증기금 기술자문위원, 한국 퍼지 및 지능시스템학회 이사, 한국철도시설공단 품질/환경/안전 자문위원 지냄.
SCI 논문 11편을 포함 총 60여 편의 논문 발표와 저서 '컴퓨터에 의한 진화계산 및 진화디자인', '아이디어 발상 A To Z', '나를 가두는 생각에 날개를 달자', '퍼지 진화 컴퓨팅'이 있다.
현재 한라대학교 전기전자과 교수.

# 머 / 리 / 말

아두이노 보드는 가격이 저렴하고 관련 지식과 정보를 인터넷에서 쉽게 얻을 수 있어서 마이크로컨트롤러를 기반으로 하는 프로젝트를 구현하는데 매우 유용하다. 또한 전기전자에 대한 지식이 없는 초보자도 쉽게 사용할 수 있어서 인터액티브 아트에서부터 공학적 해결책까지 널리 활용되고 있다. 이 책은 다양한 응용 사례를 중심으로 아두이노 프로그래밍을 기초부터 단계적으로 배울 수 있도록 구성하였다. 특히, 마이크로컨트롤러, 프로그래밍, 전기전자 회로 등에 대한 전문 지식이 없어도 쉽게 따라할 수 있도록 간결하면서도 핵심을 놓치지 않으려고 노력하였다. 프로그래밍과 전기전자에 대한 사전 지식이 있는 독자는 응용 사례 구현을 통해 관련 지식의 이해를 더욱 높일 수 있을 것이다.

이 책은 종합설계와 같은 프로젝트형 수업이나 과제를 수행하기 전에 반드시 알고 있어야 할 내용들로 구성되어 있기 때문에 본 교재를 학습하고 나면 자신만의 톡톡 튀는 프로젝트를 구현할 수 있다는 자신감을 갖게 될 것이다. 상상을 통해 신나는 프로젝트를 기획해 보자. 아두이노가 상상을 현실로 만들어 줄 것이다.

이 책은 1장에서 아두이노 보드, 개발환경 및 프로그래밍 언어에 대해 설명하고 2장에서 기본적인 전자부품의 사용법과 저항, 축전기 및 인덕터의 용량 읽는 법을 설명한다. 3장에서는 다양한 방법으로 단색 LED와 3색 LED를 제어하고 4장에서는 각종 센서(피에조, 광, 기울기, 방향, 온도, 습도, 물체 감지, 가속도)를 사용하는 방법을 기술한다. 5장에서는 DC 모터, 서보 모터와 스텝 모터를 구동하고 6장에서는 릴레이를 사용하여 부하를 제어하는 방법을, 7장에서는 7-세그먼트와 LCD 디스플레이를 사용하는 방법을 설명한다. 8장에서는 인터럽트, 인터럽트 서비스 루틴과 인터럽트를 사용해 팬의 분당 회전수를 측정하는 방법을 설명한다. 9장에서는 블루투스, 리모컨, RFID 리더기와 Xbee를 이용한 통신을 설명한다. 10장은 프로젝트형 과제로 잔상 효과를 이용한 LED 디스플레이, 멜로디 연주 및 GPS를 이용한 위치 찾기를 다룬다. 11장은 미디어 아트에서 많이 사용되는 프로세싱 언어, 공학 분야의 분석과 설계를 위한 매트랩 언어 및 계측, 제어와 자동화를 위한 랩뷰 언어와 아두이노를 연동하여 사용하는 방법에 대해 설명한다.

부록에는 아두이노 라이브러리 만들기와 사물인터넷(IoT) 응용 블루투스 나노 보드에 대해 소개한다.

## Part 1 아두이노 개요



## Part 2 전자부품



## Part 3 LED 제어

## Part 5 모터



## Part 6 릴레이(Relay)

## Part 7 디스플레이



## Part 8 인터럽트



## Part 9 통신

## Part 10 나만의 프로젝트 만들기



## Part 11 아두이노와 컴퓨터 프로그램의 연동



## ▶▶▶ 부록

# Part 1
# 아두이노 개요

아두이노(Arduino)는 보다 쉽게 물리적인 세계를 감지하고 제어할 수 있게 해주는 도구로 간단한 마이크로컨트롤러 보드에 기초한 오픈-소스 컴퓨팅 플랫폼으로 이 보드에서 실행할 프로그램을 작성하는 개발환경을 포함한다. 아두이노는 다양한 스위치나 센서 입력을 받아 조명, 모터 등의 출력을 제어하는데 사용된다. 아두이노 스케치는 독립적으로 동작하거나 PC에서 동작하는 소프트웨어(예: Flash, Processing, MaxMSP)와 연동하여 동작할 수 있다.

다수의 마이크로컨트롤러와 플랫폼(Parallax Basic Stamp, Netmedia BX-24, Phidgets, MIT Handyboard 등)이 존재하지만 아두이노는 Atmel의 ATMEGA8과 ATMEGA168 마이크로컨트롤러를 기반으로 단순하고 명확한 프로그래밍 환경을 갖추고 있어 초보자도 쉽게 사용할 수 있는 장점이 있다. 아두이노 소프트웨어는 윈도우, 맥킨토시 OSX와 리눅스 운영체제에서도 동작하는 크로스 플랫폼이며 오픈 소스 도구로 출시되어 고급 프로그래머에 의해 확장이 가능하다. 프로그래밍 언어는 C++ 라이브러리를 통해 확장될 수 있어 보다 고급 기술을 이해하고자 하는 사람은 AVR C 프로그래밍 언어로 옮겨갈 수 있다. 마찬가지로 AVR-C 코드를 직접 아두이노 스케치에 추가할 수도 있다.

## 1.1 아두이노 보드

〈그림 1.1〉에 보인 아두이노 우노(Arduino Uno)는 ATmega328에 기초한 마이크로컨트롤러 보드이다. 이 보드는 14개의 디지털 입출력 핀(이 가운데 6개는 PWM 출력으로 사용 가능), 6개의 아날로그 입력, 16 MHz 크리스털 오실레이터, USB 연결, 전원 잭, ICSP 헤더와 리셋 버튼을 갖는다. 이 우노 보드는 기존 보드와 달리 USB를 직렬로 변환하는 FTDI 드라이버 칩을 사용하지 않고 대신 Atmega8U2에서 이 변환을 프로그램으로 수행한다.

**아두이노 우노 보드 특징**

- 마이크로컨트롤러: ATmega328
- 구동 전압: 5 V
- 입력 전압(권고): 7-12 V
- 입력 전합(제한): 6-20 V
- 디지털 입출력 핀: 14(이 중 6개는 PWM 출력)
- 아날로그 입력 핀: 6
- 입출력 핀의 DC 전류: 40 mA
- 3.3 V 핀의 DC 전류: 50 mA
- 플래시 메모리: 32 KB(ATmega328), 이 중 부트로더가 0.5 KB 사용
- SRAM: 2 KB(ATmega328)
- EEPROM: 1 KB(ATmega328)
- 클럭 속도: 16 MHz

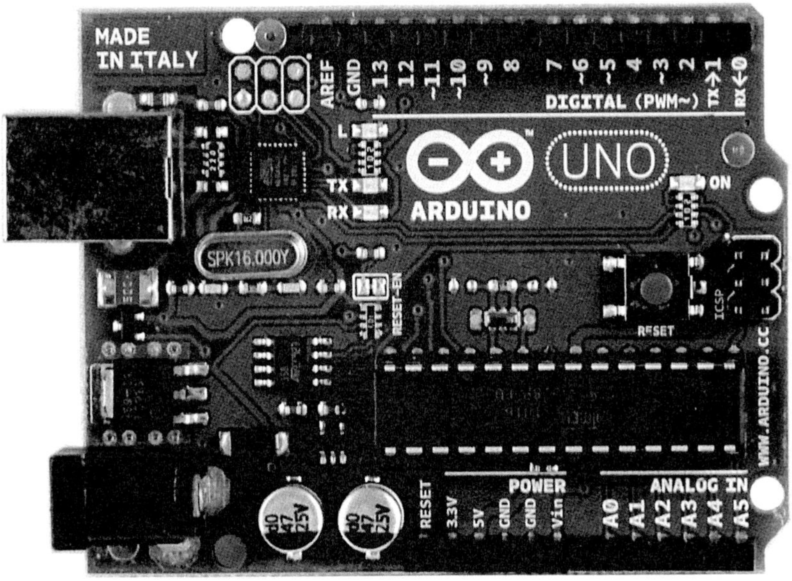

〈그림 1.1〉 아두이노 우노(Arduino Uno)

① **전원** : 이 보드는 USB 연결이나 외부 전원 장치를 통해 전기를 공급 받으며 전원은 자동으로 선택된다. 외부 전원은 어댑터(AC를 DC로 변환)나 배터리에서 공급된다. 어댑터는 2.1 mm 중앙이 양극인 플러그를 보드의 전원 잭에 끼운다. 배터리 연결선은 전원 커넥터의 접지(GND)와 전원(Vin) 핀에 연결한다. 보드는 6~20 V의 외부 전원에 동작하며 7 V 이하인 경우 5 V 핀은 5 V 이하 전압을 공급해 보드가 불안정해질 수 있다. 12 V 이상이면 전압 조정기(Regulator)가 과열되어 보드에 손상이 갈 수 있다. 따라서 전원 전압은 7~12 V가 좋다. 전원 관련 핀은 다음과 같다.

- Vin : 외부 전원 사용 시 아두이노 보드의 입력 전압.
- 5 V : 보드의 마이크로컨트롤러와 다른 구성요소에 공급할 전원. 이 전원은 VIN 전압이 보드의 전압 조정기(Regulator)를 통해 공급되거나 USB나 다른 5 V 전압으로부터 공급된다.
- 3.3 V: 3.3 V 전원은 보드의 전압 조정기에 의해 공급되며 최대 전류는 50 mA이다.
- GND: 접지 핀.

② **메모리** : ATmega328은 32 KB의 메모리를 가지며 이중 0.5 KB를 부트(boot) 로더(loader)가 사용한다. 2 KB의 SRAM과 1 KB의 EEPROM을 가진다.

③ **입출력** : 우노 보드는 14개 디지털 핀이 입력과 출력으로 사용가능하다. 입출력 지정을 위해 pinMode()를, 출력을 위해 digitalWrite()와 입력을 위해 digitalRead() 함수를 사용한다. 이 핀은 5 V에서 동작한다. 각 핀은 최대 40 mA의 전류를 입출력할 수 있고 내부에 20–50 kΩ의 풀업(pull-up) 저항을 갖는다(디폴트는 연결되어 있지 않음). 일부 핀은 아래와 같이 특별한 기능을 수행한다.

- 직렬 통신 0(RX)와 1(TX)번 핀: TTL 직렬 통신 데이터를 수신(RX)하고 송신(TX)하는데 사용. 이들 핀은 ATmega8U2의 USB를 TTL로 변환하는 직렬 칩에 연결되어 있다.
- 외부 인터럽트 2와 3번 핀: 이 핀은 전압상승 에지나 전압하강 에지에서 또는 전압이 변화 시에 인터럽트가 개시되도록 하는데 사용된다. 세부 내용은 attachInterrupt() 함수를 참조.
- PWM 3, 5, 6, 9, 10 및 11번 핀: analogWrite() 함수와 함께 8비트 PWM 출력을 제공한다.
- SPI 통신 10(SS), 11(MOSI), 12(MISO) 및 13(SCK)번 핀: 이들 핀은 SPI 라이브러리를 사용하여 SPI 통신을 지원한다.
- LED 13번 핀: 디지털 13번 핀에 내장된 LED가 연결되어 있다. 이 핀이 HIGH가 되면 LED가 온(점등), 핀이 LOW가 되면 LED가 오프(점멸)된다.
- 아날로그 핀: A0~A5까지 6개의 아날로그 핀을 갖으며 각각은 10비트의 해상도를 갖는다(즉, 1024개의 서로 다른 값을 가질 수 있음). 디폴트로 접지에서 5 V까지 측정할 수 있다. 측정 상한 값을 변경하려면 AREF 핀과 analogReference() 함수를 사용한다.
- I2C 통신 A4(SDA)와 A5(SCL)번 핀: "Wire" 라이브러리를 사용하여 I2C(TWI) 통신을 지원한다.
- AREF 핀: 아날로그 입력에 대한 기준 전압(0 V에서 5 V까지). analogReference() 함수와 함께 사용.
- Reset 핀: 마이크로컨트롤러를 리셋하려면 이 핀을 LOW에 연결. 리셋 버튼을 추가하려면 이 핀을 사용한다.

④ **통신** : 아두이노 우노는 컴퓨터 및 다른 아두이노나 마이크로컨트롤러와 통신할 수 있는 다양한 수단을 제공한다. ATmega328은 UART TTL(5 V) 직렬 통신을 제공한다(디지털 0(RX)과 1(TX)번 핀). 보드 상의 ATmega8U2는 USB를 통해 직렬 통신이 가능하게 하고 컴퓨터 소프트웨어에 가상의 COM 포트로 나타나게 한다. 8U2 펌웨어는 표준의 USB COM 드라이버를 사용하므로 외부 드라이버가 필요 없다. 아두이노 소프트웨어는 단순한 텍스트 데이터를 아두이노 보드와 컴퓨터간에 전송하는 직렬 모니터를 포함하고 있다. 데이터가 전송될 때 보드의 RX와 TX LED가 깜박인다. "SoftwareSerial" 라이브러리는 우노의 디지털 핀에서 직렬 통신을 지원한다. ATmega328은 I2C(TWI)와 SPI 통신도 지원한다. 아두이노 소프트웨어는 "Wire" 라이브러리를 이용해서 I2C 버스를 쉽게 사용할 수 있다. SPI 통신의 경우에는 "SPI" 라이브러리를 사용한다.

⑤ **프로그래밍** : 아두이노 우노는 아두이노 개발환경 소프트웨어(무료 다운로드)로 프로그램할 수 있다. 이 소프트웨어 메뉴 Tools〉Board〉Arduino Uno(보드의 마이크로컨트롤러에 따라)를 선택한다. 아두이노 우노에서 ATmega328은 부트 로더를 먼저 쓰고 새로운 코드를 업로드 할 수 있게 해준다. 부트 로더를 생략하고 마이크로컨트롤러를 프로그램하려면 ICSP(In-Circuit Serial Programming) 헤더를 사용한다.

⑥ **자동 소프트웨어 리셋** : 업로드 전에 물리적으로 리셋 버튼을 누르는 대신에 아두이노 우노는 보드에 연결된 컴퓨터에서 동작하는 소프트웨어에 의해 리셋 되도록 설계되어 있다. ATmega8U2의 하드웨어 흐름 제어선(DTR) 가운데 하나가 100 nF 축전기를 통해 ATmega328의 리셋 선에 연결되어 있다. 이 선이 LOW가 되면 리셋 선은 칩 리셋에 필요한 시간 동안 LOW 상태를 유지한다. 아두이노 개발환경에서 업로드 버튼을 클릭만하면 이 기능을 이용하여 코드 업로드가 실행된다.

⑦ **USB 과전류 보호** : 아두이노 우노는 컴퓨터의 USB 포트가 단락 및 과전류로부터 보호되도록 리셋이 가능한 폴리퓨즈를 갖고 있다. 대부분의 컴퓨터가 자체적으로 내부 보호를 제공하지만 이 퓨즈는 500 mA 이상의 전류가 USB 포트에 인가되면 단락이나 과부하가 제거될 때까지 자동으로 연결을 끊는다.

## 1.2 아두이노 개발환경(IDE: Integrated Development Environment)

아두이노 개발 환경은 코드를 작성하는 텍스트 편집기, 메시지 영역, 텍스트 컨솔, 공통 기능을 위한 버튼을 갖는 툴바와 일련의 메뉴를 포함한다. 개발 환경은 아두이노 하드웨어에 연결해서 프로그램을 업로드하고 통신할 수 있게 한다.

### 1) 아두이노 시작하기

① **아두이노 보드와 USB 케이블 연결 :** 〈그림 1.2〉와 같이 Arduino Uno 보드와 USB 케이블을 연결한다. Arduino Duemilanove, Nano 또는 Diecimila 보드의 경우도 동일하다.

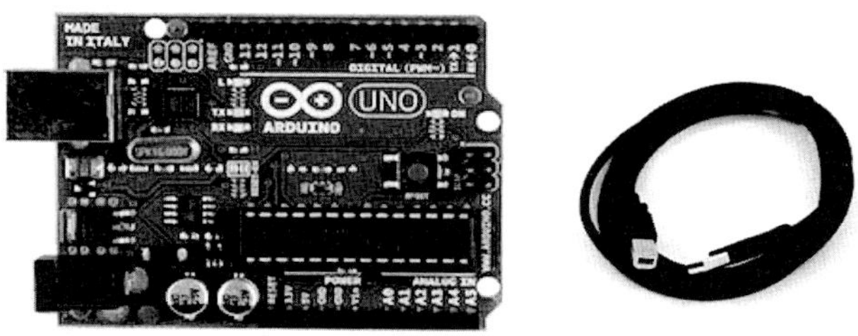

〈그림 1.2〉 Arduino Uno 보드와 USB 케이블

② **아두이노 개발환경 다운로드 :** 다운로드 페이지에서 최신 버전을 받는다(다운로드 사이트: http://arduino.cc/en/Main/Software). 인스톨러(.exe)나 zip 패키지를 다운받을 수 있는데 인스톨러 파일(arduino-x.x.x-windows.exe)을 다운받아 설치한다. zip 파일은 드라이버를 수동으로 설치해야 한다.

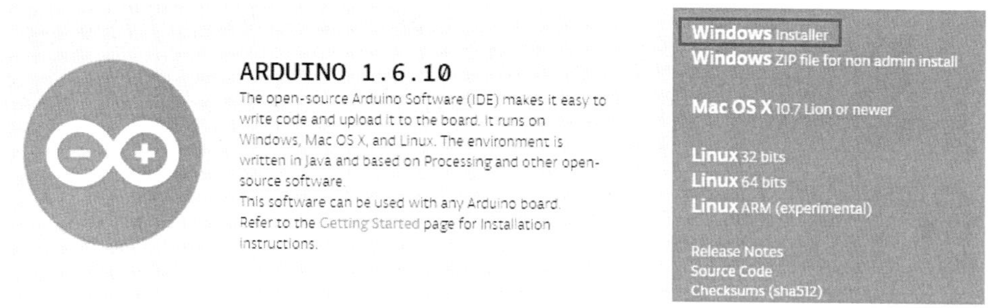


〈그림 1.3〉 아두이노 IDE 다운로드 사이트

• 인스톨러(Windows Installer)를 실행하면 다음과 같은 창이 뜨고 그림과 같이 항목을 체크하고 설치 버튼을 클릭한다.

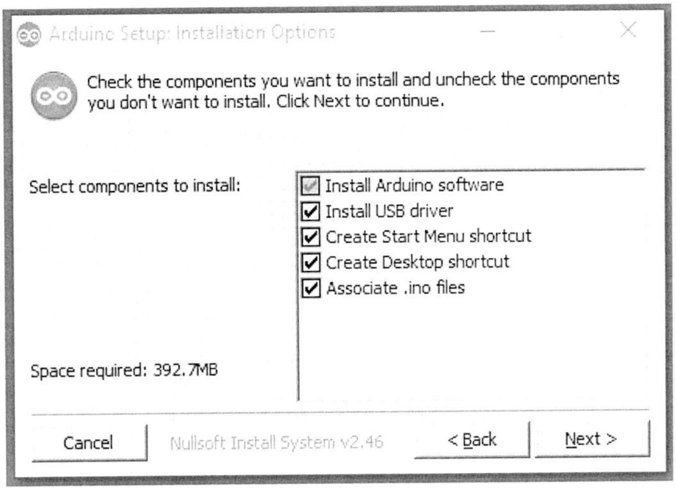


〈그림 1.4〉 아두이노 IDE 설치 항목 선택

• 아두이노 IDE를 설치할 경로를 지정하고 설치 버튼을 클릭한다.

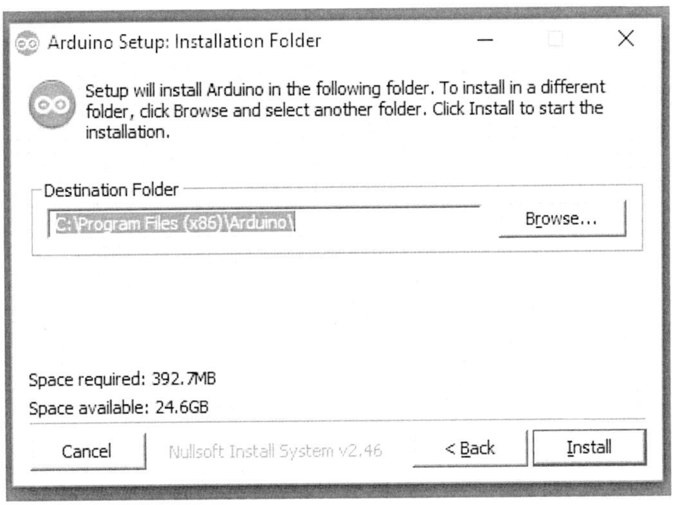


〈그림 1.5〉 아두이노 IDE 설치 경로 지정

- 자동으로 설치가 진행된다. 설치가 끝나면 바탕화면에 Arduino.exe의 바로가기 아이콘을 만들어서 바탕화면에서 실행할 수 있게 한다.

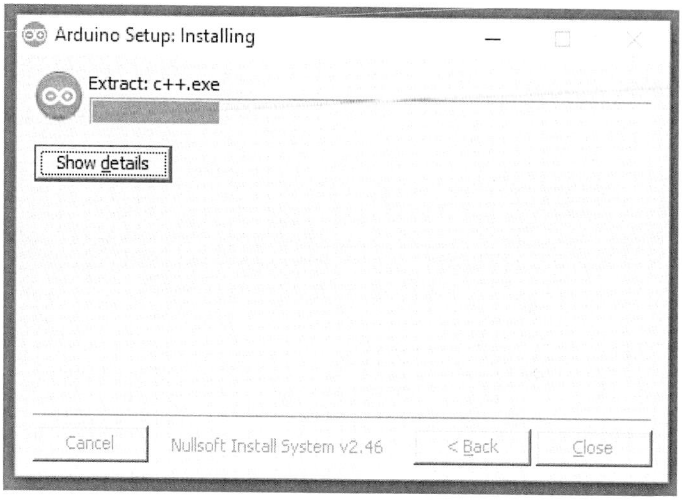


〈그림 1.6〉 아두이노 IDE 자동 설치 화면

③ **보드 연결** : Arduino/Genuino Uno, Mega, Duemilanove와 Arduino Nano 보드는 자동으로 컴퓨터나 외부 전원으로부터 USB 연결을 통해 전원을 공급받는다. Arduino Diecimila 보드를 사용하는 경우에는 USB 연결로부터 전원을 공급 받도록 구성해야 한다. USB와 전원 잭 사이의 3 핀 가운데 두 개(USB에 가장 가까운 두 핀)에 맞는 작은 플라스틱인 점퍼로 전원을 선택한다. USB 케이블로 아두이노 보드를 컴퓨터에 연결한다. 녹색 전원 LED(PWR로 이름 붙여진)가 켜진다.

④ **드라이버 설치** : 윈도우 인스톨러로 설치한 경우 Window XP ~ Window 10 a모두 별도의 드라이버 설치가 필요 없다. 압축 파일로 설치한 경우에는 아래 예에서 보인 것과 같이 드라이버를 설치한다.

예 윈도우 XP 경우

- 새 하드웨어 추가 마법사를 이용한 드라이버 설치(보드를 컴퓨터에 연결하면 새 하드웨어 추가 마법사 자동 실행)
  - 드라이버 소프트웨어 위치(c:₩program files₩arduino-xx₩drivers₩)
- 제어판에서 장치관리자를 이용한 드라이버 설치
  - 장치관리자〉포트(Port)에서 "Arduino UNO (COMxx)"를 볼 수 있다.
  - "Arduino UNO (COmxx)" 포트 위에서 마우스 우측 버튼 클릭
  - "Update Driver Software(드라이버 소프트웨어 갱신)"을 선택
  - "Browse my computer for Driver software(내 컴퓨터에서 드라이버 소프트웨어 탐색)"을 선택.
  - c:₩program files₩arduino-xx₩drivers₩ 경로에서("FTDI USB Drivers" 경로가 아님) Uno 드라이버 파일(ArduinoUNO.inf)을 선택
  - 윈도우가 드라이버 설치를 완료한다.

예 윈도우 7 이상

- Run Device Manager(장치관리자) 실행
  또는 실행 창에서 devmgmt.msc 입력 후 실행
- Arduino 선택.
- Other Devices〉 사용할 보드 선택, 예 Arduino Uno(Uno)
- 드라이버 갱신, "Update Driver" 클릭.
- 드라이버 선택, "Browse My Computer for Driver Software" 선택.
  c:₩program files₩arduino-00xx₩drivers

⑤ 아두이노 어플리케이션 시작 : 아두이노 어플리케이션(Arduino.exe)을 더블 클릭(바탕화면에 바로가기 아이콘을 생성하였으면 아이콘 더블 클릭)

⑥ 깜박임(blink) 예제를 연다 : 〈그림 1.7〉의 예제(LED 깜빡임) 스케치를 연다("File〉Examples 1.Basics〉Blink").

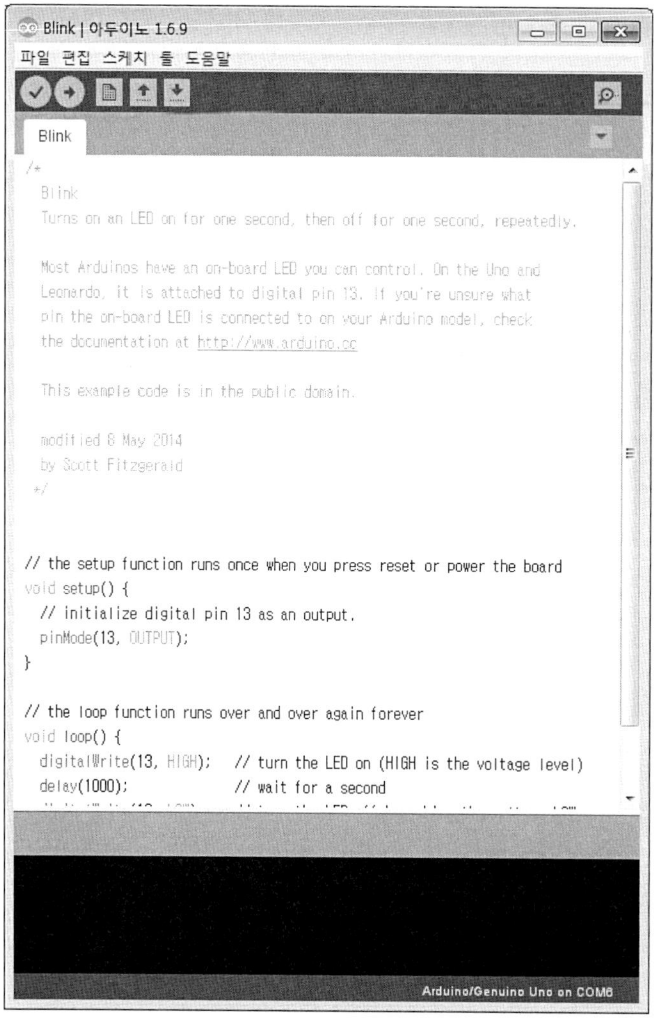


〈그림 1.7〉 예제 스케치 열기

⑦ 사용하고 있는 보드 선택 : 〈그림 1.8〉과 같이 “Tools〉Board” 메뉴에서 사용할 아두이노 보드 선택

- 본 교재에서 사용하는 우노 보드는 “Arduino/Genuino Uno” 선택
- Duemilanove Arduino(ATmega328 사용) 보드는 “Arduino Duemilanove or Nano w/ ATmega328”을 선택.
- ATmega168 사용 아두이노 보드는 “Arduino Diecimila, Duemilanove, or Nano w/ ATmega168”을 선택.

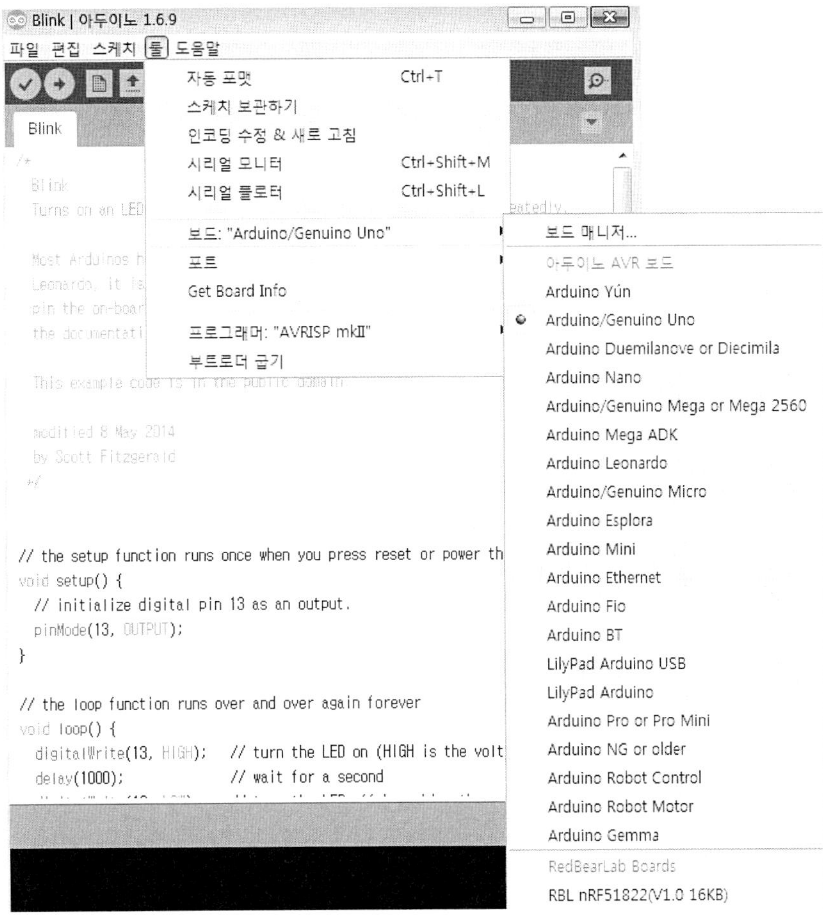


〈그림 1.8〉 보드 선택

⑧ 직렬 포트(serial port) 선택 : "Tools〉Serial Port" 메뉴에서 아두이노 보드의 직렬 디바이스 선택. USB 연결의 경우 대개 COM3나 그 이상으로 〈그림 1.9〉에서 COM5에 연결(통상 COM1과 COM2는 직렬 통신에 사용).

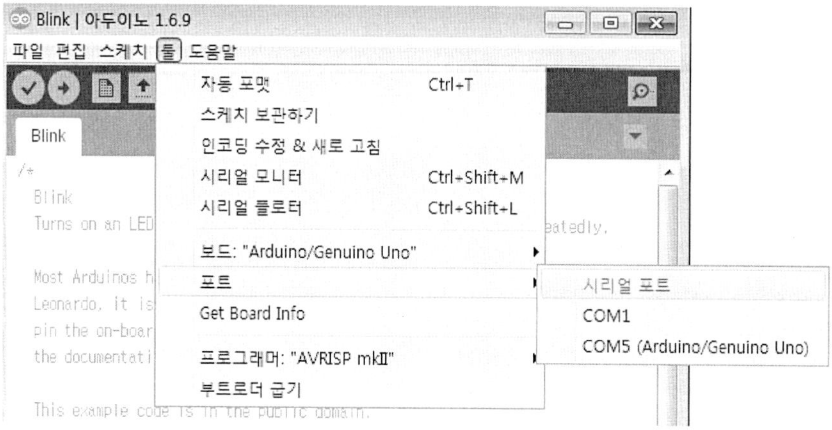


〈그림 1.9〉 직렬 포트 선택

⑨ 프로그램 업로드 : Upload 버튼을 클릭(〈그림 1.10〉). 몇 초 기다리면 보드 상의 RX와 TX LED가 깜빡인다. 업로드에 성공하면 "Done uploading." 메시지가 상태 바에 나타난다. 업로드 종료 후 보드의 13번 핀 LED가 점멸한다.

좌로부터 Verify, Upload, New, Open, Save, Serial monitor

〈그림 1.10〉 툴바

## 2) 개발환경 사용법

아두이노로 작성된 프로그램은 스케치라 불린다. 이 스케치는 텍스트 편집기에서 작성된다. 편집기는 오려두기, 붙이기 등과 문자열 찾기, 바꾸기 등의 기능을 갖는다. 〈그림 1.7〉의 하단(검은색 표시 부분)에는 메시지와 에러가 표시된다. 툴바 버튼은 스케치를 생성하고 열고 저장하며 직렬 모니터를 열고 프로그램을 검증하고 업로드 할 수 있게 해준다.

## (1) 툴바

- Verify/Compile : 코드의 에러 검사.
- New : 새로운 스케치를 생성.
- Open : 스케치 북의 모든 스케치를 보여주고 클릭하면 현재 창에 열림.
- Save : 스케치 저장.
- Upload to I/O Board : 코드를 컴파일하고 아두이노 보드에 업로드.
- Serial Monitor : 직렬 모니터가 열림.

## (2) 메뉴

① Edit

- Copy for Discourse : 스케치 코드를 클립보드로 복사.
- Copy as HTML : 스케치 코드를 HTML 형식으로 클립보드에 복사.

② Sketch

- Verify/Compile : 스케치 오류 검사.
- Import Library : 코드에 #include 문장 삽입, 라이브러리를 스케치에 추가.
- Show Sketch Folder : 데스크톱에 스케치 폴더를 연다.
- Add File... : 소스 파일을 스케치에 추가(현재 위치로 복사). 새로운 파일이 스케치 창에서 새 탭에 나타남.

③ Tools

- Auto Format : 코드를 보기 좋게 만듦(들여쓰기, 중괄호, 줄맞추기 등).
- Board : 사용할 보드 선택.
- Serial Port : 컴퓨터의 모든 직렬 장치를 표시. 상위 tool 메뉴를 열 때마다 자동으로 갱신됨.
- Burn Bootloader : 이 메뉴의 항목은 부트 로더를 아두이노 보드의 마이크로컨트롤러에 써 넣는다. 일반적으로 아두이노 보드를 사용하는 경우에 이 기능은 필요 없지만 부트 로더 없이 출하된 새로운 ATmega를 구매하는 경우에는 필요하다. 부트 로더를 써 넣기 전에 "Boards" 메뉴에서 올바른 보드를 선택해야 한다. AVR ISP를 사용할 때는 "Serial Port" 메뉴에서 프로그램에 해당하는 항목을 선택해야 한다.

④ **스케치 북(Sketchbook)** : 아두이노 환경은 스케치 북(프로그램/스케치를 저장할 표준 공간)이란 개념을 사용한다. 스케치 북의 스케치는 "File 〉 Sketchbook" 메뉴나 툴바의 "Open" 버튼을 사용하여 열린다. 아두이노 소프트웨어를 동작시키면 자동으로 스케치북 디렉토리가 생성된다. "Preferences" 대화상자에서 스케치 북의 위치를 보거나 변경할 수 있다.

⑤ **탭, 다수 파일, 편집** : 하나 이상의 파일로 된 스케치를 관리할 수 있다(각각은 하나의 탭에 표시됨).

⑥ **업로딩(Uploading)** : 스케치를 업로드 하기 전에 "Tools 〉 Board와 Tools 〉 Serial Port" 메뉴에서 적합한 항목을 선택해야 한다.

- Mac에서 serial port는 /dev/tty.usbserial-1B1(USB 보드의 경우) 또는 /dev/tty.USA19QW1b1P1.1(USB를 Serial로 변환하는 어댑터에 연결된 직렬 보드의 경우).
- 윈도우에서 COM1이나 COM2(직렬 보드의 경우) 또는 COM4, COM5, COM7나 그 이상(USB 보드의 경우). 윈도우 장치관리자의 port(포트) 부분을 보면 USB 직렬 장치를 찾을 수 있다.
- 리눅스에서 /dev/ttyUSB0, /dev/ttyUSB1 또는 이와 유사함.

일단 올바른 직렬 포트와 보드를 선택했으면 툴바에서 "Upload" 버튼을 누르거나 "File" 메뉴에서 "Upload to I/O Board" 항목을 선택한다. 아두이노 보드는 자동으로 리셋되고 업로드를 시작한다. 대부분의 보드에서 스케치가 업로드될 때 RX(수신) 및 TX(송신) LED가 깜빡인다. 아두이노 환경은 업로드가 완료되면 메시지를 표시하며 오류가 있으면 에러를 표시한다.

스케치를 업로드 할 때 아두이노 부트 로더(보드의 마이크로컨트롤러에 로드되는 작은 프로그램)를 사용하게 되는데, 이것이 부가적인 하드웨어를 사용하지 않고 코드의 업로드를 가능하게 한다. 부트 로더는 보드가 리셋 될 때 몇 초간 활성화 되고 보드의 13핀에 연결된 LED를 깜박이게 한다.

⑦ **라이브러리(Libraries)** : 라이브러리는 스케치에서 하드웨어를 가지고 작업하거나 데이터를 조작하는 것과 같은 추가적인 기능을 제공한다. 스케치에서 라이브러리를 사용하기 위해서는 "Sketch 〉 Import Library" 메뉴를 선택한다. 이는 하나 이상의 #include 문장을 스케치 상단에 삽입해서 스케치와 함께 해당 라이브러리가 컴파일 되게 한다. 라이브러리는 스케치와 함께 보드에 업로드 되므로 저장할 공간이 증가한다. 스케치가 라이브러리를 필요치 않으면 코드 상단의 #include 문장을 제거한다. 일부 라이브러리는 아두이노 소프트웨어에 포함되며 그 외의 것은 다양한 소스에서 다운 받을 수 있다. 제3의 공급자 라이브러리를 설치하려면

스케치 북 경로에 libraries 경로를 생성하고 거기에 해당 라이브러리 파일을 unzip 한다. 예로 "DateTime" 라이브러리를 설치하려면 스케치 북의 하위 경로인 /libraries/DateTime에 해당 라이브러리 파일이 존재해야 한다.

⑧ 제3 공급자 하드웨어(Third-party hardware) : 제3공급자 하드웨어에 대한 지원은 스케치 북 경로의 hardware 경로에 추가될 수 있다. 설치된 플랫폼은 보드 정의(board 메뉴에 표시), 핵심 라이브러리, 부트 로더와 프로그래머 정의를 포함한다. 설치하려면 hardware 경로를 만들고 그 밑에 제3공급자 플랫폼을 unzip 한다. 설치를 지우려면 해당 경로를 삭제한다.

⑨ 직렬 모니터(Serial Monitor) : 아두이노 보드에서 보내지는 직렬 데이터를 표시한다. 데이터를 보드로 보내려면 텍스트를 입력하고 "send" 버튼이나 엔터키를 누른다. 스케치에서 Serial.begin()에 건네질 전송률(baud rate)을 선택할 수 있다. Processing, Flash, MaxMSP와 같은 소프트웨어에서 보드와 통신할 수 있다.

⑩ 보드(Boards) : 보드 선택은 스케치를 업로드하고 컴파일 할 때 사용되는 파라미터(CPU 속도와 전송률)와 부트 로드 명령에 의해 사용되는 파일 등을 설정한다.

- Arduino Uno : 16 MHz로 동작하는 ATmega328, 자동 리셋 기능이 있고 optiboot 부트 로더를 사용(115200 전송률, 0.5KB).
- Arduino Duemilanove or Nano w/ ATmega328 : 16 MHz로 동작하는 ATmega328, 자동 리셋 기능 있음.

## 1.3 아두이노 프로그래밍 언어 개요

아두이노 언어는 C/C++에 기초해서 모든 표준 C 구성과 일부 C++ 특징을 지원한다. 아두이노 프로그램은 3개의 주요 부분(구조, 변수와 상수, 함수)으로 이루어진다. C언어에 대한 기초 지식이 있으면 아두이노 프로그래밍 언어를 바로 사용할 수 있다. 여기서는 간략하게만 언급하기로 한다.

아두이노 언어 소개 사이트 : http://arduino.cc/en/Reference/HomePage

### 1) 프로그래밍 구조

아두이노는 두 부분(setup() 및 loop() 함수)으로 동작한다.

① void setup(){ } : 이 함수는 아두이노 프로그램이 시작될 때 맨 처음 한 번 실행되기 때문에 프로그램 동작에 필요한 설정 관련 코드를 포함한다. 이 함수는 프로그램의 맨 위에 만들어지며 핀 모드를 설정하고 통신을 초기화 하는 등의 작업을 수행한다.

② void loop(){ } : 이 함수는 setup() 함수 종료 후 실행되며 전원이 공급되는 한 반복해서 실행된다.

③ void : 이 키워드는 함수(function) 선언에 사용된다. 함수가 호출되었을 때 반환(return)할 값이 없음을 나타낸다. 위에서 setup() 및 loop() 함수는 반환할 값이 없음을 나타낸다.

## 2) 일반 규칙

① 한 줄 주석처리에 //을 사용한다. // 이후 이 줄 끝까지의 문장은 코드 설명을 위한 주석으로 간주, 실행되지 않는다.

예
```
int x = 0; // 변수 초기화
```

② 한 줄 이상의 문장을 주석 처리할 때는 /* */를 사용한다. /* ~ */ 사이의 문장은 주석으로 간주, 실행되지 않는다.

예
```
/* 한 줄 이상으로 코드에 주석을 붙일 때 사용
   작성일 ****, 작성자 ****
*/
void setup(){
   // 설정을 위한 것으로 처음 한 번 실행되는 코드
}
void loop(){
   // 반복 실행될 코드
}
```

③ 중괄호 { }는 블록 단위 코드의 시작과 끝을 지정하는데 사용된다.

④ 명령문의 끝에는 ;(세미콜론)을 반드시 붙여야 한다.

예
```
int x = 0;
```

⑤ #define : 프로그램의 컴파일 전에 상수 값에 이름을 할당할 때 사용한다. 다른 명령문과 달리 문장 끝에 ;를 붙이지 않는다.

예
```
#define ledPin 3
#define PI 3.14
```

⑥ #include : 스케치에 외부 라이브러리를 포함시킬 때 사용한다. #define과 같이 문장 끝에 ;을 붙이지 않는다.

예 #include 〈SoftwareSerial.h〉 // 0, 1번 핀 이외의 직렬 통신을 할 때 사용

## 3) 제어 구문

프로그램의 흐름을 제어하는 구조에는 아래와 같은 구문을 사용한다.

### (1) 조건 제어문 : 조건식의 참과 거짓에 따라 서로 다른 동작을 수행할 때 사용

① if 문 : if 문은 조건식이 참이면 if { }으로 묶인 코드를 실행한다.

문법

```
if (조건식){
   // 조건식 참이면 실행될 코드
}
```

예
```
if (x > 50){
    digitalWrite(LEDpin, HIGH);
}
```

② if ~ else 문 : if/else 문은 조건식이 참이면 if { }으로 묶인 코드를 실행하고 거짓이면 else { }로 묶인 코드를 실행한다.

문법

```
if (조건식){
   // 조건식이 참이면 실행될 코드
}
else{
   // 조건식이 거짓이면 실행될 코드
}
```

예
```
if (x < 500){
    // x < 500 조건이 참이면 실행될 코드
}
```

```
else if (x >= 1000){
    // x >= 1000 조건이 참이면 실행될 코드
}
else{
    // 위 두 조건식이 모두 거짓이면 실행될 코드
}
```

③ switch ~ case : 다양한 조건에 따라 다른 코드가 실행되도록 프로그램의 흐름을 제어하기 위한 문장으로 변수의 값을 case 문장에 정의된 값과 비교하고 값이 같은 case 문장에 속한 코드들이 실행된다. 키워드 break는 switch 문을 빠져나오는 명령어로 일반적으로 case 문 마지막에 들어간다. break 문이 없으면 다음 break 문을 만날 때까지 코드를 순차적으로 실행한다.

**문법**

```
switch (변수) {
    case 1:
      // 변수 값이 1이면 실행될 코드
      break;
    case 2:
      // 변수 값이 2이면 실행될 코드
      break;
    default:
      // 변수 값이 일치하는 것이 없을 때 실행할 코드
    break;
 }
```

예

```
switch (ch) {    // char ch, ch는 문자형 변수
    case 'H':    // 변수 ch 값이 문자 H이면
      digitalWrite(13,HIGH);
      break;
    case 'L':    // 변수 ch 값이 문자 L이면
      digitalWrite(13,LOW);
      break;
}
```

예
```
switch (x) {      // int x, x는 정수형 변수
    case 1:      // 변수 x 값이 숫자 1이면
      digitalWrite(13,HIGH);
      break;
    case 0:      // 변수 x 값이 숫자 0이면
      digitalWrite(13,LOW);
      break;
}
```

### (2) 반복 제어문 : 코드의 반복 실행을 제어

① for

for 문은 { }로 묶인 코드들을 반복 실행하는데 사용된다. 아래에 표시된 것처럼 루프의 반복 여부를 결정하기 위해 증감을 나타내는 카운터(i), 반복 종료 조건(i〈=255) 및 카운터의 증감(i++)을 표시하는 문장을 갖는다. 특히 for 문은 다수의 데이터/핀 정보를 갖는 배열과 결합되어 사용된다.

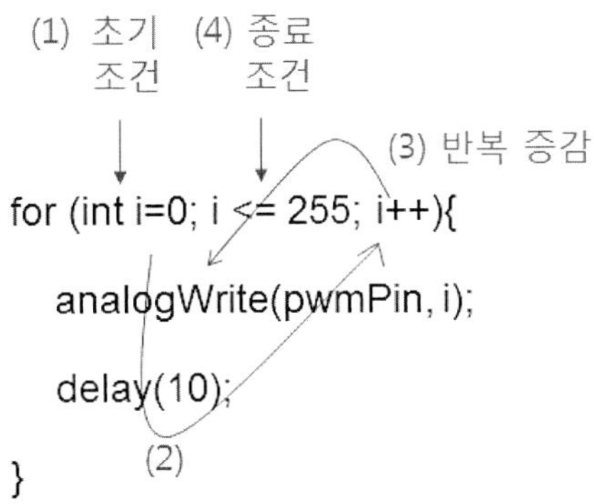


예
```
for (int i=0; i <= 255; i++){
    analogWrite(pwmPin, i);
    delay(10);
}
```

② while : 이 문장은 while(조건식)의 조건식이 거짓이 될 때가지 { }로 묶인 코드를 반복 실행한다.

**문법**

```
while(조건식){
   // 반복 실행될 코드
}
```

예
```
x = 0;
while(x < 256){
  // 256번 반복될 코드(x가 0에서 255까지)
  analogWrite(pwmPin, x);
  x++;
}
```

③ do... while : while 문과 동일하지만 먼저 { }로 묶인 코드를 한 번 실행하고 반복 조건을 확인하기 때문에 무조건 한 번은 실행됨.

**문법**

```
do{
  // 반복 실행될 코드
} while (조건식);
```

예
```
x = 0;
do{
  analogWrite(pwmPin, x);
  x++;
} while (x < 256);
```

④ break : 반복문(for, while, do~while)에서 이 명령문을 만나면 이 명령을 포함하는 가장 안쪽의 루프를 벗어난다.

예
```
for (x = 0; x < 255; x ++){
    analogWrite(PWMpin, x);
     sens = analogRead(sensorPin);
     if (sens > threshold){
        x = 0;
        break;   // for 루프를 벗어남
```

```
        }
        delay(50);
    }
```

⑤ continue : 반복문(for, while, do~while)에서 이 명령문을 만나면 아래 쪽 명령문을 실행하지 않고 반복 조건문으로 이동한다.

예
```
for (x = 0; x < 10; x ++){
    if (x > 4 && x < 6){
        continue;  // x가 5 일 때는 for()의 x++로 분기
    }
    // x가 0, 1, 2, 3, 4, 6, 7, 8, 9 일 때 반복실행
    analogWrite(PWMpin, x);
    delay(50);
}
```

## 4) 연산자

**(1) 산술 연산자** : 산술 연산자는 더하기(+), 빼기(-), 곱하기(*), 나누기(/) 및 나머지(%) 연산자로 연산 결과는 피연산자의 데이터 유형에 의해 수행된다. 예로 5/2는 5와 2가 정수형(int)이므로 결과는 2이다. 피연산자 가운데 가장 큰 데이터 유형으로 연산되기 때문에 5./2는 5.이 실수형(float 또는 double)으로 연산결과는 실수형인 2.5가 된다. 5./2, 5/2. 및 5./2.의 연산 결과는 실수형으로 동일하다.

문법
```
result = value1 + value2;
result = value1 - value2;
result = value1 * value2;
result = value1 / value2;
```

예
```
x = x + 1;
x = x - 1;
x = 3*x + y;
x = x/5 - 2*y;
i = 5%2;   // i = 2
```

**(2) 비교 연산자** : if 문에서 특정 조건이 만족하는지(참인지)를 시험하기 위해 같음(==), 다름(!=), 큼(〉), 작음(〈), 작거나 같음(〈=), 크거나 같음(〉=)의 비교 연산자를 사용한다,

**문법**

x == y (x와 y가 같으면 참)
x != y (x와 y가 다른넌 참)
x 〈 y (x가 y 보다 작으면 참)
x 〉 y (x가 y 보다 크면 참)
x 〈= y (x가 y 이하이면 참)
x 〉= y (x가 y 이상이면 참)

예
```
if (x 〈 150){
    digitalWrite(ledPin, HIGH);
}
```

**(3) 부울(Boolean) 연산자** : 부울 연산자인 && (논리곱), || (논리합), ! (부정)는 다수의 조건식을 논리적으로 결합하는데 사용한다.

**문법**

&& (논리곱) : 두 피연산자가 모두 참이면 참
|| (논리합) : 두 피연산자 가운데 하나라도 참이면 참
! (not) : 피연산자의 부정, 피연산자가 참이면 거짓으로 거짓이면 참으로 변경

예
```
if (x 〈 0 || x 〉10){    // x 〈 0 또는 x 〉 10 이면 참
}
if (x 〉 0 && x 〈10) { // 0 〈 x 〈 10 이면 참
}
if (!x) {    // x가 거짓(false)이면 !x는 참
}
```

### (4) 비트 단위 연산자 : 비트 단위 연산자는 변수 값을 비트 단위로 처리한다.

문법

& : 비트단위로 논리곱 계산(두 비트가 모두 1일 때만 참)
| : 비튼 단위로 논리합 계산(두 비트 중 하나라도 1이면 참)
^ : 비트 단위 xor 연산(두 비트가 같으면 거짓, 다르면 참)
~ : 비트 단위로 부정을 계산한다.
<< n : 왼쪽으로 n 비트 시프트 한다.
>> n : 오른쪽으로 n 비트 시프트 한다.

예
```
byte x = 1;      // 이진수 00000001
byte y = 2;      // 이진수 00000010
byte z1 = x & y;  // z1 = 0 이진수 00000000
byte z2 = x | y;   // z2 = 3 이진수 00000011
byte z3 = x ^ y;  // z3 = 3 이진수 00000011
byte z4 = !x;  // z4 = 254 이진수 11111110
byte z5 = x << 3;  // z5 = 8 이진수 000001000
byte z6 = y >> 1;  // z6 = 1 이진수 000000001
```

### (5) 복합 연산자 : ++, --, +=, -=, *=, /=, &=, |=

문법

```
x++;  // 다음 줄로 실행이 넘어갈 때 x의 값을 1만큼 증가시킴
++xx; // 현재 줄에서 먼저 x의 값을 1만큼 증가시킴
x--;  // 다음 줄로 실행이 넘어갈 때 x의 값을 1만큼 감소시킴
--xx; // 현재 줄에서 먼저 x의 값을 1만큼 감소시킴
x += y;  // x = x + y와 동일
x -= y;  // x = x - y와 동일
x *= y;   // x = x * y와 동일;
x /= y;   // x = x / y와 동일
x %= y;  // x = x % y와 동일
```

예
```
x = 2;
y = ++x;  // x가 먼저 3이 되고 이 값이 y에 전달, y도 3이 됨
y = x--;  // x 값을 y에 전달 y는 3이고
// 다음 줄로 실행이 변경되며 x는 1이 감소 2가 됨
```

(6) **포트조작** : 포트 레지스터는 아두이노 보드의 마이크로컨트롤러의 입출력 핀을 저수준에서 빠르게 조작할 수 있도록 한다. 아두이노 보드(ATmega8, ATmega168)에 사용된 칩은 포트 B(디지털 핀 8~13), 포트 C(아날로그 입력 핀) 및 포트 D(디지털 핀 0~7)을 가진다.

## 5) 변수와 상수

(1) **상수** : 상수는 프로그램 실행 동안 변하지 않는 값으로 프로그램을 읽기 쉽게 만들기 위해 미리 정의해서 사용한다.

① **논리 레벨을 정의하기 위한 부울(Boolean)상수** : 참(true)과 거짓(false)을 표현
false : 0으로 정의
true : 1로 정의되지만 0이 아닌 모든 정수도 참으로 인식

② **핀 레벨 정의하기 위한 상수** : HIGH, LOW
디지털 핀을 읽은 때는 5 V 보드에서는 3 V 이상이면 HIGH로 그 보다 작으면 LOW로 인식하고 3.3 V 보드에서는 2 V 이상이면 HIGH로 그 보다 작으면 LOW로 인식한다. 디지털 출력을 내보낼 때는 HIGH는 5 V 보드에서는 5 V를, 3.3 V 보드에서는 3.3 V를 출력하고 LOW는 두 보드 모두 0 V를 출력한다.

(2) **자료형** : 변수는 데이터를 저장하는 공간으로 아래와 같은 자료형을 갖는다.

① **boolean** : 참(true) 또는 거짓(false)을 값으로 가지며 기억장소로 1 바이트가 할당된다.
예 `boolean running = false;`

② **char(문자형)** : 아스키코드를 사용하여 한 문자를 1바이트 공간에 저장하는 자료형으로 문자형 변수에 문자를 대입하려면 문자에 홑 따옴표를 붙여야 한다. 문자형 변수에는 문자의 아스키 코드의 저장을 위해 1 바이트의 메모리가 할당된다. 부호가 있기 때문에 -128 ~ 127 사이의 정수를 저장한다.

예 char myChar = 'A'; // 문자 A를 대입

char myChar = 65; // 문자 A의 아스키 값을 대입한 것으로 위와 동일

③ unsigned char(부호 없는 문자형) : 음수를 갖지 않는 것을 빼면 문자형과 동일하기 때문에 0 ~ 255의 정수를 저장

예 unsigned char myChar = 240;

만약 char myChar = 240로 하면 변수 myChar(-128~127)이 담을 수 있는 크기보다 큰 숫자를 입력하게 되므로 overflow 오류가 난다. 이런 오류가 나지 않도록 변수의 데이터 유형 결정 시에 그 변수에 저장될 데이터의 크기를 고려해야 한다.

④ byte(바이트 형) : 8 비트의 부호 없는 0 ~ 255 범위의 숫자를 저장

예 // B는 이진수(binary number)임을 표시하며

// B10010은 8비트의 00010010로 십진수 18에 해당

byte b = B10010;

⑤ word : 16 비트의 부호 없는 숫자를 저장한다.

예 word x = 100;

⑥ int(정수형) : 저장 공간으로 16 비트가 할당되어 $-32,768(-2^{15}) \sim 32,767(2^{15}-1)$ 범위의 정수를 저장한다.

예 int x = 100;

int ledPin = 13;

⑦ unsigned int(부호 없는 정수형) : 음수를 사용하지 않기 때문에 16 비트에 $0 \sim 65,535$ $(2^{16}-1)$ 범위의 정수를 저장한다.

예 unsigned int x = 100;

unsigned int ledPin = 13;

⑧ long : 32 비트 공간에 $-2,147,483,648(-2^{31}) \sim 2,147,483,647(2^{31}-1)$ 범위의 정수를 저장

예 long x = 340000L; // 'L'은 long 형으로 변환을 의미

⑨ unsigned long : 음수를 사용하지 않으므로 32 비트 공간에 $0 \sim 4,294,967,295(2^{32}-1)$ 범위의 정수를 저장

예 unsiged long time = 100;

⑩ short : 16 비트 데이터 유형으로 $-32,768(-2^{15}) \sim 32,767(2^{15}-1)$ 범위의 정수를 저장한다.

예 short x = 10;

⑪ float(실수형) : 32 비트 저장 공간에 −3.4028235E+38 ~ 3.4028235E+38 범위의 실수를 저장

예 float x = 1.54;

⑫ double(실수형) : 32 비트 저장 공간에 −3.4028235E+38 ~ 3.4028235E+38 범위의 실수를 저장한다. 아두이노 Due 보드의 경우에는 저장 공간으로 64 비트를 사용한다.

예 double x = 1.54;

⑬ string : 문자열을 저장하기 위한 데이터 유형으로 배열을 사용한다.

예
```
char str[15];  // 문자 15개를 str[0]~str[14]에 저장할 배열 선언
char str2[8] = {'a', 'r', 'd', 'u', 'i', 'n', 'o'}; // 문자 하나씩 대입
char str3[8] = {'a', 'r', 'd', 'u', 'i', 'n', 'o', '₩0'}; // 끝에 널(₩0, 아스키 0) 문자 대입
char str4[ ] = "arduino"; // 알아서 저장 공간 할당
// 배열 끝의 널 문자 공간을 위해 배열 크기를 문자열 길이보다 1 크게 정의
char str5[8] = "arduino";
```

⑭ String 객체 : 문자열 처리를 쉽게 할 수 있도록 String 클래스(class)를 지원하는데 문자열 배열로 처리하는 것 보다 사용하기 편하다.

예
```
// String 클래스에서 객체 stringOne을 생성하고 Hello String으로 초기 값 할당
String stringOne = "Hello String";
```

⑮ array(배열) : 배열은 인덱스 된 숫자를 통해 접근이 가능한 변수들의 집합이다. 배열을 만들 때 초기 값을 주거나 안 줄 수 있다.

예
```
int x[6];
int y[] = {2, 4, 8, 3, 6};
int x[6] = {2, 4, -8, 3, 2};
char msg[6] = "hello"; // 널 문자 공간을 위해 5가 아닌 6
```

〈표 1.1〉 자료형

| 자료형 | 크기 | 범위 |
|---|---|---|
| boolean | 1 | 0 또는 1(참 또는 거짓) |
| byte | 1 | 0 ~ 255($2^8$-1) |
| char | 1 | -128($-2^7$) ~ 127($-2^7$-1) |
| unsigned char | 1 | 0 ~ 255($2^8$-1) |
| int | 2 | -32,768($-2^{15}$) ~ 32,767($2^{15}$-1) |
| unsigned int | 2 | 0 ~ 65,535($2^{16}$-1) |
| word | 2 | 0 ~ 65,535($2^{16}$-1) |
| long | 4 | -2,147,483,648($-2^{31}$) ~ 2,147,483,647($2^{31}$-1) |
| unsigned long | 4 | 0 ~ 4,294,967,295 |
| float | 4 | -3.4028235E+38 ~ 3.4028235E+38 |
| double | 4 | -3.4028235E+38 ~ 3.4028235E+38 |
| string | | 문자 배열 |
| array | | 변수 배열 |

## 6) 형 변환(Type conversion)

변수의 데이터 유형을 원래 정의된 것에서 다른 유형으로 변경할 때 사용한다.

> **문법**
>
> 데이터 유형 ( 변수명 )

예

```
int x = 2;
int y = 3;
int z;
float w;

z = x / y;  // 2/3으로 z=1
w = float(x) / y;  // 정수형 x를 실수형으로 변환, 2./3으로 w = 1.5
```

## 7) 변수 범위

전역 변수(global variable)는 모든 함수에서 볼 수 있지만 지역 변수(local variable)는 변수가 선언된 해당 함수 내에서만 보인다. 전역 변수는 함수 밖에서 선언되고 지역 변수는 함수 내에 선언된다.

① **전역 변수** : 함수 밖에 선언되고 모든 함수에서 사용 가능

② **지역 변수** : 함수(또는 블록) 내에 선언(생성)되고 그 함수(또는 블록) 밖에서는 소멸되어 함수(또는 블록) 안에서만 사용 가능

예
```
int gVar;  // 어디에서든 사용할 수 있는 전역 변수

void loop(){
   int i;      // 지역 변수 i는 loop() 함수 내에서만 사용 가능
   float x;  // 지역 변수 x는 loop() 함수 내에서만 사용 가능

   for (int j = 0; j <100; j++){
         // 지역 변수 j는 for-루프 안에서만 사용 가능
   }
}
```

③ **static 변수** : 하나의 함수에서만 보이도록 하며 지역변수와 달리 해당 함수 밖에서도 사라지지 않는다.

예
```
void test(){
   /* 처음 test() 함수 호출과 함께 변수 t가 생성되면 test() 함수가 끝나도
      소멸되지 않는다. 반면 변수 k는 test() 호출에 생성되고 함수가 종료되면
      소멸된다.
   */
    static int t;
    int k;

}
```

④ **volatile** : 프로그램 변수가 저장, 처리되는 일시적인 기억장치인 레지스터에 저장되지 않고 RAM에서 로드되는데 아두이노에서는 인터럽트 서비스 루틴에서만  사용된다.

예
```
int pin = 13;
volatile int state = LOW;  // 인터럽트 서비스 루틴에서 사용할 변수

void setup(){
   pinMode(pin, OUTPUT);
   attachInterrupt(0, blink, CHANGE); // 인터럽트 설정
}

void loop(){
   digitalWrite(pin, state);
}
void blink() {  // 인터럽트 서비스 루틴
    state = !state;
}
```

## 8) 함수

① 디지털 입출력

- pinMode(pin, mode): 디지털 핀(pin)을 입력(INPUT)이나 출력(OUTPUT)으로 지정.

  예 pinMode(5,OUTPUT) // 5번 핀을 디지털 출력 핀으로 설정
- digitalWrite(pin, value): 디지털 핀(pin)의 출력을 value(HIGH, LOW) 값으로 지정.

  예 digitalWrite(5, HIGH) // 5번 핀에 HIGH(5 V) 신호 출력
- int digitalRead(pin): 핀(pin)의 전압 상태(HIGH 또는 LOW)를 읽는다.

  예 value = digitalRead(7) // 7번 핀의 값을 읽어 value에 대입

② 아날로그 입출력

- int analogRead(pin): 핀(pin)에 인가된 전압(0~5 V)을 읽어 0~1023의 값을 반환한다 (0 V는 0, 5 V는 1023).

  예 value = analogRead(0) // 0번 핀의 전압을 읽어 이를 value에 대입
- analogWrite(pin, value): pin은 ~PWM(Pulse Width Modulation, 펄스폭 변조) 표시가 있는 3, 5, 6, 9, 10, 11번 핀의 값을 가지며 value는 [0, 255] 범위의 값을 가지며 그에 따라 [0,5] V의 전압을 출력한다.

  예 analogWrite(3, 128) // 핀3에 5 V의 50 %를 출력(2.5 V를 출력하는 효과)

③ 고급 입출력

- shiftOut(dataPin, clockPin, bitOrder, value): 디지털 출력 개수를 확장하기 위해 시프트 레지스터에 데이터를 전달. 데이터 핀(dataPin)과 클럭 핀(clockPin)을 사용하고 bitOrder는 최하위 비트가 먼저 오는지(LSBFIRST) 최상위 비트가 먼저 오는지를 (MSBFIRST 정하고 value는 전달할 바이트이다.
- unsigned long pulseIn(pin, value): 디지털 입력 핀으로 입력되는 펄스 신호의 길이를 측정한다. 초음파 센서, 적외선 센서, 가속도 센서 등과 같이 센서의 출력 값을 펄스의 길이로 제공하는 경우에 사용한다.

  예 time = pulseIn(8, HIGH) // 8번 핀의 입력 펄스가 HIGH인 시간을 반환, time에 대입

④ 시간

- unsigned long millis() 스케치 시작 후 경과된 시간을 밀리초(ms)로 반환

  예 time = millis() // 스케치 시작 후 현재 시간을 반환
- delay(t) t(ms)만큼 스케치의 실행을 지연시킴

  예 delay(100) // 100 ms 시간지연
- delayMicroseconds(t) t(μs)만큼 스케치의 실행을 지연시킴

  예 delayMicroseconds(1000) // 1000 μs 시간지연

⑤ 수학

- min(x,y) x와 y 가운데 작은 값을 반환
- max(x, y) x와 y 가운데 큰 값을 반환
- abs(x) x의 절대값을 반환
- constrain(x, a, b) x 〈 a이면 x=a로 x〉b이면 x=b로 제한

  예 value = constrain(analogRead(0),0,255) // 아날로그 0번 핀에서 읽어 들인 값을 0~255 범위로 제한
- map(value, x1, x2, y1, y2) x1 ~ x2 범위의 값을 y1 ~ y2 범위로 변환

  예 value = map(analogRead(0),0,1023,100,255) // 아날로그 0번 핀에서 읽어 들인 값(0~1023)을 100~255 범위로 변환하여 반환
- pow(x, y) $x^y$을 계산하여 반환
- sqrt(x) $\sqrt{x}$를 계산하여 반환

⑥ 삼각함수

- sin(x) x는 라디안 값

  예 sin(3.141592/2) // sin($90^o$) = 1인 값을 반환

- cos(x) x는 라디안 값
- tan(x) x는 라디안 값

⑦ 난수

- randomSeed(seed) 난수 발생 함수 random()에 의해 발생된 숫자는 그 분포가 무작위이지만 발생 패턴을 예측할 수 있다. randomSeed(seed)는 난수 생성 패턴을 seed 값으로 초기화한다. seed 값으로는 아날로그 입력 값이나 마이크로컨트롤러의 경과 시간을 사용한다.
- long random(max) 0 ~ max-1 범위의 long형 난수를 생성
- long random(min, max) min ~ max-1 범위의 long형 난수를 생성

⑧ 직렬 통신

아두이노 보드와 컴퓨터 또는 다른 장치와의 통신에 사용하며 아두이노 보드의 직렬 또는 USB 연결을 통해 디지털 핀0(RX)과 핀1(TX)에서 이루어진다. 따라서 이 함수를 사용하면 디지털 입출력용으로 핀0과 1을 사용할 수 없다.

- Serial.begin(baud_rate) 직렬 통신을 위한 준비로 전송률을 설정한다.

  예 Serial.begin(9600) // 직렬 통신 전송 속도를 9600으로 설정
- int Serial.available() 직렬 포트에 읽지 않은 데이터(바이트)가 있는지를 반환한다. Serial.read() 함수로 포트에 있는 데이터를 읽으면 새 데이터가 입력될 때까지 Serial.available()은 0을 반환한다.

  예
  ```
  while(Serial.available()){ // 포트에 입력된 바이트가 있으면
          value = Serial.read(); // 바이트를 읽어 변수 value에 대입
  }
  ```
- int Serial.read() 직렬 포트에서 데이터 한 바이트를 읽어 반환한다.
- Serial.flush() 직렬 포트에 입력되는 데이터는 버퍼에 저장되는데, 이 버퍼의 데이터를 지우고자 할 때 사용한다.
- Serial.print(val) val의 내용을 직렬 모니터에 표시하기 위해 직렬 포트로 전송한다.
- Serial.println(val) Serial.print()에 캐리지 리턴과 줄 바꿈 문자가 추가된다.

  예
  ```
  Serial.println(255) // 직렬 모니터에 255 출력
  Serial.println(255,DEC) // DEC는 십진수로 표시, 위와 동일
  Serial.println(255,BIN) // 255를 이진수로 표시, 11111111
  Serial.println(255,OCT) // 255를 8진수로 표시, 377
  Serial.println(255,HEX) // 255를 16진수로 표시, FF
  Serial.println(65,BYTE) // 아스키 코드 값 65인 문자 A 출력
  ```

⑨ 기타

- cast(형 변환 연산자)

  예 (float) 1/2 // 정수 나누기 정수는 정수지만 실수로 형 변환해서 0.5
- sizeof(자료형 또는 변수) (할당된 데이터 바이트 수 반환)

  예 sizeof(int) // 2 바이트

## 9) 라이브러리

스케치에서 라이브러리를 사용하려면 "Sketch" 메뉴에서 "Import Library"를 클릭한 후 사용할 라이브러리를 선택한다. 이는 스케치의 상단에 하나 이상의 #include 문장을 삽입시켜 라이브러리를 사용할 수 있게 해준다. 라이브러리는 스케치와 함께 업로드 되기 때문에 저장에 필요한 메모리 용량이 커진다. 스케치가 라이브러리를 사용하지 않으면 스케치 상단에 있는 #include 문장을 제거하면 된다.

① 공식 라이브러리 : 아두이노 개발환경에 포함되어 있는 라이브러리

- EEPROM : EEPROM에 데이터를 저장 또는 읽음
- SoftwareSerial : 디지털 핀에서 직렬 통신을 사용
- Stepper : 스텝 모터 제어
- Wire : 두 선을 이용하여 장치나 센서와 데이터를 송수신(TWI/I2C 인터페이스)
- Matrix : 기본적인 LED 매트릭스 표시 조작 라이브러리
- Sprite : LED 매트릭스와 함께 애니메이션에 사용하기 위한 기본적인 이미지 화면 표시(sprite manipulation)를 위한 라이브러리

② 아두이노 커뮤니티 구성원이 만든 라이브러리

- DateTime : 소프트웨어 내에서 현재 날짜와 시간을 사용하기 위한 라이브러리
- Firmata : 표준 직렬 통신 프로토콜로 컴퓨터상의 다른 응용 프로그램과 통신에 사용
- GLCD : KS0108이나 이와 등가인 칩셋에 기초한 LCD를 위한 그래픽 루틴
- LCD : 8개 데이터 선을 이용한 LCD 제어
- LCD 4 Bit : 4개의 데이터 선을 이용한 LCD 제어
- LedControl : MAX7221 또는 MAX7219로 LED 매트릭스나 7-세그먼트 표시기 제어
- LedControl : Maxim 칩으로 다수 LED를 구동(매트릭스 라이브러리의 대안)
- TextString : 문자열 처리
- Metro : 일정 간격으로 동작 처리
- MsTimer2 : 타이머2 인터럽트를 사용, 수 밀리 초마다 동작 트리거에 사용

- OneWire : 단선 프로토콜 사용하는 장치(Dallas Semiconductor 제품) 제어
- PS2Keyboard : PS2 키보드에서 문자를 읽음
- Servo : 모든 핀에서 서보 모터를 소프트웨어적으로 지원
- Servotimer1 : 핀9와 핀10에서 서보 모터에 대한 하드웨어 지원
- Simple Message System : 아두이노와 컴퓨터 사이에 메시지 전송
- SSerial2Mobile : 휴대폰을 사용하여 텍스트 메시지나 이메일을 보냄
- X10 : AC 전력선으로 X10 신호 전송

Part 2

# 전자부품

사용자가 전자부품에 대해 사전 지식이 없다는 전제하에 전자부품에 대한 이해를 돕고자 필요한 최소한의 내용만을 다룬다. 전자부품에 대한 기본 지식이 있는 사용자는 본 장을 건너뛰어도 된다.

## 2.1 전자부품 개요

본 교재에서 자주 사용되는 전자부품의 기호와 알고 있어야 할 내용을 표 2.1에 요약하였다. 이 외의 부품은 개별적으로 설명하기로 한다.

〈표 2.1〉 전자부품 기호와 알고 있어야 할 내용

| 부품 | 기호 | 설명 |
|---|---|---|
|  | 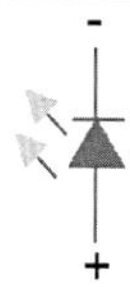 | LED(Light Emmitting Diode): 한 방향으로 전류가 흐르면 빛을 방출.<br>• 두 개의 리드 선(긴 선을 +에 연결)<br>• 전류를 제한하는 저항(보통 330 $\Omega$)과 함께 사용 |
|  |  | 다이오드(Diode): 한 방향으로만 전류를 흐르게 함.<br>• 두 개의 리드 선(선이 그어진 부분을 접지에 연결) |
|  |  | 저항(Resistor): 회로에서 전류의 흐름을 방해.<br>• 저항 값은 색코드에 의해 표시<br>• 두 개의 리드 선(극성 없음) |
|  | 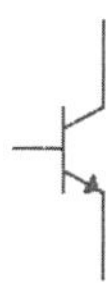 | 트랜지스터(Transistor): 작은 전류를 이용해 더 큰 전류를 스위칭하거나 증폭할 때 사용.<br>• 3개의 리드 선(베이스, 컬렉터, 에미터)<br>• 보통 전류를 제한하는 저항을 베이스 단에 연결<br>• 3개의 리드 선을 바르게 결선하도록 주의 |
|  | | 서보(Servo): 펄스 입력을 각도로 변환하여 축을 회전시킴<br>• 3개의 리드 선.<br>• 리드 선은 각각 전원(5 V), 펄스 신호, 접지에 연결 |
|  | 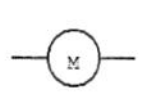 | 직류(DC) 모터: 전류가 흐르면 회전.<br>• 2개의 리드 선<br>• 사용할 모터에 따라 적합한 트랜지스터나 릴레이와 함께 사용 |

〈표 2.1〉 전자부품 기호와 알고 있어야 할 내용(계속)

| 부품 | 기호 | 설명 |
|---|---|---|
|  | | IC(Integrated Circuit): 전자회로를 집적하여 패키지로 만든 소자.<br>• 부품 ID가 패키지 윗면에 적힘.<br>• 둘 이상의 리드 선 있음 |
|  | 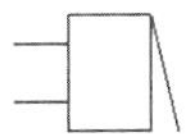 | 피에조(Piezo) 부품: 전류 펄스로 소리 발생. 펄스 열로는 음(tone) 을 생성.<br>• 2개의 리드 선 |
|  | 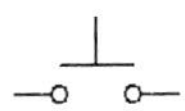 | 푸시버튼(Pushbutton): 눌려지면 회로가 연결<br>• 4개의 리드 선 |
|  |  | 가변저항(Potentiometer): 축의 회전에 따라 저항 값이 변함<br>• 3개의 리드 선<br>• 축 회전에 따라 저항 값이 선형적으로 변하거나 또는 로그 스케일로 변하는 것이 있음.<br>• 3개 리드 선을 순서대로 1, 2, 3이라 하면 양 끝 1과3을 사용하면 고정저항으로 동작. 가변저항 축을 시계 방향이나 반시계 방향으로 돌릴 때 저항이 증가 또는 감소하게 하려면 1-2번 또는 2-3번을 사용. |
|  | 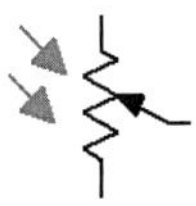 | 광저항(Photo Resistor): 조사된 광량에 따라 저항 값이 변함.<br>• 2개의 리드 선 |

## 2.2 저항, 축전기 및 인덕터 값 읽기

수동소자는 증폭이나 에너지의 변환과 같은 능동적 기능을 갖지 않는 소자로 에너지를 단지 소비, 축적 또는 통과시키는 수동적 기능만을 수행한다. 수동소자에는 저항, 축전기, 인덕터, 변압기, 릴레이 등이 있다.

① 저항(Resistor)

배관 속을 흐르는 물의 양은 배관의 굵기, 길이, 종류에 따라 다르다. 이와 마찬가지로 전지의 두 극을 도선으로 연결할 때 도선에 흐르는 전류의 세기도 도선의 굵기, 길이, 종류에 따라 달라진다. 이것은 도선의 굵기, 길이, 종류에 따라서 전류가 쉽게 흐르거나 그렇지 못하기 때문이다. 일반적으로 도선에서 전류의 흐름을 방해하는 작용을 저항(전기저항)이고 한다.

② 축전기(Capacitor)

콘덴서(Condenser)라고도 하며 전기회로에서 전기 에너지를 저장하는 장치이다. 축전기 내부는 두 노체 판이 떨어져 있는 구조로 되어 있다. 두 도체 판 사이에 전압을 걸면 음극에는 (-)전하가, 양극에는 (+)전하가 유도되는데, 이로 인해 전기적 인력이 발생하고 이 인력에 의해 전하들이 모여 있게 되어 에너지가 저장된다. 용량성 부하라고도 하며 직류 전류에 대해 개방 회로로 동작하며(전류 흐르지 않음) 교류의 경우 주파수가 클수록 전류가 잘 흐른다.

③ 인덕터(Inductor)

유도 계수를 사용하기 위해서 전선을 감은 수동 소자로 코일(Coil)이라고도 한다. 전자유도에 의한 자력선을 사용하기 위해 전선으로 감은 것을 권선이라고 한다. 유도성 부하라고도 하며 직류는 단락회로로 동작하기 때문에 전기적인 의미가 없고 교류는 전류가 상승하면, 인덕터에 유도된 기전력으로 인해 전압이 발생한다.

## 1) 저항 값 읽기

대부분의 저항은 원통형으로 2개의 리드 선을 갖는다. 이런 저항은 크기가 작아 숫자로 용량을 표시하기 어려워 표 2.2의 색 코드(Color Code)를 이용한다. 이 색 코드는 저항의 정밀도에 따라 4색이나 5색 띠를 가지며 개별 띠의 색상은 표 2.2의 값을 나타낸다.

예 4색 저항 값 읽기

〈그림 2.1〉 같은 4색(노랑/보라/빨강/금색) 저항의 저항 값을 계산해 보자.

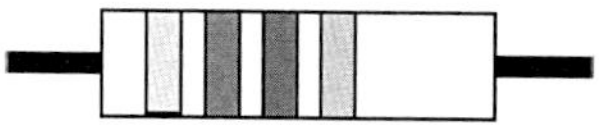

〈그림 2.1〉 색저항

첫째 색 띠-노랑: 4
둘째 색 띠-보라: 7
셋째 색 띠-빨강: 2(승수 표시, $10^2$)
넷째 색 띠-금색: 허용오차 ±5 %
저항 값은 $47 \times 10^2 = 4700 = 4.7\ K\Omega \pm 5\ \%$이다.

〈표 2.2〉 색 코드

| 색 | 수치 | 승수 | 정밀도 |
|---|---|---|---|
| 검정 | 0 | 0 | |
| 갈 | 1 | 1 | ±1 |
| 빨강 | 2 | 2 | ±2 |
| 오렌지 | 3 | 3 | ±0.05 |
| 노랑 | 4 | 4 | |
| 초록 | 5 | 5 | ±0.5 |
| 파랑 | 6 | 6 | ±0.25 |
| 보라 | 7 | 7 | ±0.1 |
| 회 | 8 | 8 | |
| 흰 | 9 | 9 | |
| 금 | | −1 | ±5 |
| 은 | | −2 | ±10 |
| 무 | | | ±20 |

칩(SMD) 저항은 처음 두 자리가 저항 수치이고 나머지 자리는 승수를 표시한다. 칩 저항에서 R은 소수점을 표시한다. 정밀한 칩 저항은 4개의 숫자로 구성되는데 마지막 숫자가 승수이다. 알파벳 R은 소수점을 나타낸다. 알파벳 J, K, M, F, G는 허용오차를 표시한다. J: ±5 %, K: ±10 %, M: ±20 %, F: ±1 %, G: ±2 %

예 칩(SMD)저항 값 읽기

102 : $10\times10^2$ = 1 KΩ

R75 = 0.75 Ω

7R5 = 7.5 Ω

1002 = $100\times10^2$ = 10,000 Ω

## 2) 콘덴서 용량 읽기

일반적으로 용량이 가장 큰 슈퍼커패시터는 단위로 F를 사용하고 전해커패시터와 탄탈커패시터는 μF($10^{-6}$ F) 단위를, 그 밖의 대부분은 pF($10^{-12}$ F) 단위를 사용한다. 저항처럼 3개의 숫자로 용량을 표시한다. 처음 두 숫자는 수치를 나머지 숫자는 승수를 표시한다. 숫자와 함께 알파벳을 사용하기도 한다. 이때 p는 단위가 pF임을 표시하며 소수점으로도 사용된다. n은 단위가 nF임을 나타내고 소수점으로 사용된다. 알파벳 J, K, M, F, G는 허용오차를 표시한다. J: ±5 %, K: ±10 %, M: ±20 %, F: ±1 %, G: ±2 %

예 콘덴서 용량 읽기

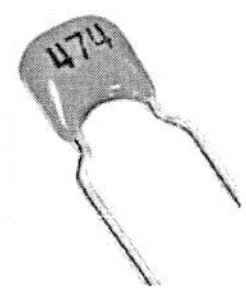

474 = $47 \times 10^4$ pF = 470,000 pF = 470 nF

103 = $10 \times 10^3$ = 10,000 pF = 10 nF

5p6 = 5.6 pF

10p = 10 pF

2n2 = 2.2 nF

10n = 10 nF

## 3) 인덕터 용량 읽기

기본적으로 저항과 마찬가지로 색 코드를 사용하며 처음 두 자리는 수치, 세 번째 자리는 승수를 표시한다. 기본 단위는 μH이다. 직접 숫자로 표시하는 경우 처음 두 자리는 수치, 나머지는 승수이다. 알파벳 R은 소수점을 나타낸다.

예 칩 인덕터 용량 읽기

1R2 = 1.2 μH

150 = 15×100 = 15 μH

152 = 15×102 = 1,500 μH= 1.5 mH

Part 3

# LED 제어

## 3.1 단일 LED 점등

반복해서 단일 LED를 점등하는 프로그램을 작성한다. 〈그림 3.1〉의 회로를 브레드보드에 구성한다. 회로가 완성되면 코드를 작성, 업로드 할 수 있도록 아두이노 보드를 PC의 USB 포트에 연결한다. "Tools〉Serial Port〉아두이노 COM 포트" 선택한 후 프로그램을 업로드하기 위해 "File〉Upload to I/O Board(Ctrl+U)"를 선택한다.

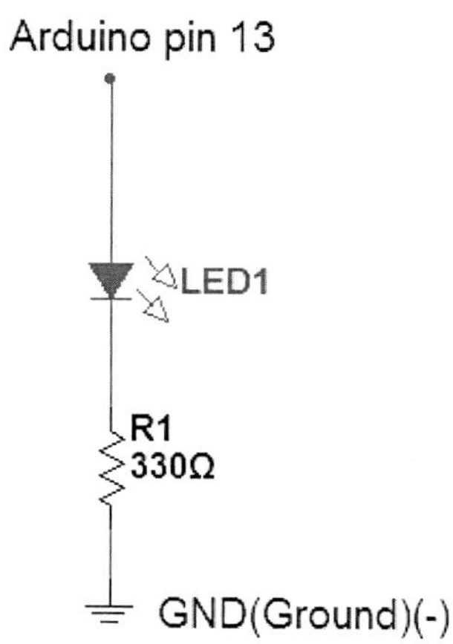


〈그림 3.1〉 LED 회로도

```
/**** LED 점등: 1 초 간격으로 LED 온, 오프 반복 ****/
#define ledPin 13     // 디지털 13번 핀에 LED 연결

// setup() 함수는 프로그램(스케치)에서 처음 한 번 실행됨.
void setup()
{
   pinMode(ledPin, OUTPUT);      // 핀 13을 출력으로 초기화
}


// loop() 함수는 아두이노 전원이 나가기 전까지 무한 반복 실행됨.
void loop()
{
   digitalWrite(ledPin, HIGH);    // LED를 점등
```

```
    delay(1000);                    // 1000 ms 동안 대기(시간지연)
    digitalWrite(ledPin, LOW);      // LED를 끔
    delay(1000);                    // 1000 ms 동안 대기(시간지연)
}
```

위 코드에서 디지털 출력 핀, LED 점등 시간, LED 밝기를 바꾸어 보자. 이를 위해 아래와 같이 코드의 일부를 변경한다. 코드 변경 후 업로드를 다시 한다.

① 핀 변경

디지털 13 핀 대신 디지털 0~13핀이나 아날로그 0~5핀을 사용.

LED 연결 디지털 핀을 9번으로 변경.

int ledPin = 9;

② LED 점등 시간 변경

digitalWrite(ledPin, HIGH);

delay(2000); // 2 초 시간지연

digitalWrite(ledPin, LOW);

delay(2000);

③ LED 밝기 조정. 위 코드에서 digitalWrite를 analogWrite로 변경.

analogWrite에서 변수 val는 0 ~ 255 범위 값을 가짐.

0: 끔(0 V 출력), 255: 100 % 밝기로 킴(5 V 출력), 1~254: 값에 따라 0과 100 % 사이의 밝기(교재의 PWM 설명 참고).

analogWrite(ledPin, val);

## 3.2 다수 LED 점등

〈그림 3.2〉와 같이 8개의 LED를 점등하기 위한 회로를 구성한다.

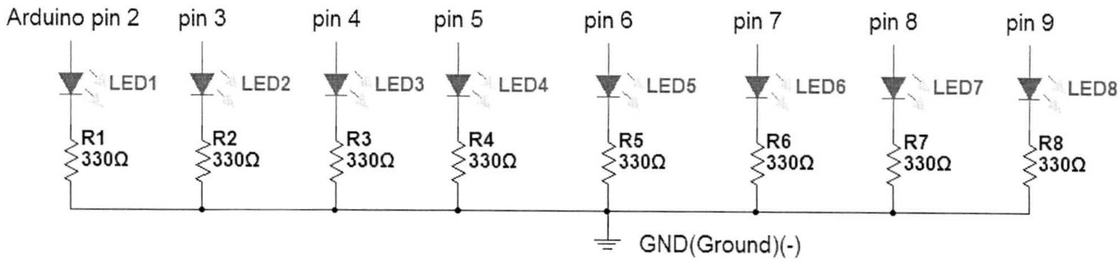


〈그림 3.2〉 다수 LED 점등 회로

```
/**** 8개 LED를 3가지 다른 방식으로 점등 ****/
// LED 연결 핀 번호 지정을 위한 배열 정의
// LED #1은 핀2(ledPins[0])에 연결, LED #2은 핀3, LED #8은 핀 9에 연결
int ledPins[] = {2,3,4,5,6,7,8,9};

void setup()
{
  // LED에 연결된 각 핀을 출력 모드로 설정
  for(int i = 0; i < 8; i++) { // 이 루프는 8번 반복
    pinMode(ledPins[i],OUTPUT); // 각 LED 핀을 출력으로 설정
  }
}

// LED를 순서대로 하나씩 점등 후 끄기
void loop()
{
  // 시간지연으로 작으면 LED 온오프 스위칭이 빨라지고 크면 스위칭이 길어짐
  int delayTime = 100;

  // LED를 차례로 하나씩 8개 점등
  for(int i = 0; i <= 7; i++) {
    // i=0~7까지 ledPins[i] 핀에 High 신호 출력, 출력 핀에 연결된 LED 점등
```

```
        digitalWrite(ledPins[i], HIGH);
        delay(delayTime);
    }

    // LED를 차례로 하나씩 8개 끄기
    for(int i = 7; i >= 0; i--) {  // 마지막에 점등한 LED부터 끄기
        // i=7~0까지 ledPins[i] 핀에 Low 신호 출력, 출력 핀에 연결된 LED 끄기
        digitalWrite(ledPins[i], LOW);
        delay(delayTime);
    }
}
```

## 3.3 푸시 버튼을 이용한 LED 점등

### 1) LED 점등 및 끄기

푸시 버튼과 같은 스위치는 단순한 풀업 또는 풀다운 저항을 사용해서 스위치의 상태를 항상 HIGH 또는 LOW로 읽을 수 있다.

① 풀다운 저항

〈그림 3.3〉은 풀다운 저항이 사용된 회로이다. 버튼을 누르면 전류는 보다 작은 저항(100 Ω) 경로인 입력 핀으로 흐른다. 버튼을 누르지 않으면 입력은 10 KΩ 저항 경로로 접지에 연결된다. 풀다운 저항이 없으면 버튼이 눌리지 않은 상태에서는 입력 핀은 어떤 것에도 연결되지 않아 0에서 5 V 사이를 부유한다. 풀다운 저항 회로에서는 버튼이 눌려지지 않으면 입력 핀이 항상 접지 즉 0 V로 풀다운되고 버튼이 눌리면 5 V가 된다.

② 풀업 저항

〈그림 3.4〉는 풀업 저항이 사용된 회로이다. 풀업 저항 회로에서는 버튼이 눌려지지 않으면 입력 핀이 항상 5 V에 연결되어 풀업 되고 버튼이 눌려지면 입력 핀이 접지에 연결 0 V가 된다.

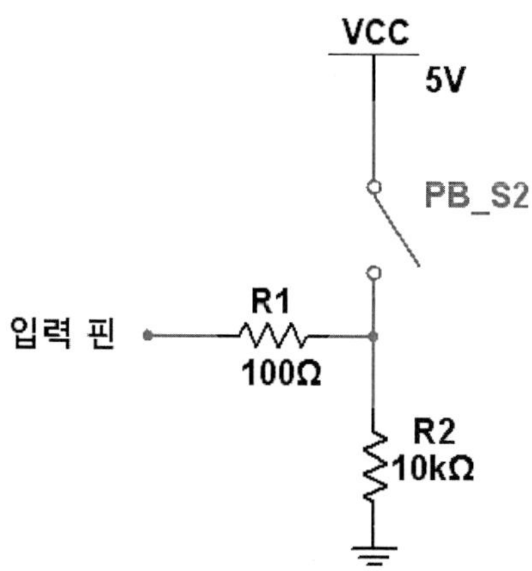


〈그림 3.3〉 풀-다운 저항

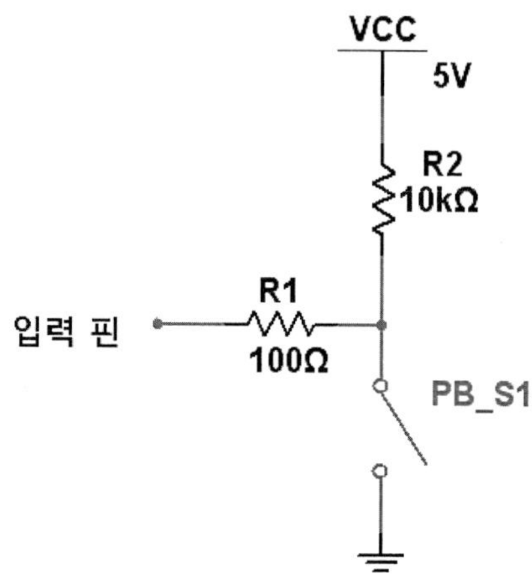


〈그림 3.4〉 풀-업 저항

이제 풀다운 저항을 사용하여 푸시 버튼의 상태를 읽어 LED를 점등하는 스케치를 만들어 보자. 이 스케치에서는 버튼이 눌려져 있는 동안 LED가 점등되어 있다(〈그림 3.5〉 회로).

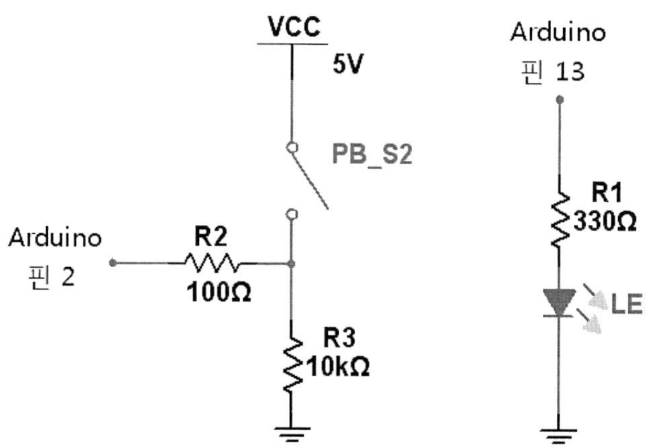


〈그림 3.5〉 LED 점등 회로

```
/**** 버튼을 누를 때마다 LED를 점등 ****/
#define buttonPin 2  // 푸시-버튼 연결 핀 번호
#define ledPin 13   // LED 연결 핀 번호

// 버튼은 온, 오프에 따라 값이 변함
int buttonState = 0;  // 푸시-버튼의 상태를 가질 변수

void setup()
{
   pinMode(ledPin, OUTPUT); // LED 핀을 출력으로 설정
   pinMode(buttonPin, INPUT); // 푸시-버튼 핀을 입력으로 설정
}

void loop()
{
   // 푸시 버튼의 상태를 읽음
   buttonState = digitalRead(buttonPin);
   // 푸시 버튼이 눌려지면 즉, buttonState 값이 HIGH이면
   if (buttonState == HIGH) {
      digitalWrite(ledPin, HIGH);  // LED 점등
   }
   else {
      digitalWrite(ledPin, LOW); // LED 점멸
   }
}
```

## 2) LED 점등 및 끄기 유지

아래 스케치는 버튼의 현재 상태와 이전 상태를 비교해 두 상태가 다른 경우(즉 버튼을 눌렀거나 누른 버튼을 놓는 순간) LED를 점등 또는 끈다.

```
/**** 버튼의 상태 변화(온→오프 및 오프→온)를 감지 ****/
#define buttonPin 2  // 푸시 버튼 연결 핀 번호
#define ledPin 13   // LED 연결 핀 번호

// 버튼은 온, 오프에 따라 값이 변함
int buttonState = 0;        // 푸시-버튼의 현재 상태를 갖는 변수
int lastButtonState = 0;    // 푸시-버튼의 이전 상태를 갖는 변수

void setup()
{
  pinMode(ledPin, OUTPUT); // LED 핀을 출력으로 설정
  pinMode(buttonPin, INPUT); // 푸시-버튼 핀을 입력으로 설정
}

void loop()
{
  // 푸시 버튼의 상태를 읽음
  buttonState = digitalRead(buttonPin);

  // 버튼의 현재 상태와 이전 상태 비교, 두 상태가 서로 다르면
  if (buttonState != lastButtonState) {
    if (buttonState == HIGH) {
      // 버튼 상태가 HIGH(버튼 상태가 오프→온으로 변경)이면 LED 점등
      digitalWrite(ledPin, HIGH);
    }
    else {
      // 버튼 상태가 LOW(버튼 상태가 온→오프로 변경)이면 LED 점멸
      digitalWrite(ledPin, LOW);
    }
  }
  // 다음 루프를 위해 버튼의 현재 상태 값을 이전 상태 값으로 저장
  lastButtonState = buttonState;
}
```

버튼 조작에 따라 LED의 점등 및 끈 상태가 유지되도록 하려면 위 스케치를 변경해야 한다. 즉 버튼을 한 번 눌렀다 떼면 LED가 점등 상태로 있고 다시 버튼을 눌렀다 떼면 LED가 꺼진 상태로 유지되도록 스케치를 수정하자. 버튼을 누른 횟수를 저장하기 위해 button-PushCounter 변수를 사용한다. LED 점등과 끄기의 두 가지 경우만 있으므로 버튼 누른 횟수가 홀수면 점등, 짝수면 끄기 되도록 스케치를 작성한다. 만일 제어해야 할 경우가 3가지라면 3의 배수로 나누어 나머지가 0, 1 및 2인 경우로 구분하여 사용하면 된다.

```
/**** 점등 유지 ****/
#define buttonPin 2  // 푸시-버튼 연결 핀 번호
#define ledPin 13    // LED 연결 핀 번호

int buttonState = 0;          // 푸시-버튼의 현재 상태를 갖는 변수
int lastButtonState = 0;      // 푸시-버튼의 이전 상태를 갖는 변수
int buttonPushCounter = 0;  // 버튼이 눌린 횟수 측정 카운터

void setup()
{
   pinMode(ledPin, OUTPUT); // LED 핀을 출력으로 설정
   pinMode(buttonPin, INPUT); // 푸시-버튼 핀을 입력으로 설정
}

void loop()
{
   // 푸시-버튼의 상태를 읽음
   buttonState = digitalRead(buttonPin);

   // 버튼의 현재 상태와 이전 상태 비교, 두 상태가 서로 다르면
   if (buttonState != lastButtonState) {
      // 버튼을 누른 경우이면
      if (buttonState == HIGH) {
         // 버튼 상태가 HIGH이면 카운터 증가
         buttonPushCounter++;
      }
      else{
```

```
        // 버튼을 놓았을 때의 동작 부분으로 여기서는 없음
      }
    }
    // 다음 루프를 위해 버튼의 현재 상태 값을 이전 상태 값으로 저장
    lastButtonState = buttonState;

    // 카운터 값이 홀수면 LED를 점등하고 짝수이면 소등
    if (buttonPushCounter % 2 == 0) {  // 2로 나눈 나머지가 0이면(짝수이면)
      digitalWrite(ledPin, LOW);
    } else {
      digitalWrite(ledPin, HIGH);
    }
}
```

### 3) 내부 풀업

아두이노는 아날로그 핀을 포함해서 핀에 연결된 풀업 저항(20 KΩ)을 갖고 있다. 이를 사용하려면 소프트웨어에서 활성화해야 한다. 핀에서 내부 풀-업 저항을 활성화하려면 먼저 핀의 pinMode를 INPUT으로 변경한 후 digitalWrite 명령을 사용하여 핀에 HIGH를 내보낸다.

```
pinMode(pin, INPUT);
digitalWrite(pin, HIGH);
```

내부 플업 저항을 활성화한 후 pinMode를 INPUT에서 OUTPUT으로 변경하면 핀은 여전히 HIGH 상태로 존재한다.

〈그림 3.6〉 회로와 같이 아두이노 핀 2를 버튼의 한 쪽 다리에, 버튼의 나머지 다리는 접지에 연결한다. 버튼을 누르지 않으면 내부 풀업으로 아두이노 핀 2는 HIGH 상태를 읽게 되고 버튼을 누르면 핀 2가 접지에 연결되어 LOW 상태를 읽게 된다.

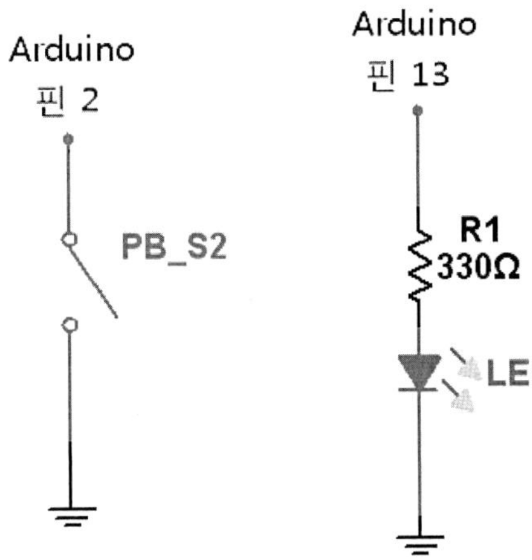


〈그림 3.6〉 내부 풀업

내부 풀업을 이용하여 버튼을 누르면 LED가 점등되고 버튼을 놓으면 LED가 꺼지는 스케치는 다음과 같다.

```
/**** 내부 풀업 ****/
int pushButton = 2;  // 푸시 버튼에 연결한 디지털 핀 2

void setup()
{
  pinMode(pushButton, INPUT);
  digitalWrite(pushButton, HIGH);
}

void loop()
{
  // 푸시 버튼 핀을 읽음
  int buttonState = digitalRead(pushButton);
  // 푸시 버튼의 상태를 출력
  if (buttonState == HIGH) {
      // 버튼 상태가 HIGH이면 LED 점등
      digitalWrite(ledPin, HIGH);
  }
```

```
  else {
      // 버튼 상태가 LOW이면 LED 끄기
      digitalWrite(ledPin, LOW);
  }
  delay(10); // 읽는 과정의 안정화를 위한 시간 지연 10 ms
}
```

내부 풀업을 위해 setup() 함수에서 두 줄의 코드(pinMode(pushButton, INPUT); digital-Write(pushButton, HIGH);)를 아래와 같이 한 줄로 줄여 사용할 수 있다.

```
void setup()
{
  pinMode(pushButton, INPUT_PULLUP);  // 내부 풀업저항 사용
}
```

## 4) 스위치의 바운스 제거

푸시 버튼 스위치와 같은 기계적인 스위치를 누르면 진동으로 인해 전극 판이 완전히 붙기 전까지는 매우 짧은 시간 동안이지만 불안정한 신호 특성을 보인다(〈그림 3.7〉). 이는 사용자가 스위치를 한 번 눌렀지만 마이크로컨트롤러는 여러 번 누른 것으로 잘못 인식하게 만든다. 이런 현상을 바운스(Bounce)라 부르며, 이를 제거하는 것을 디바운스(Debounce)라 한다. 디바운스는 하드웨어 및 소프트웨어 방법으로 구현할 수 있다.

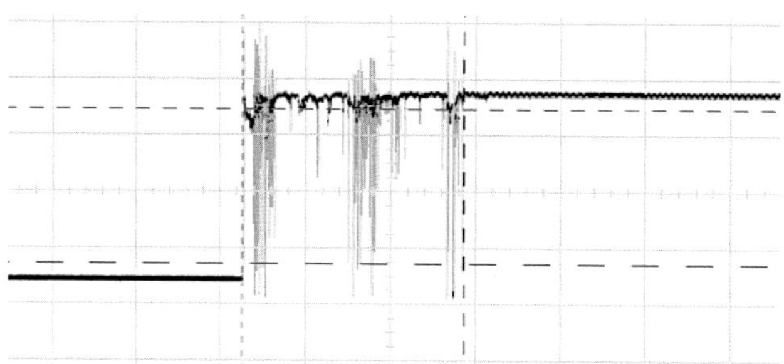

〈그림 3.7〉 스위치 바운스

① 하드웨어에 의한 디바운스

캐패시터와 74LS14를 회로에 추가하면 바운스 현상을 제거할 수 있다(〈그림3.8〉). 슈미트트리거 기능은 2개의 논리 상태 중에서 어느 한 상태로 안정 되도록 만들어서 바운스 현상을 제거한다(〈그림 3.9〉).

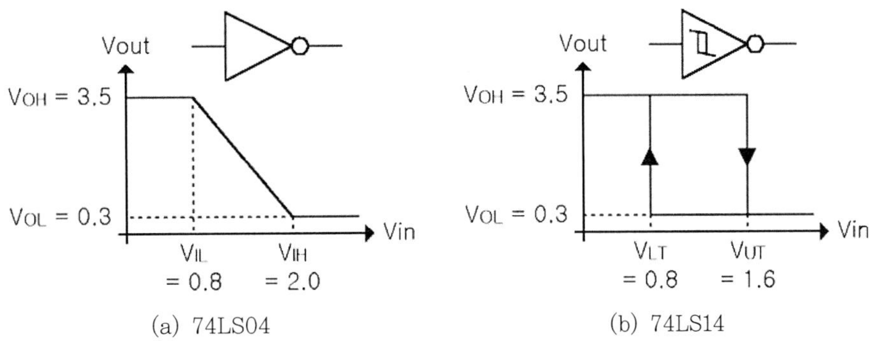


〈그림 3.8〉 슈미트트리거 기능이 없는 74LS04와 74LS14의 비교

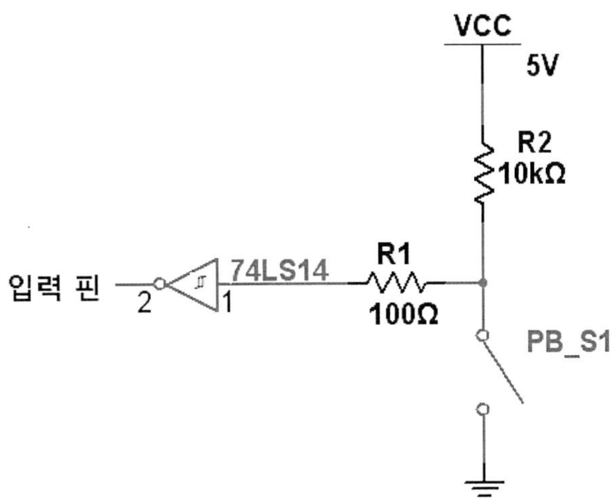


〈그림 3.9〉 바운스 제거 슈미트트리거 회로

② 소프트웨어에 의한 바운스 제거: 시간지연을 이용하여 바운스 현상을 제거한다. 아래 스케치에서(http://www.arduino.cc/en/Tutorial/Debounce) 디바운스를 제거하기 위해 debounceDelay 변수 값으로 50 ms를 사용했지만 20 ms 이상이면 된다. 아래 스케치는

버튼이 토글(버튼을 누르거나 버튼을 놓는)된 순간부터 debounceDelay만큼 경과할 때까지 버튼의 상태를 변경하지 않는다.

```
/**** 바운스 제거 ****/
const int buttonPin = 2;      // 푸시 버튼 연결 핀
const int ledPin = 13;        // LED 연결 핀

int ledState = HIGH;          // 출력 핀의 현재 상태
int buttonState;              // 입력 핀에서 읽은 버튼의 현재 상태
int lastButtonState = LOW;  // 입력 핀에서 읽은 버튼의 이전 상태

// 시간은 ms 단위 오버플로우가 발생치 않도록 저장 범위가 큰 long형으로 선언
long lastDebounceTime = 0;  // 출력 핀이 토글 된(버튼 누름/놓음) 마지막 시간
long debounceDelay = 50;    // 디바운스 시간

void setup() {
  pinMode(buttonPin, INPUT);
  pinMode(ledPin, OUTPUT);

  // LED의 초기 상태 설정(HIGH로 설정)
  digitalWrite(ledPin, ledState);
}

void loop()
{
  // 버튼의 상태를 읽음
  int reading = digitalRead(buttonPin);

  // 버튼을 눌렀는지 검사(버튼의 상태가 LOW에서 HIGH로)하고 눌려졌으면
  if (reading != lastButtonState) {
    // 디바운스 타이머를 현재 시간으로 리셋
    lastDebounceTime = millis();
  }
```

```
  // 현재 시간과 버튼이 토글 된 시간의 차가 debounceDelay 보다 크면
  // 즉, 버튼이 토글 되고 디바운스 시간만큼(50 ms)이 경과하면
  if ((millis() - lastDebounceTime) > debounceDelay) {
    // 버튼 상태가 변경되면
    if (reading != buttonState) {
      buttonState = reading;  // 읽은 버튼 상태를 해당 변수에 저장

      // 버튼의 상태가 HIGH이면
      if (buttonState == HIGH) {
        // ledState 변수 값을 반전(HIGH는 LOW로 LOW는 HIGH로)
        ledState = !ledState;
      }
    }
  }

  // 변경된 ledState 변수 값으로 LED에 출력
  digitalWrite(ledPin, ledState);

  // 현재 버튼 상태를 버튼 이전 상태 변수에 저장
  lastButtonState = reading;
}
```

## 3.4 LED의 밝기 조절

LED는 PWM 출력으로 LED의 밝기를 조절할 수 있다. PWM은 펄스 폭 변조(Pulse Width Modulation)로 디지털 출력에서 아날로그 출력을 만들어내기 위한 수단이다. 아두이노 PWM 핀에서는 매우 빠르게 온, 오프 스위칭을 하여 구형파를 내보낸다. 온(출력이 HIGH, 5 V) 시간과 오프(출력이 LOW, 0 V) 시간을 변경하면 0과 5 V 사이의 전압을 임의의 전압을 만들 수 있다. 온 시간을 펄스폭이라 부른다. 〈그림 3.10〉에 보인 것처럼 온-오프 한 주기에 대해 온 되어 있는 시간 비율을 듀티 사이클(duty cycle)이라 한다. 듀티 사이클이 50 %이면

온과 오프 시간이 동일한 경우이다. 90 %이면 한 주기에서 온 시간이 90 %이고 오프 시간이 10 %이다. PWM 핀에 analogWrite 함수를 사용하여 127(255의 50 %)을 내보내면 50 %의 듀티 사이클로 핀은 한 주기의 50 %는 온, 주기의 나머지는 오프를 유지한다. 펄스가 500 Hz로 동작하면 주기는 2 ms이므로 1 ms 간격으로 온과 오프를 반복한다. 즉 LED는 1 초에 500번 점멸하므로 계속 점등할 때(최대 밝기)의 절반 정도로 빛을 낸다.

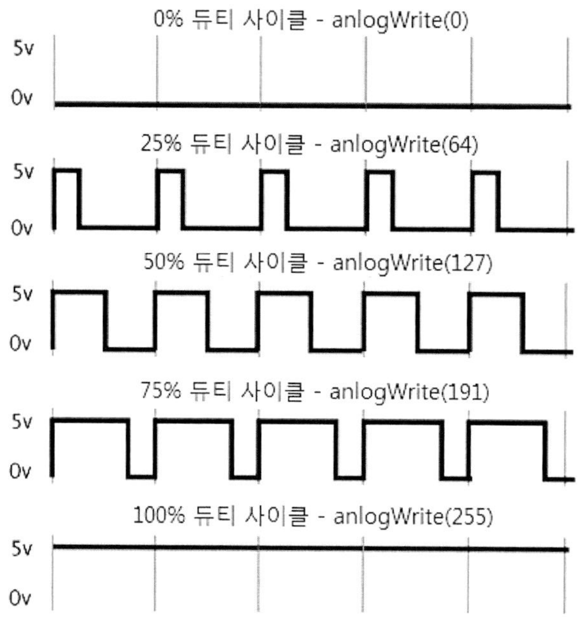


〈그림 3.10〉 아두이노에서 듀티 사이클 출력

① digitalRead(pin) 함수는 pin(아두이노 보드의 디지털 2 ~ 13번 핀)의 상태를 HIGH(1, 5 V) 또는 LOW(0, 0 V)로 읽어 반환한다.

예 int x = digitalRead(8)

② digitalWrite(pin, val) 함수는 pin(아두이노 보드의 디지털 2 ~ 13번 핀)에 변수 val의 값(HIGH 또는 LOW)를 출력한다.

예 digitalWrite(pin, HIGH)

③ analogRead(pin) 함수는 pin(아두이노 아날로그 A0~A5핀)의 전압(0 ~ 5 V)을 10비트의 정수(0 ~ 1023)으로 읽어 반환한다.

예 int x = analogRead(0), 0번 핀 전압이 2 V라면 $2V \times \frac{1023}{5V}$ 으로 읽힘

④ analogWrite(pin, val) 함수는 pin(아두이노 PWM 출력 핀, 3, 5, 6, 9, 10, 11)에 0 ~ 5 V의 전압을 8비트 정수(0 ~ 255)로 PWM 출력한다.

예 analogWrite(9,200)는 $200 \times \frac{5}{255} V$에 해당하는 PWM 전압을 9번 핀에 출력. 아두이노 보드에는 PWM 출력이 가능한 핀에는 물결모양의 ~가 표시되어 있다. PWM 출력이 가능한 9번 핀에 〈그림 3.11〉의 회로를 구성한다.

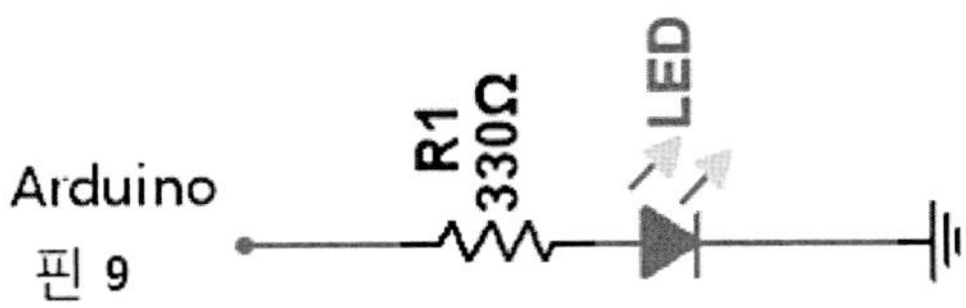


〈그림 3.11〉 LED 밝기 조정 회로

아래 스케치는 변수 fadeAmount의 값으로 다음과 같이 밝기를 조정한다. fadeAmount 변수 값에 해당하는 만큼($fadeAmount \times \frac{5}{255} V$) 밝아지다 LED로 출력이 255(5 V)가 되면 fadeAmount의 부호를 변경하여 0이 될 때까지 어두워지고 0이 되면 다시 부호를 변경하여 밝아지는 것을 반복한다.

```
/**** LED 밝기 조절 ****/
// 코드 인용: http://www.arduino.cc/en/Tutorial/Fading
int ledPin = 9;          // LED를 연결할 PWM 핀
int brightness = 0;      // LED의 밝기 값을 저장할 변수
int fadeAmount = 5;  // LED의 밝기 조정의 크기를 저장할 변수

void setup()
{
  pinMode(ledPin, OUTPUT);    // 9번 핀을 출력으로 지정
}

void loop()
{
  // 핀9의 밝기를 설정
  analogWrite(ledPin, brightness);
```

```
  // 밝기를 현재 값에 fadeAmount 변수 값만큼 더함
  brightness = brightness + fadeAmount;

  // 밝기가 0(0 V)이거나 255(5 V)가 되면 밝기 변화 방향을 반대로 함
  if (brightness == 0 || brightness == 255) {
    fadeAmount = -fadeAmount ;
  }
  // 밝기 변화가 보이도록 시간지연을 줌
  delay(30);
}
```

## 3.5 3색 LED 제어

RGB LED(RGB 3색 LED를 하나로 패키지화)는 3색 LED의 색을 혼합하여 다양한 색을 낸다. 이는 RGB LED 각각의 밝기를 PWM 방식으로 제어함으로써 가능하다.

### 1) RGB LED 제어

애노드 형의 RGB LED는 〈그림 3.12〉와 같이 회로를 구성한다. 아두이노 핀 9, 10 11이 저항에 직렬로 연결되고 저항은 RGB LED의 해당 다리에 연결되며 RGB의 공통 단자는 GND에 연결된다. 아두이노 핀의 전압이 HIGH일 때 LED가 점등된다. 반면에 캐소드 형의 RGB LED는 〈그림 3.14〉와 같이 저항 R1, R2, R3에 +5 V를 공급하고 핀9, 10, 11이 아두이노 핀에 연결되어 핀 전압이 LOW인 경우 점등된다. 아두이노 Uno 보드에 표시된 것처럼 핀 9, 10, 11은 아날로그 출력(PWM 출력)으로 사용할 수 있다.

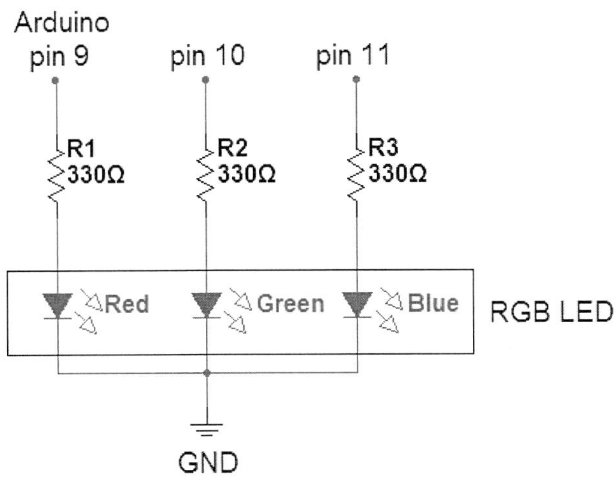


〈그림 3.12〉 애노드 형 RGB LED 회로

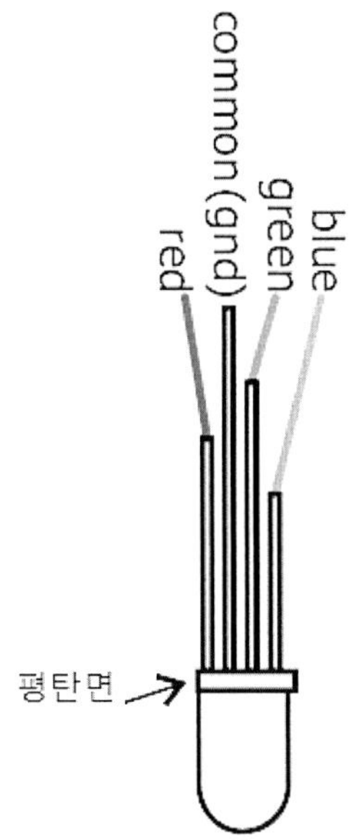


〈그림 3.13〉 애노드 형 RGB LED

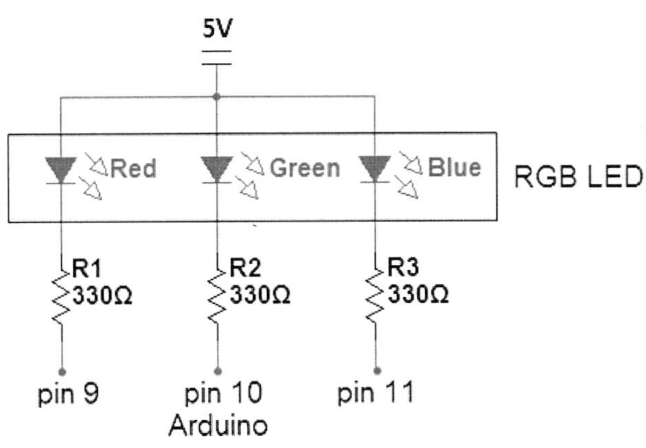


〈그림 3.14〉 캐소드 형 RGB LED 회로

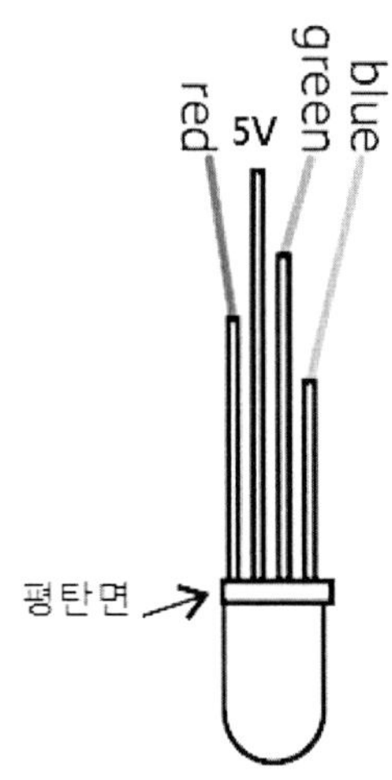


〈그림 3.15〉 캐소드 형 RGB LED

```
/**** PWM을 이용한 RGB LED 색 조절 ****/
#define pinRed 9       // red 핀 번호
#define pinGreen 10    // green 핀 번호
#define pinBlue 11     // blue 핀 번호

void setup()
{
   // RGB 출력 핀 설정(아날로그 출력은 출력 모드 설정을 안 해도 됨)
   pinMode(pinRed,OUTPUT);
   pinMode(pinBlue,OUTPUT);
   pinMode(pinGreen,OUTPUT);
}

void loop()
{
   analogWrite(pinRed,0); // pinRed로 0 V 출력
   analogWrite(pinGreen,255); // pinGreen에 5 V 출력
   analogWrite(pinBlue,125); // pinBlue에 5×125/255 V 출력
}
```

## 2) LED 색의 맥동화

〈그림 3.12〉 회로의 RGB LED의 적색 LED 밝기를 변경해보자. 반주기에 걸쳐 정현파 값을 계산하고 LED의 밝기를 이에 맞추어 변하도록 한다. 정현파 계산을 위해 내장된 sin 함수를 사용하며 이 때 각도가 아닌 라디안 값을 사용한다.

```
/**** LED 색의 맥동화 ****/
#define PI 3.141592
#define pinRed 9
#define pinGreen 10
#define pinBlue 11
```

```
float sinVal;  // sin 값 저장
int ledVal; // sin 값을 [0,255] 사이의 정수로 변경하여 저장

void setup()
{
   pinMode(pinRed,OUTPUT);
   pinMode(pinBlue,OUTPUT);
   pinMode(pinGreen,OUTPUT);
}

void loop()
{
   for(int i=0;i<180;i++){
      sinVal = sin(i*PI/180); // 정현파 값 계산
      ledVal = (int) 255*sinVal;  // [0,1] 값을 [0,255]의 정수로 변환
      analogWrite(pinRed,ledVal); // 적색 LED의 밝기를 변화
      analogWrite(pinGreen,255); // 녹색 LED는 최대로 밝게
      analogWrite(pinBlue,255); // 파란색 LED는 최대로 밝게
      delay(50);
   }
}
```

## 3) 16진수 색 코드를 이용한 LED 색 제어

16진수 24비트의 RGB 색 코드를 이용하여 LED의 색을 제어하는 스케치이다. 색 정보는 양수이고 RGB의 3색의 24 비트(3*8비트)가 필요하기 때문에 상수인 unsigned long 형으로 선언한다.

```
/**** 16진수 색 코드를 이용한 LED 색 제어 ****/
// 코드 인용: http://ardx.org/src/circ/CIRC12-code-SPAR.txt
// LED 선을 PWM 핀에 연결
const int RED_LED_PIN = 9;    // 적색 LED 연결 핀 번호
const int GREEN_LED_PIN = 10;    // 녹색 LED 연결 핀 번호
const int BLUE_LED_PIN = 11;  // 청색 LED 연결 핀 번호
```

```
// 16진수 색 코드
const unsigned long ORANGE = 0xFF7F00; // 오렌지색 코드
const unsigned long TEAL = 0x008080;  // 밝은 청록색 코드
const unsigned long AUBERGINE = 0x614051;  // 가지색 코드
const int DISPLAY_TIME = 2000; // 각 색을 보이기 위한 시간(ms)

void setup()
{
   // 설정 필요 없음.
}

void loop()
{
   // 반복해서 지정한 색코드의 색을 표시
   setColor(ORANGE);
   delay(DISPLAY_TIME);
   setColor(TEAL);
   delay(DISPLAY_TIME);
   setColor(AUBERGINE);
   delay(DISPLAY_TIME);
}

/* RGB LED의 색을 지정한 색코드의 색으로 설정
 * 색코드는 unsigned long의 16진수 6자리고 구성(0xRRGGBB: RGB 색별 2자리)
 * 0xRRGGBB = iiiiiiiirrrrrrrrggggggggbbbbbbbb(4바이트)
 * 0x : 16진수(1바이트)임을 나타내고 i 비트는 무시됨
 * RR : 적색의 밝기를 규정하는 바이트(r 비트)
 * GG : 녹색의 밝기를 규정하는 바이트(g 비트)
 * BB : 청색의 밝기를 규정하는 바이트(b 비트)
 * 색코드에서 개별 색을 추출하기 위해 시프트와 마스킹을 사용
 * 비트 시프트 사용, 숫자에서 비트를 한 방향으로 이동시켜 새로운 숫자를 만듦
 * 예: >>n은 n자리만큼 우측으로 시프트를 의미
 * 예: iiiiiiiirrrrrrrrggggggggbbbbbbbb >> 8 -> 00000000iiiiiiiirrrrrrrrgggggggg
 * 숫자 0xFF는 비트 마스크 00000000000000000000000011111111를 의미
 * 문자 "&"는 비트 and 연산을 의미(두 숫자의 각 비트를 비트 단위로 논리곱)
 * 00000000iiiiiiiirrrrrrrrgggggggg && 0xFF ->
```

```
 * 00000000iiiiiiiirrrrrrrrgggggggg && 00000000000000000000000011111111
 * = 000000000000000000000000gggggggg (색코드에서 녹색만 추출)
 * 비트 연산 참조: http://www.arduino.cc/playground/Code/BitMath
 */
void setColor(unsigned long color)
{
  // 색코드에서 RGB 색의 밝기 정보 추출
  byte redIntensity = (color >> 16) & 0xFF;  // 적색 밝기 정보
  byte greenIntensity = (color >> 8) & 0xFF;  // 녹색 밝기 정보
  byte blueIntensity = color & 0xFF;  // 청색 밝기 정보

  // 요청한 색 표시: 밝기 정보에 해당하는 아날로그 출력
  analogWrite(RED_LED_PIN, redIntensity);  // 적색
  analogWrite(GREEN_LED_PIN, greenIntensity);  // 녹색
  analogWrite(BLUE_LED_PIN, blueIntensity);  // 청색
}
```

RGB LED내의 적색 다이오드는 다른 것 보다 약간 밝을 수 있다. 균형 있는 색을 위해서는 적색 LED에 저항 값이 조금 더 큰 저항을 사용한다. 또는 코드 analogWrite(RED_LED_PIN,redIntensity)에서 redIntensity를 redIntensity/3으로 수정한다. 3색 LED 각각의 확산 정도가 크지 않으면 3색의 혼합이 잘 안되고 RGB 개별 색이 보일 수 있다. 확산 정도가 큰 LED를 사용하거나 일정 거리를 확보하여 색이 혼합될 수 있게 한다.

## 3.6 직렬통신을 이용한 LED 제어

직렬 통신을 이용하여 LED를 제어하는 방법에 대해 알아본다.

### 1) 디지털 입력 정보의 전송

〈그림 3.6〉의 푸시 버튼 회로에서 버튼의 상태를 디지털 값으로 읽은 후 직렬 모니터에 읽은 값을 전송한다. Serial.println()는 직렬 모니터에 출력 후 줄 바꿈하며 Serial.print()는 출력 후 줄 바꿈 않는다.

```
/**** 디지털 입력 정보 전송 ****/
int pushButton = 2;  // 푸시 버튼에 연결 핀(디지털 2번)

void setup()
{
  // 9600 bps(bit per second)의 전송 속도로 직렬 통신 초기화
  Serial.begin(9600);
  // 푸시 버튼 핀을 입력으로 지정
  pinMode(pushButton,INPUT);
}

void loop()
{
  // 푸시 버튼 상태를 읽음
  int buttonState = digitalRead(pushButton);
  // 푸시 버튼의 상태를 출력
  Serial.println(buttonState);  // 출력 후 줄 바꿈
  delay(10); // 읽는 과정의 안정화를 위한 시간 지연 10 ms
}
```

## 2) 아날로그 입력 정보의 전송

아날로그 0번 핀에서 읽은 전압에 해당하는 값을 직렬 모니터에 출력한다. analogRead() 함수는 0 ~ 5 V의 전압을 0 ~ 1023의 값으로 읽는다. 따라서 이렇게 읽은 값을 전압으로 환산하려면 5를 곱한 후 1023으로 나눈다. 아두이노 아날로그 0번 핀을 〈그림 3.16〉 회로와 같이 연결하여 R2에 걸린 전압을 읽어 직렬 모니터에 출력한다.

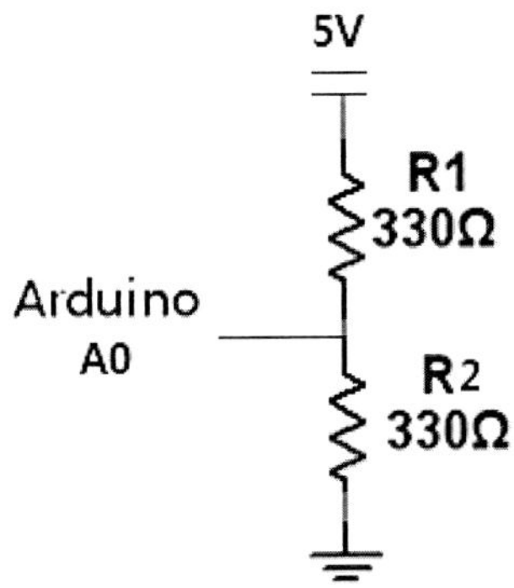


〈그림 3.16〉 전압분배

```
/**** 아날로그 입력 정보 전송 ****/
void setup()
{
  // 9600 bps로 직렬 통신 초기화
  Serial.begin(9600);
}

void loop() {
  // 아날로그 A0핀을 읽음(0~5 V를 0~1023으로 읽음)
  int sensorValue = analogRead(A0);

  // 읽은 값을 직렬 모니터에 출력
  Serial.print(sensorValue); // 0 ~ 1023 범위의 값으로 출력
  Serial.print("  ");  // 빈 칸 두 개 출력

  float voltage = sensorValue * (5.0 / 1023.0);
  Serial.println(voltage); // 0 ~ 5 V 범위의 전압으로 출력
  delay(10); // 읽는 과정의 안정화를 위한 시간 지연 10 ms
}
```

### 3) 직렬 통신의 출력 형식

직렬 모니터에 출력하는 형식에 대해 알아본다. 문자열을 " "를 사용하고 문자는 ' '를 사용한다. "a"와 'a'의 차이는 문자열인 "a"는 문자 a 뒤에 널 문자(빈 공간)가 붙는다. 모든 문자열에는 끝에 널 문자가 붙어 문자열의 끝을 알려준다.

```
/**** 직렬 통신 출력 형식 ****/
// 코드 인용: http://www.zambetti.com
void setup()
{
  // 직렬 통신 초기화
  Serial.begin(9600);
  while (!Serial) {
    ; // 직렬 통신 포트가 연결될 때까지 대기
  }

  // 쌍 따옴표 안의 문자열을 출력
  Serial.println("ASCII Table ~ Character Map");
}

// 아스키(ASCII) 코드 33에 해당하는 문자는 !
// '!'는 33과 같아서 int thisByte = 33 대신 int thisByte = '!'로 사용해도 됨
int thisByte = 33;

void loop() {
  // Serial.write()는 바이트로 전송하고 바이트를 아스키로 해석, 33은 !로 출력
  Serial.write(thisByte);

  Serial.print(", dec: ");
  // Serial.print()과 Serial.println()는 값을 아스키 코드 10진수인 문자열로 전송
  Serial.print(thisByte); // 33으로 출력

  Serial.print(", hex: ");
  // 16진수로 출력. 10진수는 DEC를 사용하는데 지정하지 않으면 10진수로 출력
  Serial.print(thisByte, HEX);

  Serial.print(", oct: ");
  // 8진수로 출력
```

```
  Serial.print(thisByte, OCT);

  Serial.print(", bin: ");
  // 2진수로 출력.
   Serial.println(thisByte, BIN);

  // 문자가 126 즉 '~'이면 중단
  if (thisByte == 126) {     // if (thisByte == '~') { 로 해도 됨
    // 무한루프
    while (true) {
      continue;
    }
  }
  // 아스키 코드 값을 1씩 증가시킴(아스키 표에서 다음 문자 지정)
  thisByte++;
}
```

## 4) 직렬 모니터에서 LED 점멸 제어

직렬 모니터에서 문자 H, h, L 또는 l을 아두이노 보드로 전송, 보드에서 'H' 또는 'h'를 수신하면 LED를 점등하고 'L' 또는 'l'을 수신하면 끈다. 아두이노 보드 13에 연결되어 있는 LED를 사용한다. 이를 위해 〈그림 3.17〉과 같이 직렬 모니터 창을 열고 전송할 문자를 입력한 후 "전송" 버튼을 클릭한다.

〈그림 3.17〉 LED 점멸 제어를 위한 직렬 모니터 창

```
/**** LED 점멸 제어 ****/
// 코드 인용: http://www.arduino.cc/en/Tutorial/PhysicalPixel
const int ledPin = 13; // LED 연결 핀
int incomingByte;      // 수신 데이터를 저장할 변수

void setup()
{
  // 9600bps로 직렬 통신 초기화
  Serial.begin(9600);
  // LED 핀을 출력으로 지정
  pinMode(ledPin, OUTPUT);
}

void loop()
{
  // 수신 데이터가 있으면
  if (Serial.available() > 0)
  {
     // 직렬 통신 버퍼에서 가장 오래된 데이터 바이트를 읽음
     incomingByte = Serial.read();
     // 만약 수신 데이터가 문자 H 또는 h이면 LED를 점등
     if (incomingByte == 'H' || incomingByte == 'h' )
     {
       digitalWrite(ledPin, HIGH);
     }
     // 만약 수신 데이터가 문자 L이나 l이면 LED를 소등
     else if (incomingByte == 'L' || incomingByte == 'l' )
     {
       digitalWrite(ledPin, LOW);
     }
  }
}
```

위의 스케치를 if 문 대신 switch 문을 사용할 수 있다. 경우의 수가 여러 가지이면 switch 문을 사용하는 것이 편하다. setup() 함수는 동일하고 loop() 함수 스케치만 아래와 같이 수정한다.

```
void loop()
{
  // 수신 데이터가 있으면
  if (Serial.available() > 0)
  {
     // 직렬 통신 버퍼에서 가장 오래된 데이터 바이트를 읽음
     incomingByte = Serial.read();
     switch (inByte) {
      case 'H' ':
        digitalWrite(ledPin, HIGH);
        break;
      case 'h':
        digitalWrite(ledPin, HIGH);
        break;
      case 'L':
        digitalWrite(ledPin, LOW);
        break;
      case 'l':
        digitalWrite(ledPin, LOW);
        break;
      default:
        digitalWrite(ledPin, LOW);
        break;
    }
  }
}
```

## 5) 직렬 모니터에서 LED 밝기 제어

〈그림 3.18〉과 같이 직렬 모니터 창에서 0 ~ 255 범위의 값을 전송하면 아두이노 보드에서 이 값을 수신한 후 LED가 연결된 핀에 해당 값으로 출력, 밝기를 조정한다. 〈그림 3.11〉의 LED 회로를 사용한다. analogWrite() 함수는 0 ~ 255 범위의 값을 입력으로 받아 0 ~ 5 V에 대응하는 PWM 출력을 내보낸다.

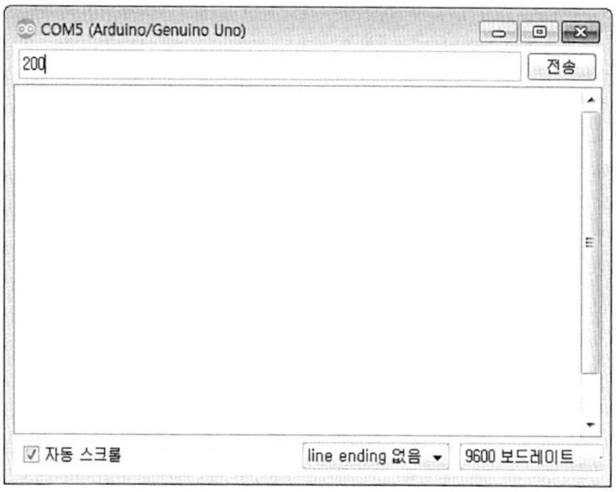


〈그림 3.18〉 LED 밝기 제어를 위한 직렬 모니터 창

```
/**** LED 밝기 조절 ****/
// 코드 인용: http://www.arduino.cc/en/Tutorial/Dimmer
const int ledPin = 9;       // LED 연결 핀

void setup()
{
  // 직렬 통신 초기화(통신 속도 9600bps)
  Serial.begin(9600);
  // LED 연결 핀을 출력으로 지정
  pinMode(ledPin, OUTPUT);
}

void loop()
{
  byte brightness;
```

```
  // 송신 데이터가 있으면 Serial.available()가 1(true)이다
  if (Serial.available()) {
    // 송신 데이터를 brightness 변수에 저장
    brightness = Serial.read();  // 1 byte로 0 ~ 255 범위의 값을 읽음
    // 0 ~ 255 값에 해당하는 0 ~ 5 V의 전압을 PWM으로 출력, LED 밝기 조정
    analogWrite(ledPin, brightness);
  }
}
```

## 6) 직렬 모니터에서 RGB LED 색 제어

〈그림 3.12〉의 회로를 그대로 사용하여 직렬 통신과 문자열을 조작하는 방법을 배운다. 〈그림 3.19〉처럼 아두이노 IDE의 직렬 모니터(Serial Monitor)에서 색 지정 문자(r, R, g, G, b, B)와 값(0~255)을 합한 문자열(예 R100, r5)을 보내면 아두이노 보드에서 문자와 값을 분리 복원하여 해당 색과 밝기 값으로 RGB LED를 제어한다. 직렬 모니터 창에서 "Send" 버튼을 누르면 문자열 끝에 줄 바꿈 문자가 추가되도록 〈그림 3.19〉에 보인 것처럼 직렬 모니터 하단에 'Newline'이 선택되어 있어야 한다. 이는 아두이노 스케치에서 전송된 문자열의 끝을 확인할 때 사용된다.

아래 스케치에서 문자형 배열 strValue[MaxChars]은 전송된 문자열 가운데 밝기 정보를 저장한다. 따라서 최대 문자열 수 3과 문자열 끝을 알 수 있도록 마지막에 널 문자를 포함시켜 최대 4개의 문자를 저장하도록 MaxChars은 4로 지정된다. index는 배열 strVaule [index]에 저장할 위치를 지정하는 변수로 index = −1로 초기화 된다. 이는 전송되는 문자(예 R100, r45)의 첫 글자는 문자로 이는 문자형 변수 color에 저장된다. 그 다음부터 index=0부터 전송된 숫자를 strValue[index]에 넣는다.

많은 데이터를 직렬 통신으로 전송하려면 통신 속도가 중요해 진다. 더 빠른 전송을 위해 현재의 9600 전송률을 115200로 바꾼다. Serial.begin(9600)→ Serial.begin(115200). 스케치를 업로드하고 직렬 모니터를 킨 후 풀다운 메뉴에서 전송 속도를 9600에서 115200으로 변경한다. 전송 속도가 12배 더 빨라진다. Serial.available() 함수는 직렬 통신 포트에 아직 읽지 않은 문자(바이트) 수를 반환한다. 문자가 있다면 if 문이 참이 되어 전송 문자를 읽는다. delay(50)은 직렬 통신 전송이 완료될 수 있도록 시간을 준다. 코드 처리 속도는 직렬 통신에 비해 매우 빠르기 때문에 문자를 받자마자 Serial.available()〉0이 참이 되고 전송

문자를 다 받기 전에 if 안의 코드가 실행될 수 있기 때문에 이를 방지하기 위해 전송 문자를 다 받을 수 있도록 시간지연을 준다.

index >= 0 && ch != 10 문장은 전송 문자가 두 번째 이상이면서(즉, 숫자에 해당) 동시에 숫자의 끝(아스키 코드 10)이 아니면 strValue[index++]에 전송 문자를 대입하고 index 변수를 1만큼 증가시킨다. 직렬 통신에서 문자를 전송할 때 〈그림 3.19〉의 하단에 보인 것처럼 줄 바꿈(newline)을 선택한다. 이는 전송 문자 끝에 줄 바꿈 문자를 삽입힌다.

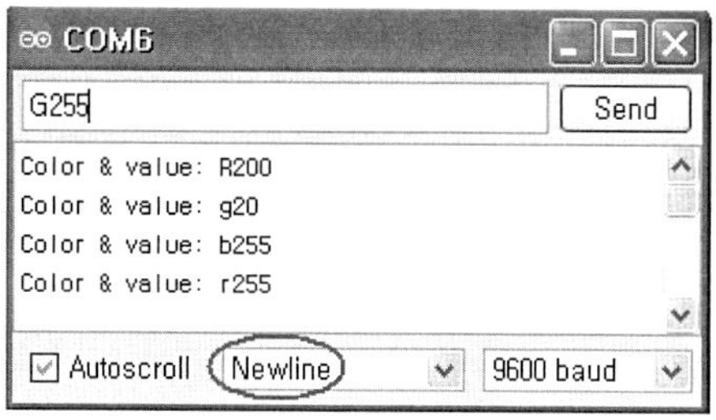


〈그림 3.19〉 직렬 모니터 창

전송 받은 문자가 줄 바꿈 문자인지를 확인해서 수신 완료를 결정한다. 줄 바꿈 문자는 CR(Carriage Return)이나 LF(Line Feed)이고 LF의 아스키 코드가 10이다. 수신된 숫자가 세자리가 아닌 하나 또는 두 자리인 경우에는 배열 strValue[index]의 빈자리에 널(Null, 아스키 코드 0) 문자를 대입한다. 이는 배열 strValue이 갖는 문자를 숫자로 변환하기 위해 atoi() 함수를 사용하기 위해서다. 이 함수는 변환할 문자를 담고 있는 배열의 주소(어드레스, 포인터)를 인수로 받아 그 배열의 널 문자 이전까지 문자를 숫자로 변환하여 반환한다. 즉 value = atoi(strValue)는 strValue 배열의 문자를 숫자로 변환하여 변수 value에 대입한다.

Serial.print()와  Serial.println()를 이용 수신 문자와 숫자를 직렬 모니터에 표시한다. Serial.println()은 줄 바꿈을 한다. 직렬 모니터에서 송신 내용과 수신 내용이 일치하는지 확인한다. 수신 문자에 변수 value의 값을 해당 핀에 출력한다. 직렬 모니터에서 전송한 문자열을 수신하여 RGB의 색과 밝기를 개별적으로 제어한다.

```
/**** 직렬 모니터에서 보낸 명령어(문자열)로 3색 LED 제어 ****/
// RGB 핀 번호 정의
#define pinRed 9
#define pinBlue 10
#define pinGreen 11
```

```
// 밝기 표시 문자열 최대 3자리와 마지막 줄 바꿈(LF) 문자까지 4자리
const int MaxChars = 4;
char strValue[MaxChars]; // 밝기 값을 저장할 배열
// 두 번째 전송문자부터 숫자로 strValue[index](index=0)에 저장
int index = -1;
int value = 0;
char color;

void setup()
{
   pinMode(pinRed,OUTPUT);
   pinMode(pinBlue,OUTPUT);
   pinMode(pinGreen,OUTPUT);

   // 아두이노에게 직렬 통신 시작을 알림, 9600은 baud rate로 전송 속도
   Serial.begin(9600);
   // 현재 직렬 통신 라인에 있을지 모르는 문자를 제거하고 통신 입출력을 준비
   Serial.flush();
}

void loop()
{
   // 시리얼 포트에 읽지 않은 바이트 수를 확인
   if(Serial.available()>0) {
      // 전송 문자를 다 받을 수 있도록 시간을 줌
      delay(50);
      // 한 번에 한 바이트씩 전송 문자를 읽음
      char ch = Serial.read();
      // 첫 전송 문자(예: R, G, B, r, g, b)인지 확인
      if(index==-1){
         color = ch;
         index++;
      }
      // 전송 문자가 처음과 끝(LF)이 아니면
      else if(index >= 0 && ch != 10) {
         // 숫자에 해당하는 문자를 배열에 대입
         strValue[index++] = ch;
```

```
      }
      else {   // LF 문자까지 수신 완료된 경우
        // 수신된 숫자가 세자리가 아니면 남는 배열 자리에 널 문자 대입
        for(int i=index;i<=MaxChars-1;i++) {
          // 전송 숫자가 3자리가 아니면
          // 널 문자(Null, 아스키 코드 0) 대입
          strValue[index] = 0;
        }
        // strValue에 담긴 널 문자 전까지 숫자로 변환
        value = atoi(strValue);
        // 다음 루프에 대비, -1로 초기화
        index = -1;
        // 직렬 모니터에 Color & value: 표시
        Serial.print("Color & value: ");
        // 변수 color의 값을 직렬 모니터에 표시
        Serial.print(color);
        // 변환된 숫자를 직렬 모니터에 표시
        Serial.println(value);

        // 전송 문자가 r 또는 R이면
        if(color == 'r' || color == 'R') {
          // 변수 value 값(0~255) 출력
          analogWrite(pinRed,value);
        }
        // 전송 문자가 g 또는 G이면
        else if(color == 'g' || color == 'G') {
          analogWrite(pinGreen,value);
        }
        // 전송 문자가 b 또는 B이면
        else if(color == 'b' || color == 'B') {
          analogWrite(pinBlue,value);
        }
      }
      Serial.flush();
    }
}
```

# Part 4

# 센서 활용

# 4.1 피에조 음향

## 1) 피에조 경보음

피에조 스피커를 아두이노 디지털 출력 핀에 부착하여 소리를 발생시킨다. 피에조 스피커는 얇은 세라믹 층이 금속 디스크에 묶여 있는 구조로 선류 펄스가 입력될 때마다 소리를 낸다. 즉 펄스에 의해 세라믹 층이 떨리면서 소리를 내게 된다. 피에조 전기 재료는 크리스털과 세라믹으로 구성되며 기계적인 압력이 가해지면 전기를 발생시킨다. 반대로 이 재료에 전기장을 가하면 모양이 미세하게 변형된다.

〈그림 4.1〉과 같이 회로를 구성한다. 스케치에서 tone() 함수는 tone(pin, frequency) 또는 tone(pin, frequency, duration)와 같은 형식으로 사용된다. duration을 사용하면 이 값의 길이만큼 주파수를 발생하고 이를 사용하지 않으면 다음 주파수 변화까지 현재 주파수 음이 지속된다.

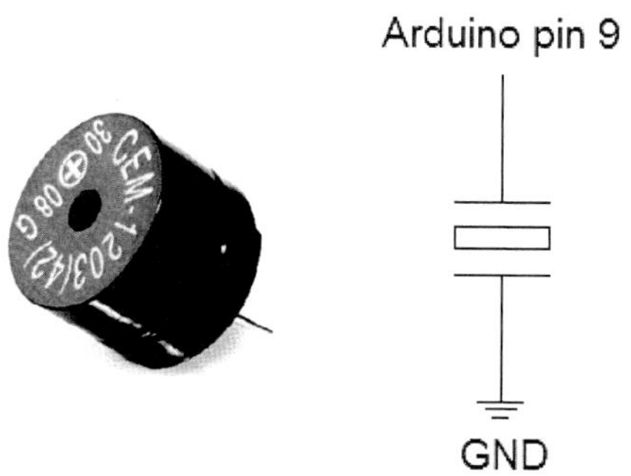


〈그림 4.1〉 피에조 스피커와 연결 회로

```
/**** 피에조 경보음 ****/
#define PI 3.141592
#define piezoPin 9     // 피에조 스피커 연결 핀 번호

float sinVal;           // 정현파 값 저장
int toneVal;            // 경보음 발생을 위한 값 저장

void setup()
{
```

```
  pinMode(piezoPin,OUTPUT);
}

void loop()
{
  for (int i=0;i<180;i++) {
    // 각도를 라디언으로 바꿔 정현파 값 계산
    sinVal = sin(i*PI/180);
    // 경보음 주파수(Hz)로 변환
    toneVal = (int) (3000 + 3000*sinVal);
    // 피에조 스피커에서 주파수 발생
    tone(piezoPin, toneVal);
    // 경보음 주파수 변화 속도 조정
    delay(5);
  }
}
```

## 2) 센서 값에 따른 경보음 발생

〈그림 4.3〉의 회로를 사용한다. 가변저항 양 끝 다리를 5 V와 GND에 연결하고 가운데 다리는 아두이노 아날로그 0번 핀에 연결한다. 가변저항을 돌리면서 A0에 걸린 전압이 기준 값보다 크면 경보를 발생한다.

〈그림 4.2〉 가변저항

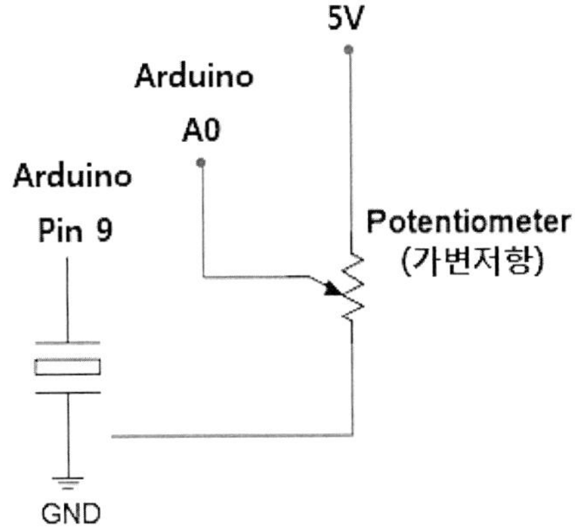


〈그림 4.3〉 경보 발생 회로

```
/**** 경보 발생 ****/
const int threshold = 100;   // 경보를 발생을 위한 센서 입력 기준 값
#define piezoPin 9    // 피에조 스피커 연결 핀 번호

float sinVal;             // 정현파 값 저장
int toneVal;              // 경보음 발생을 위한 값 서상

void setup()
{
  pinMode(piezoPin, OUTPUT);
}

void loop()
{
    // 센서 값(가변저항에 걸린 전압) 읽기
    int sensorReading = analogRead(thisSensor);

    // 읽은 센서 값이 기준 값보다 크면
    if (sensorReading > threshold) {
      // piezoPin에 연결된 부저에 200 ms 동안 600 Hz 펄스 발생(경보음)
      tone(piezoPin, 600, 200);
      delay(200);
      // piezoPin에 연결된 부저 끄기
      noTone(piezoPin);
    }
  }
}
```

# 4.2 광센서

## 1) 광저항을 이용한 LED 밝기 제어

광저항(photo resistor)은 이름에서 알 수 있듯이 빛의 밝기에 따라 저항이 달라진다. 광저항은 어두운 곳에서는 저항이 커지고 밝은 곳에서는 저항이 작아진다. 광저항은 광전도셀(CDs: Cadmium-Sulfide)이라고도 부른다. 광저항(〈그림 4.4〉)은 극성이 없다. 아두이노에서는 저항을 직접 측정하지 못하기 때문에 저항에 걸린 전압을 측정한다. 이를 위해 〈그림 4.5〉와 같은 전압분배 회로를 이용한다. 이 회로는 광저항으로 빛의 밝기를 측정하고 그에 따라 LED 밝기를 조정하기 위한 것이다. 밝기 조정을 위해 PWM(Pulse Width Modulation) 출력이 가능한 핀 가운데 하나인 9번을 LED 제어 핀으로 사용한다. 회로에서 광저항에 걸리는 전압은 식(1)로 계산된다. 아두이노에서는 광저항에 걸린 전압을 읽는 대신 식(2)와 같이 상대적인 전압 값을 측정한다(아두이노 0번 핀).

$$V_{photo-resistor} = \frac{R_{photo-resistor}}{R_1 + R_{photo-resistor}} \times V_{DD} \qquad (1)$$

$$V_{arduino} = V_{DD} - V_{photo-resistor} \qquad (2)$$

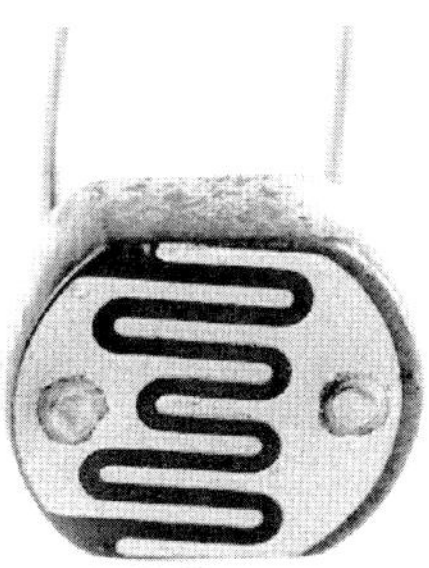

〈그림 4.4〉 광저항

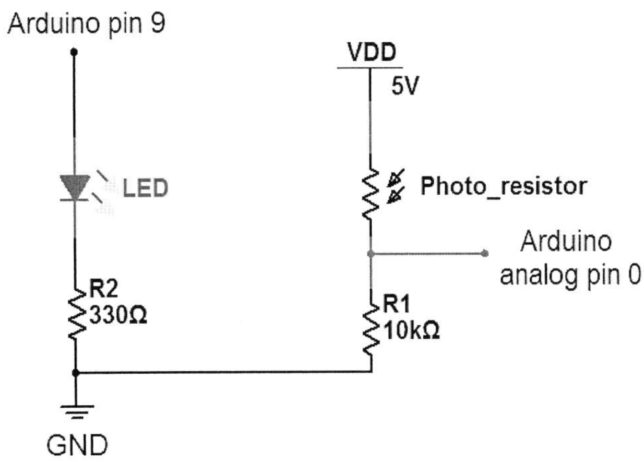


〈그림 4.5〉 광저항 회로

광저항은 아주 밝은 곳에서는 1 k$\Omega$, 어두운 곳에서는 10~100 K$\Omega$, 빛이 없는 곳에서는 수 M$\Omega$에서 ∞의 저항을 갖는다. 각각의 경우에 식(1)과 (2)로 전압을 계산하여 보자. 밝은 곳에서 광저항에 걸린 전압은 $V_{photo-resistor} = \frac{1}{10+1} \times 5 = 0.45\ V$ 이므로 이 때 아두이노 0번 핀에서 측정되는 전압은 $V_{arduino} = 5 - 0.45 = 4.55\ V$이다. analogRead(lightPin) 함수는 이 전압을 0~1023 사이 값인 $\frac{4.45}{5} \times 1023 = 910$으로 읽어 lightLevel 변수에 반환된다. 어두운 곳에서 광저항에 걸린 전압은 $V_{photo-resistor} = \frac{100}{100+10} \times 5 = 4.54\ V$ 이므로 이 때 아두이노 0번 핀에서 측정되는 전압은 $V_{arduino} = 5 - 4.54 = 0.46\ V$이다. analogRead (lightPin) 함수는 이 전압을 0~1023 사이의 값인 $\frac{0.46}{5} \times 1023 = 94$을 lightLevel 변수에 반환된다. lightLevel = analogRead(lightPin)가 실행되면 변수 lightLevel은 밝은 곳에서는 910을, 어두운 곳에서는 94의 값을 갖는다.

lightLevel = map(lightLevel, 94, 910, 0, 255) 함수는 94~910 범위의 변수 lightLevel의 값을 0~255 범위의 값으로 변환하여 lightLevel에 반환한다. constrain(lightLevel, 0, 255)는 lightLevel이 0 보다 작으면 0을, 255보다 크면 255를 반환한다. 이는 아날로그 측정 값이 혹시 94 ~ 910 범위를 벗어난 경우에도 lightLevel의 값을 0 ~ 255 범위로 제한하도록 한다. 결과적으로 lightLevel은 저항 R1에 걸린 전압을 0 ~ 255 범위의 값으로 갖는다. analogWrite() 함수에서 255는 5 V에 해당하므로 저항 R1 대신 광저항에 상대적으로 걸린 전압은 255 - lightLevel이 된다. analogWrite(ledPin, 255 - lightLevel)는 광저항에 걸린 전압으로 LED의 밝기를 조정한다.

```
// 광저항으로 측정된 광량에 따라 LED의 밝기를 변경
// 코드 인용: http://www.oomlout.com/a/products/ardx/circ-09

/**** 광저항은 특정 단위로 환산되지 않고 상대적인 광량에 따른
      센서 값으로 표시 ****/
int lightPin = 0;  // 광저항에 걸린 전압 측정 핀 번호
int ledPin = 9;    // LED 연결 핀 번호

void setup()
{
   // LED 연결 핀을 출력으로 설정
   pinMode(ledPin, OUTPUT);
}
```

```
void loop()
{
   // 저항 R1에 걸린 전압을 읽어 lightlevel 변수에 대입
   int lightLevel = analogRead(lightPin);

   // 90~910인 lightlevel의 값을 0~255 범위의 값으로 변경
   lightLevel = map(lightLevel, 90, 910, 0, 255);

   // lightlevel의 값을 0~255 범위의 값으로 제한
   lightLevel = constrain(lightLevel, 0, 255);

   // 저항 R1이 아닌 광저항에 걸린 전압(255 - lightLevel)을 LED로 출력
   analogWrite(ledPin, 255 - lightLevel);
}
```

## 2) 광저항을 이용한 LED 야간 조명

광의 밝기에 반응해서 LED의 밝기를 제어하는 대신, 특정한 값의 광 밝기를 기준으로 LED를 제어를 할 수 있다. 이는 마치 주변 빛의 밝기에 따라 가로등을 제어하는 것과 같다. 이를 위해 앞의 스케치에서 loop() 함수를 다음과 같이 수정한다. 변수 threshold는 LED 점멸 기준으로 사용되는 값을 갖는다. 저항 R1에서 읽은 아날로그 전압 값이 이 기준보다 크면 (주변이 밝아 광저항 감소로 광저항에 걸리는 전압이 기준 보다 작으면) LED를 끄고 그렇지 않으면 LED를 켠다.

```
void loop()
{
   int threshold = 300; // LED 점멸 기준 값

   // 아두이노 측정 전압과 기준 값을 비교하여 LED를 온 또는 오프
   if(analogRead(lightPin) > threshold){
      digitalWrite(ledPin, HIGH);
   }
   else{
```

```
        digitalWrite(ledPin, LOW);
    }
}
```

## 3) 가변저항

아두이노는 디지털 핀 이외에 아날로그 입력으로 사용할 수 있는 6개의 핀이 있다. 이 핀의 입력은 0~5 V의 입력을 받아들여 0~1024(10비트 해상도, 0: 0 V, 1024: 5 V)의 디지털 값으로 변경한다. 이 입력을 빈번하게 사용하는 장치중 하나가 가변저항(potentiometer 또는 variable resistor라 부름)이다. 〈그림 4.2〉의 가변저항 양 끝에 5 V와 접지를 연결하고 중앙 핀은 회전 각도에 따라 0~5 V 사이의 값을 읽는다. 〈그림 4.6〉의 회로를 구성하고 아래 스케치를 실행한다. 가변저항 손잡이를 돌림에 따라 LED의 점멸 시간이 변경된다.

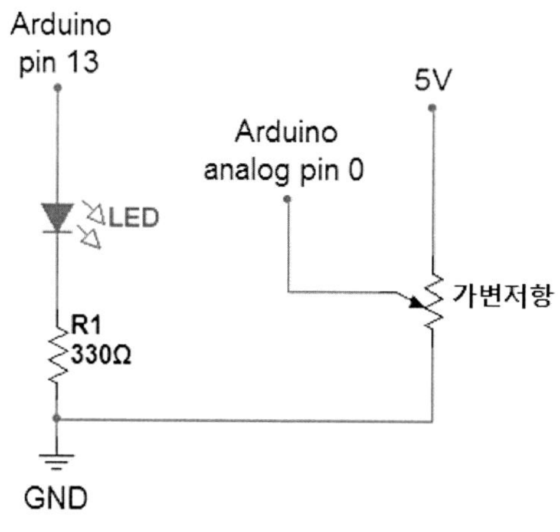


〈그림 4.6〉 점등 제어 회로

```
/**** 아날로그 입력
 * 아날로그 핀0에서 가변저항에 걸린 전압을 읽어 디지털 핀13의 LED 점멸.
 * LED의 온-오프 시간은 analogRead() 함수의 반환 값으로 결정.
 * 가변저항의 (중앙 핀)은 아날로그 입력 핀0에, 양 끝 핀은 +5 V와 접지에 연결
 * LED 양극(긴 다리)은 디지털 출력 핀13, 음극은 접지에 연결
 ****/
```

```
int sensorPin = 0;     // 가변저항 연결 입력 핀 번호
int ledPin = 13;       // LED 연결 핀 번호
int sensorValue = 0;  // 센서 입력 값을 저장할 변수

void setup()
{
   // ledPin 변수 값에 해당하는 핀을 출력으로 설정
   pinMode(ledPin, OUTPUT);
}

void loop()
{
   // 센서 아날로그 입력을 읽어 변수에 저장
   sensorValue = analogRead(sensorPin);
   digitalWrite(ledPin, HIGH);  // ledPin 핀에 HIGH 출력(LED 온)
   delay(sensorValue);  // 아날로그 입력 값에 해당하는 ms만큼 시간지연
   digitalWrite(ledPin, LOW);  // ledPin 핀에 LOW 출력(LED 오프)
   delay(sensorValue);  // 아날로그 입력 값에 해당하는 ms만큼 시간지연
}
```

① 기준 값 스위칭

위의 코드에서 특정한 값을 기준으로 LED 출력을 스위칭 할 경우 loop() 함수의 스케치를 아래와 같이 변경한다. 512를 기준으로 출력을 스위칭 한다. 즉, 센서 입력이 512 보다 크면 LED를 점등, 그렇지 않으면 점멸한다.

```
void loop()
{
   int threshold = 512;  // 기준 값
   if(analogRead(sensorPin) > threshold){
      digitalWrite(ledPin, HIGH);
   }
   else{
      digitalWrite(ledPin, LOW);
   }
}
```

② 밝기 조절

가변저항으로 LED의 밝기를 직접 조정할 수 있도록 스케치를 수정해보자. 온/오프(디지털)가 아닌 가변저항을 돌림에 따라 밝기 조정(아날로그)을 위해 LED를 디지털 핀13 대신 아날로그 핀9에 연결한다. analogRead() 함수의 반환 값을 4로 나눈다. 이는 analogRead() 함수의 반환 값은 0~1023(10비트)인데 analogWrite() 함수는 0~255(8비트)을 입력으로 받아들이기 때문에 크기를 맞추기 위해 4로 나눈다.

```
int ledPin = 13; -> int ledPin = 9;  // 아날로그 9번 핀
void loop()
{
   int value = analogRead(sensorPin) / 4;
   analogWrite(ledPin, value);
}
```

## 4.3 아날로그 입력 데이터의 측정

아날로그 입력 측정 데이터를 사용할 때 흔히 사용되는 방법으로 평균, 이동 평균 및 보정에 대해 알아본다.

### 1) 센서 데이터의 평균

아래 스케치는 센서 출력을 아날로그 입력을 읽어 평균을 계산하고 출력한다. 아날로그 신호에는 잡음이 섞이기 때문에 평균을 이용하면 정확도를 개선할 수 있다. 〈그림 4.6〉에서 가변저항 연결 회로만 사용한다. 가변저항을 돌리면서 아날로그 0번 핀에 걸린 전압을 10번 읽어 평균을 계산한다.

```
/**** 측정 데이터 평균 ****/
const int numReadings = 10;  // 평균 계산을 위한 센서 데이터의 수
int readIndex = 0;           // 센서 값 평균 계산을 위한 인덱스
int total = 0;               // 센서 값의 총합
int average = 0;             // 평균

int inputPin = A0;           // 센서 입력 핀 번호

void setup()
{
  // 통신 초기화
  Serial.begin(9600);
}

void loop()
{
  // 읽은 횟수(readIndex)가 지정된 횟수(numReadings) 미만이면
  if((readIndex < numReadings) {
    // 센서 값을 변수 total에 더함
    total = total + analogRead(inputPin);
    // 읽은 횟수 1 증가
    readIndex = readIndex + 1;
    delay(10);   // 읽기 사이의 안정화를 위한 시간 지연
  }
  else{
    // 평균 계산
    average = total / numReadings;
    // 직렬 모니터에 평균 출력
    Serial.println(average);
    // 다음 번 평균 계산을 위한 인덱스 초기화
    readIndex = 0;
    // 다음 번 평균 계산을 위한 총합 변수 초기화
    total = 0;
  }
}
```

## 2) 아날로그 입력의 보정

자동으로 센서 입력의 최대 및 최솟값을 계산하는 방법에 대해 설명한다. 초기 10초 동안의 센서 입력 데이터를 이용하여 최소 및 최댓값을 정한다. 이를 위해서 최소 및 최댓값을 저장할 변수는 이들이 가질 수 있는 최대 및 최솟값으로 초기화해야 한다. 즉 최솟값을 저장할 변수는 최댓값으로, 최댓값을 저장할 변수는 최솟값으로 초기화 한다.

〈그림 4.6〉 회로를 사용하고 처음 10 초 동안 가변저항을 끝에서 끝까지 돌려서 센서 입력의 최소 및 최댓값을 자동으로 계산한다.

```
/**** 아날로그 입력 보정 ****/
// 코드 인용:  http://www.arduino.cc/en/Tutorial/Calibration
const int sensorPin = A0; // 센서 연결 핀(여기서는 가변저항의 중앙 다리)
const int ledPin = 13;      // LED 연결 핀

int sensorValue = 0;    // 센서 입력을 저장할 변수
int sensorMin = 1023; // 센서 입력의 최솟값 저장 변수로 최댓값으로 초기화
int sensorMax = 0;     // 센서 입력의 최댓값 저장 변수로 최솟값으로 초기화

void setup()
{
  pinMode(ledPin, OUTPUT);
  // 최소 및 최댓값의 계산 시작을 알리기 위해 LED를 점등
  digitalWrite(ledPin, HIGH);

  // 처음 10초간 조정
  while (millis() < 10000) { // 경과 시간이 10000 ms 이내이면
    sensorValue = analogRead(sensorPin);

    // 센서 입력이 sensorMax 보다 크면 그 값으로 sensorMax를 변경
    if (sensorValue > sensorMax) {
      sensorMax = sensorValue;
    }

    // 센서 입력이 sensorMin 보다 작으면 그 값으로 sensorMin을 변경
    if (sensorValue < sensorMin) {
```

```
      sensorMin = sensorValue;
    }
  }

  // 계산이 끝났음을 알리기 위해 LED 소등
  digitalWrite(ledPin, LOW);
}

void loop()
{
  // 센서를 읽음
  sensorValue = analogRead(sensorPin);

  // sensorMin 및 sensorMax 범위 안의 sensorValue 변수 값을
  // 0 ~ 255 범위로 변경(매핑)
  sensorValue = map(sensorValue, sensorMin, sensorMax, 0, 255);

  // 위에서 변경된 값(sensorValue)이 0 보다 작으면 0으로,
  // 255 보다 크면 255로, 0과 255 사이 값은 그대로 유지
  sensorValue = constrain(sensorValue, 0, 255);

  // 조정된 값의 밝기로 LED를 점등
  analogWrite(ledPin, sensorValue);
}
```

## 3) 측정 데이터의 그래프 그리기

〈그림 4.6〉의 회로를 사용하여 아두이노 보드에서 측정한 데이터를 직렬 통신으로 컴퓨터에 전송한다. 컴퓨터에서 실행 중인 프로세싱으로 작성된 스케치가 데이터를 수신하고 이를 그래프로 표시한다. 프로세싱을 배우지 않은 분은 건너뛰기 바란다.

① 데이터 송신을 위한 아두이노 스케치

```
/**** 아두이노 스케치 ****/
void setup()
{
  // 통신 초기화
  Serial.begin(9600);
}

void loop()
{
  // 아날로그 0번 핀 데이터를 읽어 직렬 통신으로 송신
  Serial.println(analogRead(A0));
  // AD 변환 및 안정화를 위한 시간 지연
  delay(2);
}
```

② 데이터 수신 및 그래프를 그리기 위한 프로세싱 스케치

```
/**** 프로세싱 스케치 ****/
import processing.serial.*;

Serial myPort;          // 직렬 포트 객체 생성
int xPos = 1;          // 그래프에서 수평 위치
float inByte = 0;       // 수신 데이터 저장 변수

void setup () {
  // 그래프를 그릴 윈도우 크기 지정
  size(400, 300);

  // 이용가능한 모든 직렬 포트의 목록을 출력s
  println(Serial.list()); // Processing 2.1 이상이면 Serial.printArray()를 사용
```

```
  // 포트 목록에서 아두이노 보드가 연결된 포트를 지정
  myPort = new Serial(this, Serial.list()[0], 9600);

  // 줄 바꿈 문자가 수신될 때까지 serialEvent() 함수를 호출하지 않음
  myPort.bufferUntil('₩n');

  // 화면 배경색을 검정으로 지정(255는 흰색)
  background(0);
}

void draw ()
{
  // 선 색 지정
  stroke(127, 34, 255);
  // 선 그리기
  line(xPos, height, xPos, height - inByte);

  // 그래프가 화면 경계 부분(우측 끝)에 도달하면 처음으로(왼쪽 끝) 복귀
  if (xPos >= width) {
    xPos = 0;
    background(0);
  } else {
    // 가로 방향으로 1 픽셀 위치 이동
    xPos++;
  }
}

// 직렬 통신 데이터 수신을 위한 이벤트 함수
void serialEvent (Serial myPort) {
  // 줄 바꿈 문자 이전까지 ASCII 문자열 읽기
  String inString = myPort.readStringUntil('₩n');

  if (inString != null) {
    // 빈 공간 제거
    inString = trim(inString);
```

```
    inByte = float(inString);
    println(inByte);
    // 화면 높이를 벗어나지 않도록 변환
    inByte = map(inByte, 0, 1023, 0, height);
  }
}
```

## 4.4 기울기와 방향 센서

### 1) 기울기 센서

기울기 센서는 금속관 안에 있는 금속 구가 기울기에 따라 움직여 스위치 작용을 한다. 〈그림 4.7〉 센서는 15° 경사에서 스위치가 닫히고 수평에서는 열려 10 MΩ의 저항을 갖는다. 기울기 센서로 움직임을 감지할 수 있어 차량 도난방지나 문 열림을 감지 등에 활용된다. 양방향 기울어짐을 감지하려면 〈그림 4.7〉과 같은 센서 2개를 서로 반대방향으로 결선하여 스위치의 열림과 닫힘이 서로 반대로 일어나게 한다. 물론 양방향 기울어짐을 감지할 수 있도록 금속 구 2개가 내장된 센서도 있다.

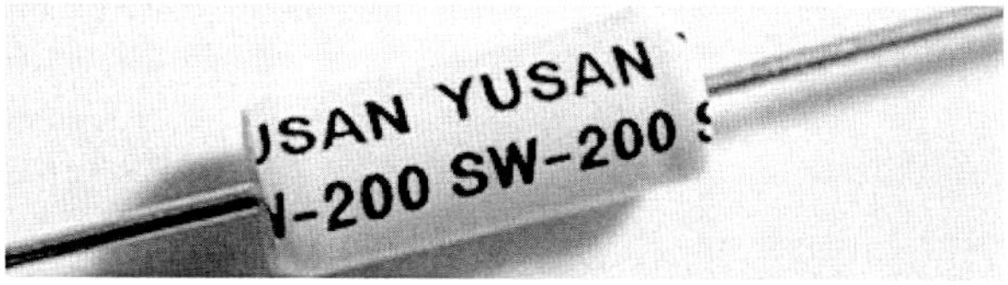


〈그림 4.7〉 기울기 센서 YUSAN SW-200

〈그림 4.8〉은 기울기 센서를 이용하여 LED를 점등하는 회로이다. 이 회로를 사용하여 작성한 스케치는 다음과 같이 동작한다. 회로 보드가 15° 이상 기울어지면 기울기 센서가 닫혀 접지로 연결된다. 이 때 아두이노 8번 핀의 디지털 입력 전압은 LOW가 되고 LED를 끈다. 반대로 기울기 센서가 열리면 디지털 입력 전압은 HIGH가 되어 LED를 점등한다.

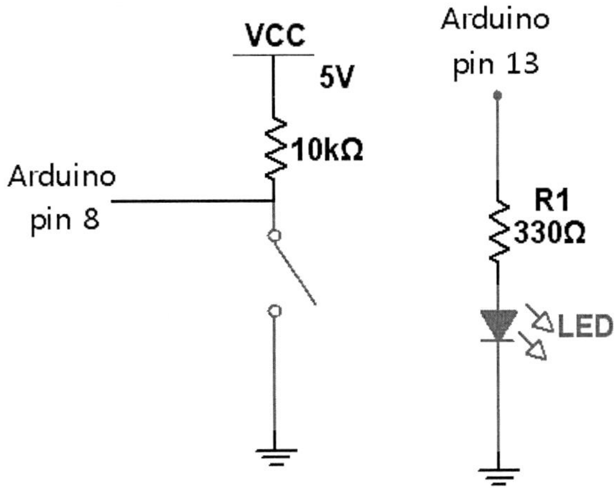


〈그림 4.8〉 기울기 센서를 이용한 LED 점등 회로

```
/**** 기울기 센서 이용 LED 점등 ****/
int ledPin = 13;  // LED 연결 핀
int sensorPin = 8;    // 기울기 센서 전압 측정 핀

void setup()
{
   pinMode(ledPin, OUTPUT);
   pinMode(sensorPin, INPUT);
   Serial.begin(9600);  // 직렬 모니터와 통신 시작
}

void loop()
{
   int sensor_state = digitalRead(sensorPin);  // 1(HIGH) 또는 0(LOW)

   // 직렬 모니터에 기울기 센서 상태 표시
   Serial.println(sensor_state);
   // 기울기 스위치가 오프이면
   if (sensor_state==HIGH){
      digitalWrite(ledPin, HIGH);    // LED 점등
      delay(100);                    // 시간 지연
```

```
    }
    else {  // 기울기 스위치가 온이면
        digitalWrite(ledPin, LOW);      // LED 끔
        delay(100);
    }
}
```

## 2) 4 방향 센서

4 방향(상, 하, 좌, 우)의 기울기 변화를 감지할 수 있는 RPI-1031 센서를 사용해보자. 〈그림 4.9〉의 RPI-1031 보드는 3.3 V 또는 5 V에서 동작하며 전원과 접지 그리고 2개의 디지털 핀을 연결하여 사용한다. RPI-1031은 기울어지면 내부 금속 구가 어떤 내벽을 건드리는지에 따라 2개 디지털 핀 출력이 LOW-LOW, LOW-HIGH, HIGH-LOW 및 HIGH-HIGH가 된다. 기울어지면 내부의 금속 구가 움직이는데 구조상 평평한 상태에서도 금속 구가 어느 한 쪽 벽을 건드린 상태로 있을 수 있기 때문에 평평한 상태를 구분하지 못하는 경우가 있다.

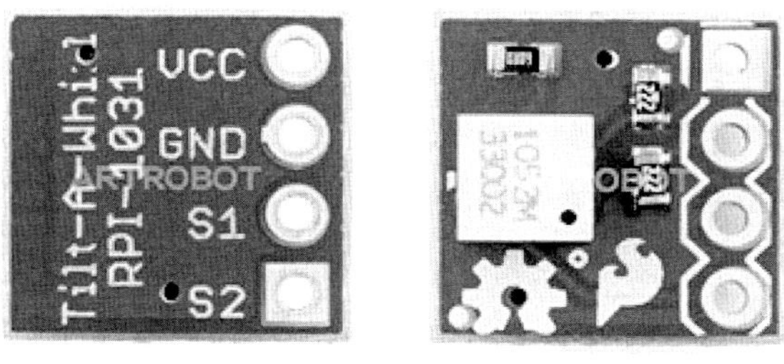


〈그림 4.9〉 RPI-1031 4 방향 센서

〈그림 4.10〉과 같이 RPI-1031의 전원과 접지를 연결하고 s1은 아두이노 디지털 2번 핀에, s2는 디지털 3번 핀에 연결한다. 이 회로를 이용하여 기울어진 방향을 판단하기 위한 스케치는 간단하다. 금속 구가 어느 내벽을 건드리고 있는지 확인하기 위해 2개의 디지털 핀(s1, s2)을 검사하면 되는데 getTiltPosition() 함수가 이를 구현한다. 디지털 핀(s1, s2)의 출력을 digitalRead() 함수로 읽고 이를 2 비트의 숫자로 만들어 반환한다. 반환 값은 4 방향에 따라 0, 1, 2 또는 3을 제공한다.

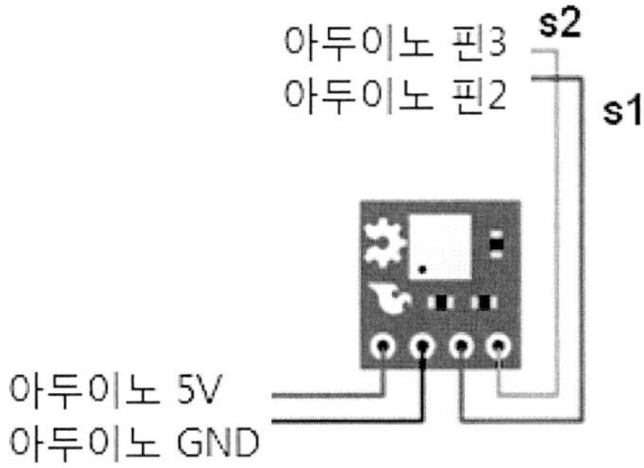


〈그림 4.10〉 RPI-1031 연결 회로

```
/**** RPI-1031 기울기 센서 ****/
int tilt_s1 = 2; // RPI-1031 디지털 신호 s1을 읽기 위한 아두이노 신호 핀
int tilt_s2 = 3; // RPI-1031 디지털 신호 s2를 읽기 위한 아두이노 신호 핀

void setup()
{
   pinMode(tilt_s1, INPUT);
   pinMode(tilt_s2, INPUT);
   Serial.begin(9600);
}

void loop()
{
   // getTiltPos()는 기울어진 방향에 따라 0, 1, 2 또는 3의 값을 반환
   int position = getTiltPos();
   Serial.println(position);  // 직렬 모니터에 값 표시
   delay(200); // 직렬 모니터로의 출력을 지연시킴
}

int getTiltPos()
{
   // RPI-1031의 s1 핀 신호를 읽음
   int s1 = digitalRead(tilt_s1);
```

```
    // RPI-1031의 s2 핀 신호를 읽음
    int s2 = digitalRead(tilt_s2);
    // s1과 s2의 값을 두 비트 수로 결합해서 리턴
    return (s1 << 1) | s2;
}
```

## 4.5 온도 센서

### 1) TMP36 온도 센서

〈그림 4.11〉의 TMP36 온도 센서는 3개의 다리(접지, 신호 및 +5 V)를 갖는다. 이 센서는 섭씨 1° 마다 10 mV를 신호를 출력하며 영하인 온도 측정을 위해 500 mV의 오프셋을 둔다. 가령, 0 ℃ → 500 mV이고 25 ℃ → 25*10+500=750 mV이다. 온도 센서 TMP35와 TMP36은 저전압(2.7 V~5.5 V)으로 구동되며 10 mV/℃의 신호를 출력한다(TMP37은 20 mV/℃ 신호 출력). 25 ℃에서 ±1 ℃의 정밀도를 −40 ℃ ~ 125 ℃에서는 ±2 ℃의 정밀도를 가지며 +150 ℃까지 동작한다. TMP36을 이용한 온도 측정 회로는 〈그림 4.12〉와 같다.

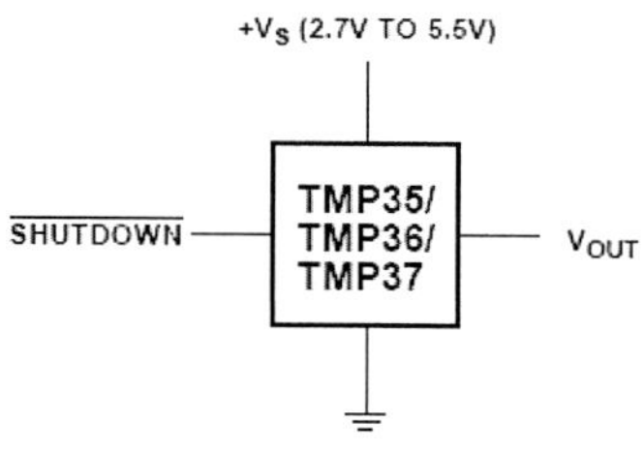


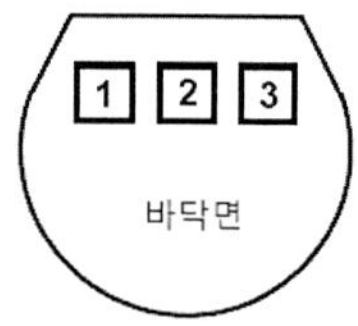


〈그림 4.11〉 TMP36 온도 센서와 핀 구성
핀1: +VS 핀2: VOUT 핀3: GND

스케치에서 getVoltage(temperaturePin) 함수는 아두이노 temperaturePin에서 TMP36 신호 출력 전압을 읽는다. 이 함수에서 analogRead(pin) 함수는 핀에서 읽은 전압(0~5 V)을 0~1023의 디지털 값으로 반환한다. 이 값에 5/1023을 곱하면 0~5 V 값을 얻게 된다. 이때

5/1023은 정수 나누기 정수로 소수점 이하가 삭제되어 0으로 계산된다. 이를 방지하기 위해 형 변환 연산자 (float)를 사용하여 실수 형으로 변환해야 한다. 온도 센서는 1 ℃마다 10 mV의 출력에 오프셋 500 mV를 더한 신호를 출력한다(Vsignal = 10 mV*T(℃) + 500 mV). getVoltage() 함수는 전압을 온도로 변환하기 위해 T = (Vsignal−500 mV)/10 mV을 사용한다. 스케치에서 이 식은 temperature = (temperatureV - .5) * 100으로 구현된다.

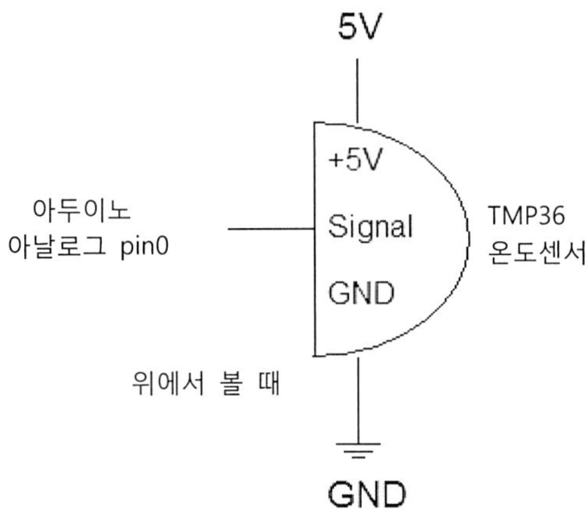


〈그림 4.12〉 온도 측정 회로

```
/**** TMP36 온도 측정 센서 ****/
int temperaturePin = 0; // TMP36 신호를 읽을 아두이노 아날로그 핀 번호

void setup()
{
  Serial.begin(9600);  // 컴퓨터와 직렬 통신.
}

void loop()
{
  float temperature = 0;
  // 온도 센서로부터 전압 읽기
  float temperatureV = getVoltage(temperaturePin);

  // 측정 전압 식 temperatureV=10 mV*T(℃)+500 mV에서 온도를 계산
```

```
    // T(℃) = (temperatureV-500 mV)/10 mV을 사용
    // 전압에서 온도 계산
    temperature = (temperatureV - .5) * 100;
    // 직렬 모니터에 온도 출력
    Serial.println(temperature);
    delay(1000); // 1 초 대기
}

float getVoltage(int pin)
{
    // analogRead(pin)는 핀 전압(0~5 V)을 0~1023의 디지털 값으로 반환
    float tempV = analogRead(pin);
    return (tempV*(float)5/1023); // 0~1023 범위의 값을 0~5로 변환
}
```

스케치에서 섭씨를 화씨로 변환하려면 변환 식은 F = T(℃)*1.8 + 32을 사용한다. 코드를 다음과 같이 변경한다.

```
temperature = (((temperatureV - .5) * 100)*1.8) + 32;
```

## 2) LM35DZ 온도 센서

〈그림 4.13〉의 LM35DZ 온도 센서는 〈그림 4.14〉에 보인 것처럼 온도에 따라 선형적으로 증가하는 출력 전압을 내보내며(+10.0 mV/℃) 0~100 ℃ 범위의 온도를 측정할 수 있고 사용 전원은 +4 V ~ +30 V로 범위가 넓은 장점이 있다.

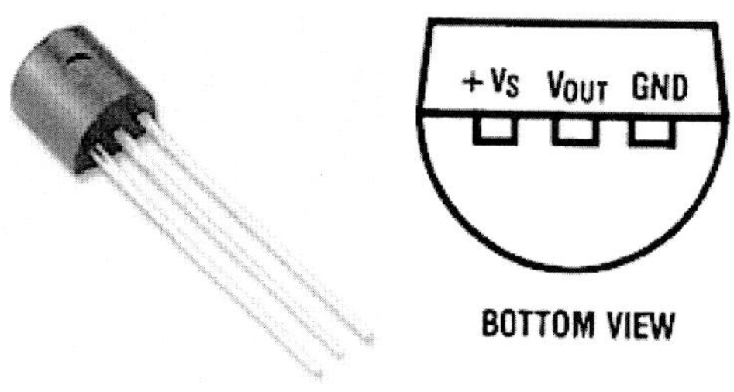


〈그림 4.13〉 LM35DZ 온도센서

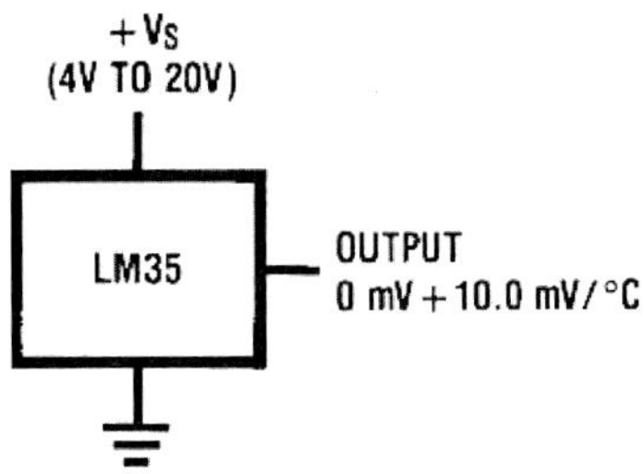


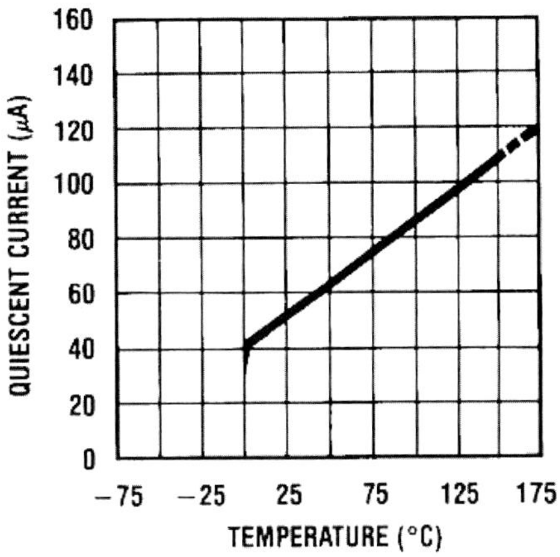


〈그림 4.14〉 LM35DZ 온도센서 특성(2 ℃ ~ 150 ℃)

```
/*** LM35DZ 온도 측정 센서 ****/
// LM35DZ 신호를 읽을 아두이노 아날로그 핀 번호
int temperaturePin = 0;

void setup()
{
   Serial.begin(9600);  // 컴퓨터와 직렬 통신.
}

void loop()
{
   float temperature = 0;
   // 온도 센서로부터 전압 읽기
   float temperatureV = getVoltage(temperaturePin);

   // 측정 전압 temperatureV=10 mV*T(℃) -> T(℃) = temperatureV/10 mV
   // 전압에서 온도 계산
   temperature = temperatureV*100;
   // 직렬 모니터에 온도 출력
   Serial.println(temperature);
   delay(1000); // 1 초 대기
}
```

```
float getVoltage(int pin)
{
    // analogRead(pin)는 핀 전압(0~5 V)을 0~1023의 디지털 값으로 반환
    float tempV = analogRead(pin);
    return (tempV*(float)5/1023); // 0~1023 범위의 값을 0~5로 변환
}
```

## 4.6 온 · 습도 센서

상대습도와 온도를 동시에 측정할 수 있는 센서 모듈로 선형(linear) 방식의 CHIPCAP-L 모듈과 비율척도형(ratiometric) 방식의 CHIPCAP-R 모듈은 별도의 측정 보정이 필요 없어 사용하기 쉽다. 선형 모델의 출력은 0 ~ 1.0 V, 상대습도 정밀도는 ±2 %, 온도 정밀도는 ±0.6 ℃, 상대습도 해상도는 ±0.4 %, 온도 해상도는 ±0.2 ℃이고 낮은 무부하 전류(0.5 mA@5 V, 25 ℃)를 갖는다. 센서 모듈의 전원은 3.0 V ~ 5.5 V를 사용한다. Ratiometric 방식 모듈의 출력은 0.5 V ~ 4.5 V이다. 〈그림 4.15〉는 CHIPCAP-L 모듈을 보인 것이다. 모듈은 〈그림 4.16〉에 보인 것처럼 4개 핀 (V+, GND, RH, T)만 사용한다.

〈그림 4.15〉 CHIPCAP-L 온습도 센서모듈

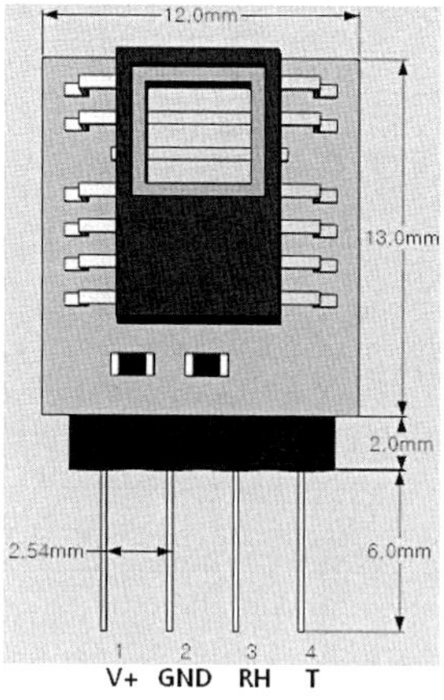


〈그림 4.16〉 CHIPCAP-L(R) 온습도 센서모듈 핀

이 모듈의 3번 핀(〈그림 4.16〉의 RH)과 4번 핀(〈그림 4.16〉의 T)의 출력 전압(Vout)을 사용하여 다음과 같이 상대습도와 온도를 계산한다.

① 상대습도(%RH) 계산

CHIPCAP-L: %RH = Vout*100,  $0 \le Vout \le 1.0$ V

CHIPCAP-R: %RH = ((Vout - (0.1*Vsupply))/(0.8*Vsupply))*100

$0.5 \le Vout \le 4.5$ V

② 온도(TC) 계산

CHIPCAP-L: TC = Vout*200 - 50,  $0 \le Vout \le 1.0$ V

CHIPCAP-R: Tc = ((Vout - (0.1*Vsupply))/(0.8*Vsupply))*200 - 50

$0.5 \le Vout \le 4.5$ V

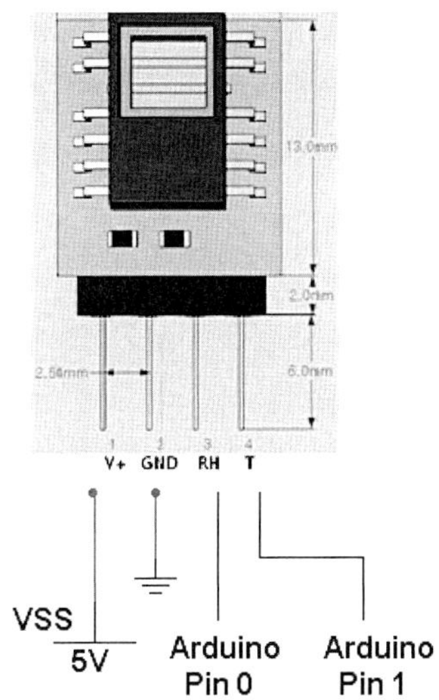


〈그림 4.17〉 CHIPCAP-L/R 모듈의 핀 결선

〈그림 4.17〉에 보인 것과 같이 CHIPCAP L/R 모듈을 이용하여 온도와 상대습도를 측정하고 이를 직렬 모니터에 표시하는 스케치는 다음과 같다.

```
/**** 온·습도 측정
   CHIPCAP L/R 모듈 1번 핀: 5 V(Vs) 연결
   CHIPCAP L/R 모듈 2번 핀: 접지(GND) 연결
   CHIPCAP L/R 모듈 3번 핀: 아두이노 rhPin(아날로그 0번) 핀과 연결
   CHIPCAP L/R 모듈 4번 핀: 아두이노 tcPin(아날로그 1번) 핀과 연결
****/

#define rhPin 0 // 습도 센서 읽을 아날로그 핀
#define tcPin 1 // 온도 센서 읽을 아날로그 핀

// 전역변수 선언
double Vout, Vsupply; // 센서 출력 전압, 상대습도 공급전압(1번 핀)
double TC, RH;  // 온도 및 습도를 변수 선언

void setup()
{
   TC = 0.; // 현재 온도 초기화
   RH = 0.; // 현재 습도 초기화
   Vsupply = 5.;  // 상대 습도 공급전압 설정
   Vout = 0.;    // 센서 출력 전압 초기화
   Serial.begin(9600);
}

void loop()
{
   // Ratiometric 방법을 사용하는 경우 필요
   Vsupply = 5.;

   // 습도 센서의 출력 신호 읽기
   // analogRead(rhPin)는 rhPin에서 읽은 전압(0 ~ 5 V)을 0~1023 사이의 반환
   // Vout은 0 ~ 5 V 사이 값 가짐
   Vout = 5.*analogRead(rhPin)/1023;

   // 선형(linear) 식으로 상대습도 계산
   RH = Vout*100;
```

```
  // 직렬 모니터에 선형 방식으로 읽은 상대 습도 표시
  Serial.print("L_RH: ");
  Serial.println(RH);
  delay(50);

  // 비율척도형인 경우 상대습도 계산
  // RH = ((Vout - (0.1 * Vsupply))/(0.8 * Vsupply)) * 100;
  // 직렬 모니터에 비선형 방식으로 읽은 상대 습도 표시
  // Serial.print("R_RH: ");
  // Serial.println(RH);
  // delay(50);

  // 온도 센서의 출력 신호 읽기
  // tcPin 핀의 센서 출력 신호 읽기
  Vout = 5.*analogRead(tcPin)/1023;

  // 선형 식으로 온도 계산
  TC = Vout*200 - 50;
  // 직렬 모니터에 선형 방식으로 읽은 온도 표시
  Serial.print("L_TC: ");
  Serial.println(TC);
  delay(50);

  // 비율척도형인 경우 온도 계산
  // TC = ((Vout - (0.1 * Vsupply))/(0.8 * Vsupply)) * 200 - 50;
  // 직렬 모니터에 Ratiometric 방식으로 읽은 온도 표시
  // Serial.print("R_TC: ");
  // Serial.println(TC);
  // delay(50);
}
```

# 4.7 물체 감지 센서

## 1) 적외선 근접 센서

〈그림 4.18〉의 HD-SEN0091 적외선 근접 센서는 3~80 cm 이내로 설정된 거리를 기준으로 그 안에 물체가 들어오면 LOW를, 범위 밖이면 HIGH 신호를 출력한다. 기준 거리는 적외선 센서 뒷면에 있는 가변저항으로 조정한다. 범위 내에서 감지가 이루어지면 적외선 센서 내부에 있는 LED가 점등되어 감지를 표시한다. 전압은 5 V DC, 전류는 100 mA를 사용하고 감지 범위는 3~80 cm이다.

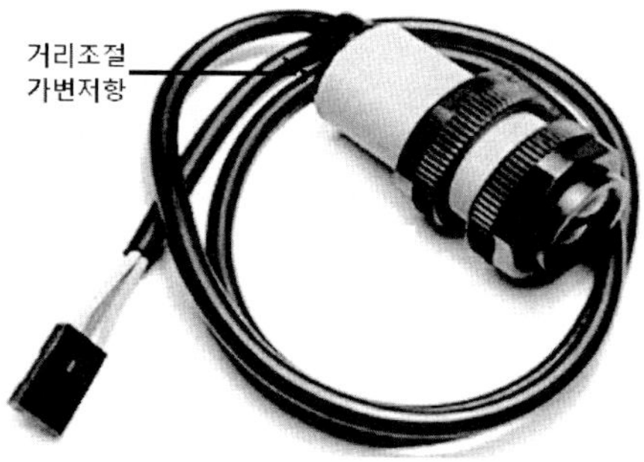


〈그림 4.18〉 적외선 근접센서 HD-SEN0091

〈그림 4.19〉의 회로를 구현한다. 적외선 센서 노란색 선(센서 출력 신호)은 아두이노 디지털 입력 핀에 연결된다. 디지털 입력 신호가 LOW이면 센서 감지 범위 안에 물체가 있음을, HIGH이면 없음을 나타낸다.

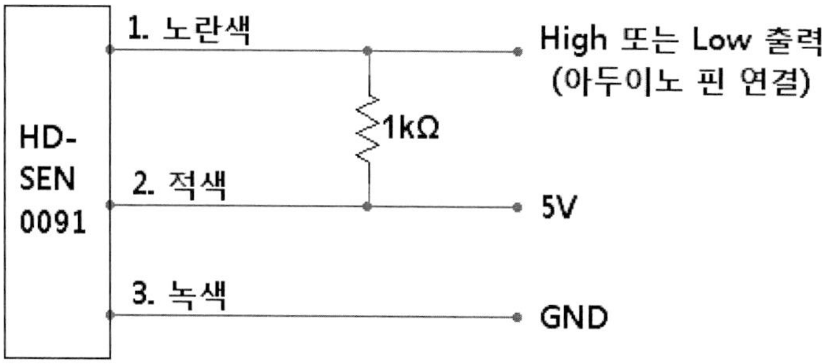


〈그림 4.19〉 적외선 근접센서 연결 회로

```
/**** 적외선 근접센서를 이용한 물체 감지 ****/

#define sensorPin 2  // 적외선 센서 신호 핀
void setup()
{
   pinMode(sensorPin,INPUT);
   Serial.begin(9600);
}

void loop()
{
   int detect = digitalRead(sensorPin);
   if (detect == LOW)  // 물체가 감지되면
      Serial.println("Object detected!");
   else
      Serial.println("No object!");
   delay(100);
}
```

## 2) 근적외선 움직임 감지 센서

적외선 센서는 스스로 적외선을 조사하여 반응을 감지하는 능동식과 외부로부터 오는 적외선을 받아들여 감지하는 수동식이 있는데 PIR(Passive Infrared Ray)은 수동식 적외선 센서로 외부 적외선(열)을 받아들여 사람이나 동물이 근접하면 몸에서 나오는 열을 잡아내 움직임을 감지한다. 〈그림 4.20〉과 같은 근적외선 움직임 감지 센서는 5 V ~ 12 V에서 동작하며 핀 배열은 다음과 같다.

- 적색(Red): 5 ~ 12 V(+) 전원 입력선(전압이 높을수록 작동 특성이 좋음)
- 갈색(Brown): 0 V GND(−) 접지선
- 검정색(Black): 신호 출력(OUT) 선

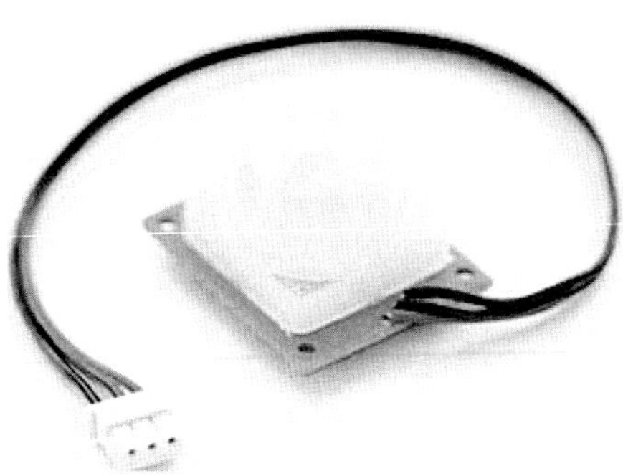

〈그림 4.20〉 근적외선 센서모듈 SE10

5 V 전원보다 높은 9 V 또는 12 V 전원을 사용하면 신호 감지 후 안정화 시간이 짧아져 구분 능력이 향상된다. 〈그림 4.21〉과 같이 적색과 갈색 선에 각각 5 V와 GND를 연결한다. 신호 선(검정색 OUT선)과 전원(5 V) 사이에 약 10 KΩ의 풀업 저항을 연결한다. 9 V전원을 사용할 때도 신호 선의 풀업 저항(10 KΩ)은 9 V가 아닌 아두이노의 5 V 전원에 연결해야 한다. 신호 선을 디지털 입력 또는 아날로그 입력 핀에 연결한다. 움직임이 감지되면 그 때마다 신호 라인의 전압이 LOW가 된다. 이를 활용하여 움직임이 감지되면 LED가 점등되는 스케치를 작성한다. 센서는 〈그림 4.21〉과 같이 아두이노와 연결한다.

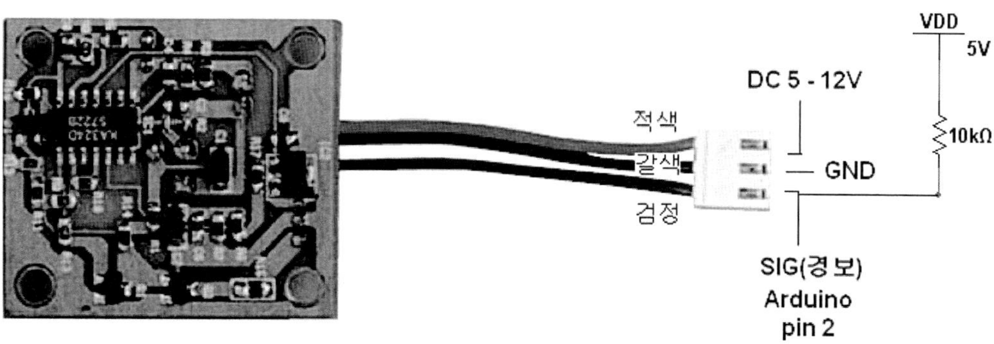


〈그림 4.21〉 근적외선 센서 연결 회로

```
/**** 근적외선 센서 ****/
// 움직임 감지 시 LED를 점등
int ledPin = 13;  // LED 연결 핀
int sensorPin = 2;  // 근적외선 센서 신호 선 연결 핀
```

```
void setup()
{
  pinMode(ledPin, OUTPUT);
  pinMode(sensorPin, INPUT);
}

void loop()
{
  // 감지 센서의 신호 출력을 디지털로 읽음
  int val = digitalRead(sensorPin);
  // 움직임 감지 시 센서는 일시적으로 LOW 신호 출력
  if(val == LOW) {
    digitalWrite(ledPin, HIGH); // LED 점등
    delay(500);
    digitalWrite(ledPin, LOW);  // LED 점멸
  }
}
```

## 3) 마그네틱 센서

마그네틱 센서는 자성을 띄고 있는 물체가 접근했을 때 이의 움직임을 감지한다. 자성을 띤 물체가 접근하면 마그네틱 센서 안의 스위치 회로가 작동한다. 이 스위치 동작은 매우 빠르고 수천, 수백만 번의 반복이 가능할 정도로 내구성이 좋다.

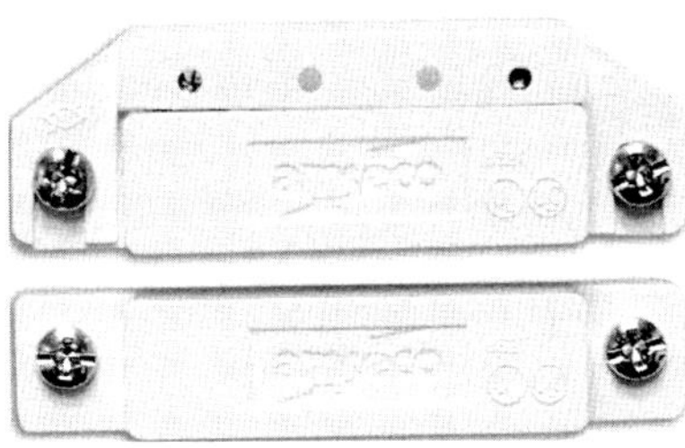

〈그림 4.22〉 마그네틱 센서 AMS-39(NC 유형)

〈그림 4.22〉와 같은 NC(Normal Close) 유형의 AMS-39 마그네틱 센서를 사용하여 문의 열림을 감지할 수 있다. 문의 고정부에 마그네틱 센서를, 문의 이동부에 자석을 달아 문의

열림에 따라 자석이 근접 또는 멀어져서 마그네틱 센서 스위치가 개폐된다. NC 유형은 마그네틱 센서와 자석이 서로 접촉하면 스위치가 개방되고 서로 멀어지면 스위치가 닫힌다. NO(Normal Open) 유형은 반대로 자석이 근접하면 스위치가 닫힌다. 〈그림 4.23〉과 같이 회로를 구성한다. NC 유형의 AMS-39 마그네틱 센서를 사용하여 자석이 멀어지면(문이 열리면) LED를 점등하고 자석이 근접하면(문이 닫히면) LED를 끄는 스케치를 작성해 보자.

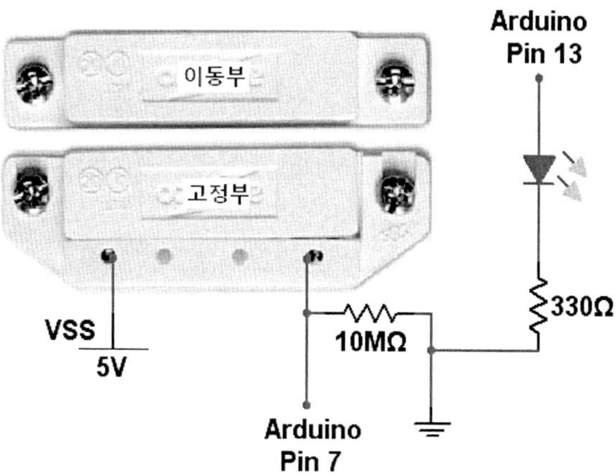


〈그림 4.23〉 AMS-39를 이용한 LED 점등 회로

```
/**** 마그네틱 센서 ****/
#define magnetSensor 7 // 마그네틱 센서의 개폐 읽을 핀
#define LED 13 // LED 연결 핀

void setup()
{
   pinMode(magnetSensor,INPUT);
   pinMode(LED,OUTPUT);
}

void loop()
{
   // 스위치가 닫히면 HIGH 전압을 읽고, 스위치가 열리면 LOW 전압 읽음
   int switch_state = digitalRead(magnetSensor);
```

```
  // NC 유형의 센서를 사용한 경우(NO 유형의 센서는 반대로 동작)
  // 자석이 멀어져 마그네틱 스위치가 닫히면
  if (switch_state == HIGH)
      digitalWrite(LED,HIGH); // LED 점등
  else
     digitalWrite(LED,LOW); // 자석이 근접해서 스위치가 열리면

  delay(20);
}
```

## 4) 디지털 마그네틱 센서

〈그림 4.24〉에 보인 DFRobot의 디지털 자기 유도 센서는 3 cm 이내의 거리에 있는 자석 및 자기장을 측정해 낼 수 있는 마그네틱 센서이다(아두이노 전용).

〈그림 4.24〉 DFR0033 디지털 자기 유도 센서

〈그림 4.25〉에 보인 것처럼 전원은 3.3 V ~ 5 VDC를 사용하고 출력은 HIGH/LOW의 디지털 신호를 내보낸다. 자성을 띤 물체를 검지하면 LOW 신호를 내보내고 아니면 HIGH 신호를 내보낸다. 이 회로를 이용하여 자성을 띤 물체가 근접하면 이를 감지, LED를 점등하는 스케치를 작성한다.

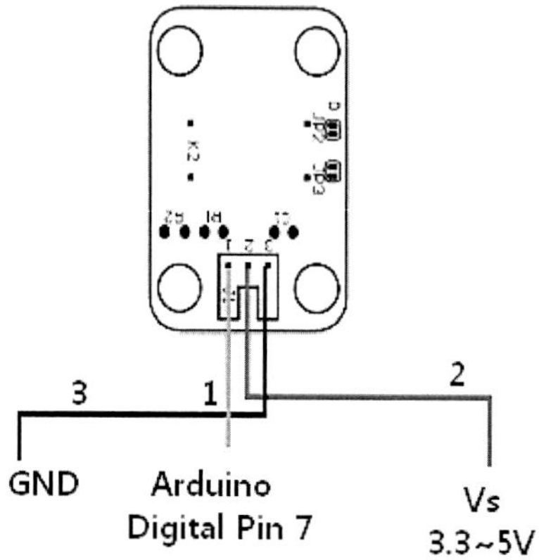


〈그림 4.25〉 디지털 자기 유도 센서 연결회로

```
/**** 디지털 마그네틱 센서 ****/
#define magnetSensor 7 // 마그네틱 센서 신호 핀
#define LED 13 // LED 연결 핀

void setup()
{
   pinMode(magnetSensor,INPUT);
   pinMode(LED,OUTPUT);
}

void loop()
{
   // 마그네틱 센서의 디지털 신호를 읽음
   // 자성을 띤 물체가 3 cm 이내로 근접하면 LOW 그렇지 않으면 HIGH
   int switch_state = digitalRead(magnetSensor);
   if (switch_state == HIGH)    // 자석이 3 cm 범위 밖이면
       digitalWrite(LED,HIGH); // LED 점등
   else
      digitalWrite(LED,LOW);  // 자석이 3 cm 이내로 근접하면 LED 끔

   delay(20);
}
```

## 5) 초음파 센서

〈그림 4.27〉에 보인 Parallax의 PING 초음파 센서는 2 cm ~ 3 m 범위를 감지할 수 있다. 〈그림 4.26〉에 보인 것처럼 초음파 송신기에서 시작 펄스를(Start pulse) 송신한 후 수신기에서 받은 반사 신호 폭(Echo Time Pulse)으로 초음파가 반사된 물체와의 거리를 계산한다. 시작 펄스로 2 $\mu$s 동한 LOW인 후 5 $\mu$s 동안 HIGH인 구형파가 사용된다.

〈그림 4.27〉과 같이 회로를 구성하고 물체까지 거리를 측정, PC의 직렬 모니터에 거리를 표시하는 스케치를 작성한다. 스케치에서 startPulse() 함수는 앞에서 설명한 시작 펄스를 송신한다. 이를 위해 ultraSigPin 핀을 송신 핀으로 설정하고 시작 펄스를 송신한다. 송신이 이루어지면 반사된 신호를 수신하기 위해 수신 핀으로 재설정한다. 이는 신호 핀 하나로 송신과 수신을 함께 사용하기 때문에 송신 후 수신으로 재설정이 필요하다. 스케치에서 pulseIn(pin, value) 함수는 pin에서 HIGH 또는 LOW인 펄스를 읽는다. 가령, value의 값이 HIGH이면 pulseIn() 함수는 pin 신호가 HIGH가 될 때까지 기다렸다가 타이밍을 시작한 후 pin이 LOW로 되면 타이밍을 멈추고 이 기간(펄스 길이)을 $\mu$s로 반환한다. 정해진 시간 동안 펄스가 시작되지 않으면 포기하고 0을 반환한다. microsecondsToMillimeter() 함수를 이용하여 앞에서 반환 받은 시간($\mu$s)을 거리(mm)로 변환한다. 이렇게 계산된 거리는 초음파 신호가 물체에 반사되어 온 거리이므로 물체까지 거리는 이것의 반이 된다(편도 거리).

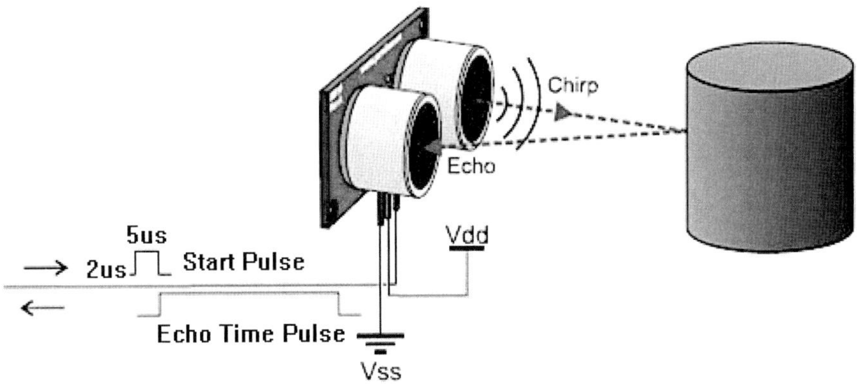


〈그림 4.26〉 Parallax PING-28015의 거리 측정 신호

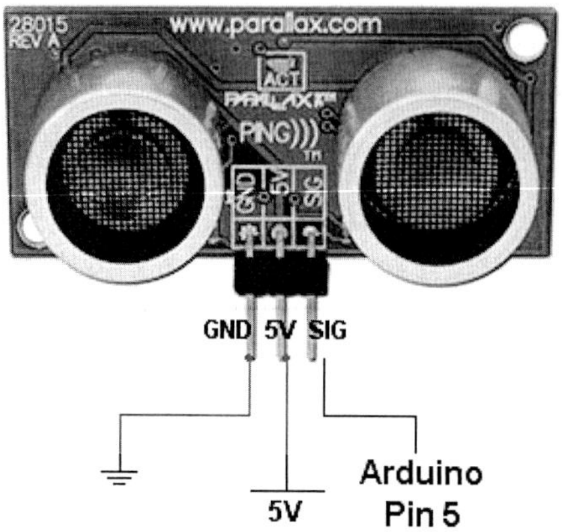


〈그림 4.27〉 PING-28015 초음파 센서의 아두이노 연결 회로

```
/**** 거리 측정 ****/
#define ultraSigPin 5     // 초음파 신호 수신 핀
unsigned long echo = 0;  // 반사파 시간 측정

void setup()
{
   Serial.begin(9600);     // 출력용 직렬통신을 시작
}

void loop()
{
   static int distance = 0;

   // 초음파 거리 측정을 위한 시작 펄스 발생
   startPulse(ultraSigPin);
   // 송신 핀을 입력으로
   pinMode(ultraSigPin, INPUT);
   // 송신 핀을 HIGH로(풀업)
   digitalWrite(ultraSigPin, HIGH);

   // 반사파를 얻는데 걸린 시간(us)
   echo = pulseIn(ultraSigPin, HIGH);
```

```
    // 물체까지 거리 계산(mm)
    distance = microsecondsToMillimeter(echo);
    // 거리를 PC 직렬 모니터에 표시
    Serial.println(distance);
    delay(100);
}

// 초음파 센서 시작 신호 송신
void startPulse(int signalPin)
{
    // 초음파 핀을 출력으로 설정
    pinMode(signalPin, OUTPUT);
    // 2 us 동안 LOW (초음파 정지)
    digitalWrite(signalPin, LOW);
    delayMicroseconds(2);
    // 5 us 동안 HIGH (초음파 출력)
    digitalWrite(signalPin, HIGH);
    delayMicroseconds(5);
    // 초음파 출력을 중지
    digitalWrite(signalPin, LOW);
}

// 거리 계산(mm)
int microsecondsToMillimeter(long microseconds)
{
    int temperature = 20;  // 현재 온도 설정
    double v;

    // 온도에 따른 소리(음파) 속도, 20 도에서 343.5 m/s
    v = 331.5 + 0.6*temperature;
    // m/s 단위를 mm/us로 변환, 20 도에서 0.3435 mm/us
    v = v*1000/1000000;
    return (int) microseconds * v / 2; // 편도 거리이므로 2로 나눔.
}
```

〈그림 4.28〉과 같은 초음파 센서는 20 mm ~ 3.5 m 범위의 거리를 측정한다. 동작원리는 모듈에 DC 5 V 전원을 인가하면 31 ms 주기로 거리 측정 후 데이터를 직렬(Serial TTL)로 출력한다. 따라서 직렬 통신 방식을 이용하여 신호를 송수신한다. 시리얼(TTL) 통신 파라미터는 통신 속도 9600 bps, 데이터 비트 8비트, 정지비트 1 비트와 패리티비트는 없다. 직렬 통신 프로토콜(Protocol)은 다음과 같다.

- 포맷: 0xFF + H_DATA + L_DATA + SUM
- 0xFF : 헤더
- H_DATA : 거리 데이터의 상위 8비트
- L_DATA : 거리 데이터의 하위 8비트
- SUM : 0xFF + H_DATA + L_DATA = SUM(8비트)

반사 신호는 상위 8비트(H_DATA)와 하위 8비트(L_DATA)의 16비트로 구성된다. 반사 신호는 자신 보다 먼저 8비트의 1(헤더)을 보냄으로써 반산 신호의 시작을 알린다. 따라서 수신된 바이트(헤더)를 읽고 그 값이 255(0xFF, 8비트 모두가 1)이면 그 다음 16비트가 반사 신호이다. 순서대로 상위 바이트 읽고 하위 바이트를 읽은 다음 이들을 합쳐 16비트로 만들면 반사 신호가 된다. 예로 0xFF, 0x05, OxA2, 0xA6의 데이터가 수신된다면 처음 0xFF는 헤더, 0x05는 상위 바이트, OxA2는 하위 바이트, 0xA6은 오류 검지를 위한 SUM 값을 나타낸다. 상・하위 바이트를 합치면 0x05A2로 이는 $5*16^2 + 10*16^1 + 2*16^0 = 1280 + 160 + 2 = 1442$이므로 물체까지의 거리는 1442 mm이다.

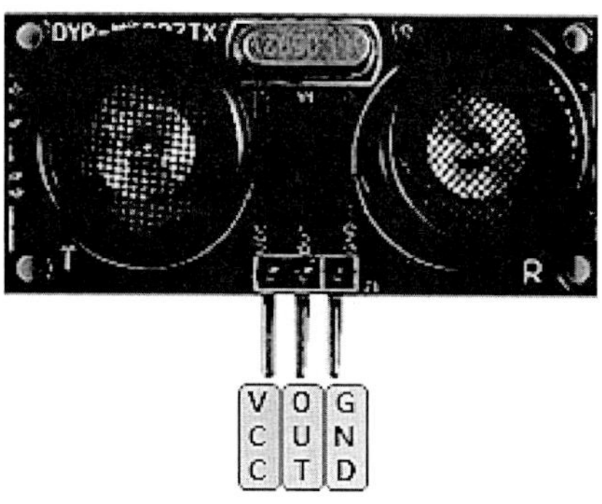


〈그림 4.28〉 DYP_ME700 초음파 센서

```
#include <SoftwareSerial.h>  // 소프트웨어 방식 직렬통신 지원 헤더
#define txrxPin 5  // 송수신용 핀 설정

/**** 소프트웨어 방식의 직렬 통신 포트 설정 ****/
SoftwareSerial DYP_ME007_01 = SoftwareSerial(txrxPin, txrxPin);

void setup()
{
   pinMode(txrxPin, INPUT);
   DYP_ME007_01.begin(9600);
   Serial.begin(9600);
   delay(300);
}

void loop()
{
   static int range = 0;
   static int startByte = 0;
   static int highByte = 0;
   static int lowByte = 0;

   // 시작 바이트 얻음
   startByte = DYP_ME007_01.read();

   // 8비트 모두가 비트가 1이면
   if(startByte == 255){
      // 상위 바이트 읽음
      highByte = DYP_ME007_01.read();
      // 하위 바이트 읽음
      lowByte = DYP_ME007_01.read();
   }
   // 상위 바이트를 8비트 왼쪽 시프트 한 후 하위 바이트와 합쳐 16비트 만듦
   range = ( (highByte << 8) + lowByte );
```

```
    Serial.print(startByte); // 시작 바이트 표시
    Serial.print("  ");
    Serial.print(highByte);  // 상위 바이트 표시
    Serial.print("  ");
    Serial.println(lowByte);
    Serial.println(range);
    Serial.println();
    delay(100);
}
```

## 4.8 가속도 센서

손쉽게 사용할 수 있는 아날로그 출력 형태의 3축 가속센서로 〈그림 4.29〉의 ADXL 335 보드를 알아본다. 이 센서는 잡음이 작고 320 μA의 낮은 소비전력을 가지며 +/- 3 g의 가속도를 측정할 수 있고 1.8 V ~ 3.6 V에서 동작한다. 보드에는 전압 조정기가 없으므로 1.8 V ~ 3.6 V의 외부 전원을 공급해야 한다. 보드에 축별로 설치된 0.1 μF의 커패시터는 각 축별의 밴드 폭을 50 Hz로 설정한다.

〈그림 4.29〉 3축 가속도 센서 ADXL 335

아날로그 0, 1 및 2번 핀에 연결된 x, y 및 z축 가속도 센서 값을 읽어 직렬 모니터에 표시하는 스케치를 작성한다(〈그림 4.30〉 연결 회로).

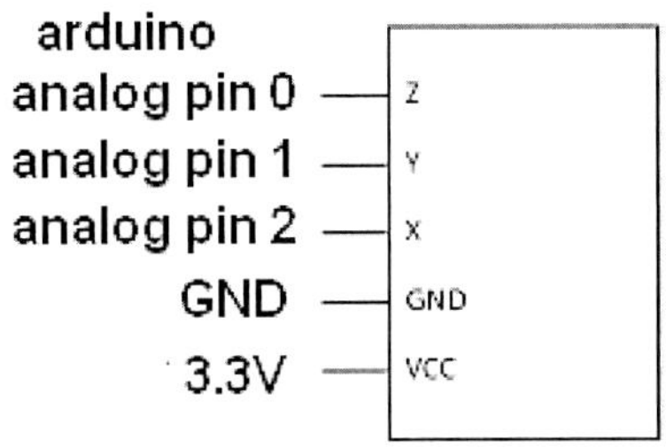


〈그림 4.30〉 ADXL 335와 아두이노 연결

```
/**** ADXL335 3축 가속도 센서 읽기 ****/
// x축 가속도 측정 핀(아날로그 핀 0)
int pinX = 0;
// y축 가속도 측정 핀(아날로그 핀 1)
int pinY = 1;
// z축 가속도 측정 핀(아날로그 핀 2)
int pinZ = 2;

int x, y, z;  // x, y, z축 가속도 값 저장 변수

void setup()
{
   Serial.begin(9600);        // 직렬 통신 시작
}

void loop()
{
   // x축 가속도 값을 읽음
   x = analogRead(pinX);
   // y축 가속도 값을 읽음
   y = analogRead(pinY);
   // z축 가속도 값을 읽음
   z = analogRead(pinZ);
```

```
    // 직렬 모니터에 문자열 표시
    Serial.print("Accelerations are x, y, z: ");
    // x축 가속도 값을 10진수(DEC)로 표시
    Serial.print(x, DEC);
    Serial.print(" ");          // 빈 칸 표시
    Serial.print(y, DEC);       // y축 가속도 값 표시
    Serial.print(" ");
    Serial.println(z, DEC);     // z축 가속도 값 표시
    delay(100);
}
```

# Part 5

# 모터

## 5.1 DC 모터

### 1) 트랜지스터를 이용한 제어

아두이노 핀은 LED와 같은 작은 전력을 사용하는 부품을 직접 제어할 수 있지만 모터와 같이 전력 사용이 큰 부품은 트랜지스터와 같은 외부 회로를 통해 제어해야 한다. 트랜지스터는 매우 작은 전류를 이용해서 보다 큰 전류를 스위칭 할 수 있어 유용하다. 트랜지스터는 3개의 다리를 가지며 NPN 타입의 경우 컬렉터(collector)에 부하를, 에미터(emmitter)에 접지를 연결한다. 작은 전류가 베이스(base)에서 에미터로 흐르면(아두이노 핀 출력을 HIGH로 하면) 트랜지스터(컬렉터에서 에미터로)에 전류가 흘러 모터가 회전한다. 많은 종류의 트랜지스터가 있지만 여기서는 〈그림 5.1〉에 보인 일반목적의 P2N2222AG 또는 등가의 BC550C 트랜지스터를 사용한다. 이 트랜지스터의 최대 전압과 전류는 40 V와 200 mA로 소형 모터에 사용하기에 충분하다.

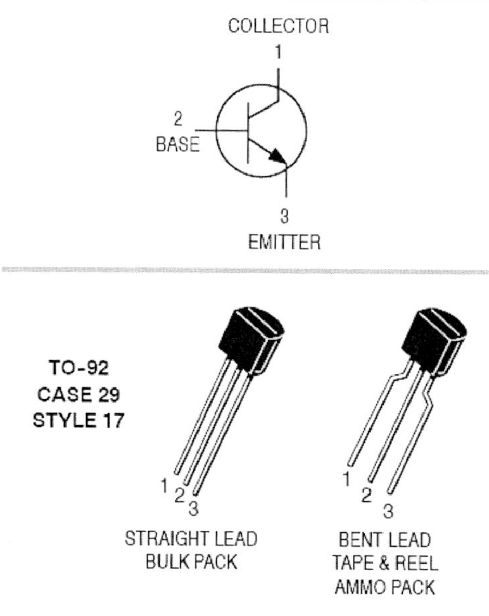


〈그림 5.1〉 NPN 트랜지스터 P2N2222AG

〈그림 5.2〉의 회로에서 제너다이오드 1N4001는 플라이백(flyback) 다이오드로 전압 공급이 끊기면 유도성 부하(inductive load)인 모터에서 역기전력(스파이크 전압)이 발생하는데

이를 제거하는데 사용된다. 〈그림 5.2〉 회로에서 모터의 회전 및 속도를 제어하는 스케치를 작성한다.

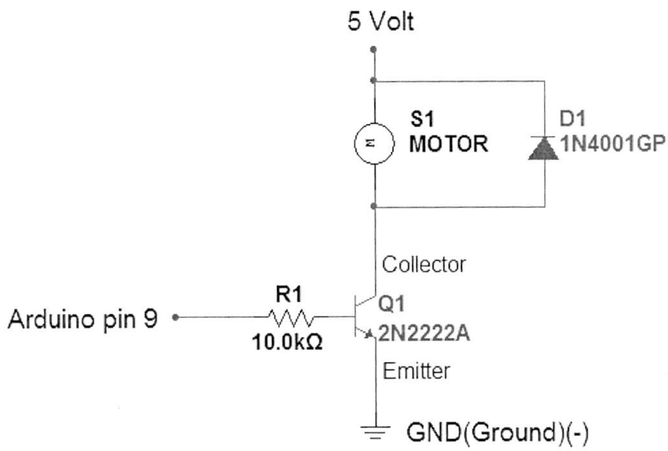


〈그림 5.2〉 DC 모터 구동 회로

아래 스케치의 loop()에서 motorOnThenOff(), motorOnThenOffWithSpeed() 및 motor-Acceleration() 함수를 하나씩 실행시키면서 모터 동작을 본다.

```
/**** DC 모터 회전 ****/
// 트랜지스터 베이스에 연결할 핀
int motorPin = 9;

void setup()
{
   // 모터 연결 핀을 출력으로 설정
   pinMode(motorPin, OUTPUT);
}

void loop()
{
   motorOnThenOff();
   // motorOnThenOffWithSpeed();
```

```
    // motorAcceleration();
}

// 모터를 온-오프 시킴. 이 코드는 LED 온-오프 코드와 동일
void motorOnThenOff()
{
    int onTime = 2500;  // 모터 온 시간(ms)
    int offTime = 1000;  // 모터 오프 시간(ms)

    digitalWrite(motorPin, HIGH); // 모터를 온(회전) 시킴
    delay(onTime);                // 시간지연
    digitalWrite(motorPin, LOW);  // 모터를 오프(정지) 시킴
    delay(offTime);               // 시간지연
}

// 모터를 온-오프시키는 동시에 화전 속도 변경
void motorOnThenOffWithSpeed()
{
    int onSpeed = 200;  // 모터 회전 속도(0: 정지, 255: 최대 속도)
    int onTime = 2500;  // 모터 회전 시간
    int offSpeed = 50;   // 모터 회전 속도(0: 정지, 255: 최대 속도)
    int offTime = 1000; // 모터 정지 시간

    analogWrite(motorPin, onSpeed);   // 모터 회전
    delay(onTime);                    // 시간지연
    analogWrite(motorPin, offSpeed);   // 모터 회전, 회전 속도 변경
    delay(offTime);                   // 시간지연
}

// 모터를 최대 속도로 회전시킨 후 감속하여 정지시킴
void motorAcceleration()
{
    int delayTime = 50; // 속도별로 50 ms만큼 지연

    // 모터를 정지에서 최대 속도까지 가속
    for(int i = 0; i < 256; i++){   // i를 0에서 255까지 변경
```

```
        analogWrite(motorPin, i);  // i 값으로 모터 속도 설정
        delay(delayTime);          // 시간지연
    }

    // 모터를 최대 속도에서 감속하여 정지시킴
    for(int i = 255; i >= 0; i--){   // i를 255에서 0까지 변경
        analogWrite(motorPin, i);    // i 값으로 모터 속도 설정
        delay(delayTime);            // 시간지연
    }
}
```

DC 모터는 펄스 폭 변조(PWM: Pulse Width Modulation) 신호로 속도를 제어할 수 있다. 핀의 출력 전압을 특정 전압으로 직접 제어하는 대신에 핀을 빠르게 온(HIGH)-오프(LOW) 스위칭 할 수 있다. 즉, HIGH와 LOW 신호가 결합된 주기적인 펄스(구형파)를 만들 수 있고 이 구형파에서 HIGH와 LOW의 신호 폭을 변경할 수 있다. 한 주기의 신호에서 HIGH 신호가 차지하는 비율을 듀티 사이클(Duty Cycle)이라 부르고 %로 표시한다(참고 〈그림 3.10〉). 한 주기에서 HIGH 신호와 LOW 신호가 각각 반씩 차지한다면 듀티 사이클은 50 %이다. DC 모터의 경우 전류를 주지 않아도 회전 관성에 의해 계속 회전을 하는 특성을 이용하여 매우 짧은 시간 동안 주기적으로 전류의 공급과 차단을 반복하면 DC 모터의 속도를 조정할 수 있다. 모터만이 아니라 LED에 주파수가 수십 Hz이며 듀티 사이클 50 %인 PWM 신호를 공급하면 실제 LED는 빠르게 온・오프 한다. 하지만 우리 눈은 잔상효과로 인해 이를 인지하지 못하고 50 %의 밝기로 LED가 켜져 있는 것처럼 보인다.

위의 스케치에서 motorOnThenOffWithSpeed() 함수는 PWM을 이용하여 속도를 제어한다. analogWrite(motorPin, onSpeed)에서 onSpeed는 0~255 범위 값을 가질 수 있다. 0은 듀티 사이클 0 %, 255는 듀티 사이클 100 %, 127은 대략 듀티비 50 %(127/255*100)인 PWM 신호를 motorPin에 출력한다.

## 2) 모터 구동 칩을 사용한 회전 방향 제어

DC 모터 드라이버 BA6208은 양방향 회전 및 정지 제어를 할 수 있으며 공급전압은 4.5 V ~ 15 V이고 최대 500 mA까지 출력 할 수 있다. LB1630은 양방향 제어가 가능한 DC 모터 드라이버로 프린터, 카세트테이프 레코더, 라인 트레이서와 같은 저전압(2.5 V 이상에서 동작) 소형 모터 구동에 적합하며 400 mA까지 출력할 수 있다. L298은 최대 공급전압 46 V,

최대 출력 4 A인 고전압 고전류의 모터 구동 드라이버이며 동시에 2개의 모터를 독립적으로 제어할 수 있다.

LB1630을 사용하여 DC 모터를 제어하기 위해 〈그림 5.3〉의 회로를 사용한다. 아두이노 핀 9와 10의 출력을 표 5.1의 IN1과 IN2와 같이 주면 진리표에 정의된 것처럼 모터의 회전을 제어할 수 있다.

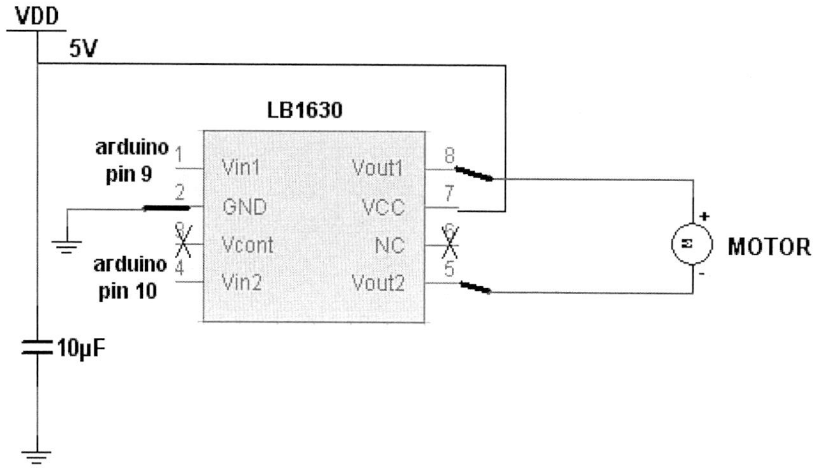


〈그림 5.3〉 LB1630을 이용한 DC 모터 제어 회로

〈표 5.1〉 모터 구동 드라이버 입출력 신호 진리표

| IN1 | IN2 | OUT1 | OUT2 | MOTOR |
|---|---|---|---|---|
| H | L | H | L | 정방향 |
| L | H | L | H | 역방향 |
| H | H | 오프 | 오프 | 대기 |
| L | L | 오프 | 오프 | 대기 |

아두이노 핀9와 핀10에서 HIGH/LOW 신호를 출력함에 따라 DC 모터의 회전을 제어하는 스케치를 작성한다. 다음 스케치는 DC 모터를 정방향으로 2 초간 회전하고 역방향으로 2 초간 회전한 후 4 초간 정지 상태로 있게 제어한다.

```
/**** 모터 회전 방향 제어 ****/
#define motorIN1 9   // 아두이노 핀 9 - 모터 구동 칩 핀1
#define motorIN2 10  // 아두이노 핀 10 - 모터 구동 칩 핀4

void setup()
{
   pinMode(motorIN1,OUTPUT); // 아두이노 출력 핀 설정
   pinMode(motorIN2,OUTPUT);
}

void loop()
{
   // 전방향 구동
   digitalWrite(motorIN1,HIGH);
   digitalWrite(motorIN2,LOW);
   delay(2000);

   // 역방향 구동
   digitalWrite(motorIN1,LOW);
   digitalWrite(motorIN2,HIGH);
   delay(2000);

   // 대기
   digitalWrite(motorIN1,HIGH);
   digitalWrite(motorIN2,HIGH);
   delay(2000);

   // 대기
   digitalWrite(motorIN1,LOW);
   digitalWrite(motorIN2,LOW);
   delay(2000);
}
```

# 5.2 서보(Servo) 모터

## 1) 서보 제어

움직임을 제어할 때 널리 이용되는 서보는 움직임을 더 강력하게 만들기 위해 내부에 작은 기어 박스와 제어가 용이하도록 하는 전자부품을 포함한다. 일반적으로 서보는 제조 회사마다 타이밍은 다르지만 0° ~180° 까지 위치를 변경할 수 있고 위치는 1.25 ms(0° )와 1.75 ms(180° ) 사이의 펄스(구형파)를 통해 제어된다. 서보에 펄스를 매 20 ms ~ 50 ms마다 보내면 서보는 부드럽게 동작한다. 아두이노는 "Servo" 라이브러리를 이용하여 핀9번과 10번으로 쉽게 서보 모터를 제어한다. 서보 모터는 3개의 선(전원, 접지와 신호)을 사용한다. 일반적으로 전원 선은 붉은색이고 아두이노 보드 5 V 핀에 연결한다. 접지선은 검은색이나 갈색으로 아두이노 보드 접지 핀에 연결한다. 신호 핀은 노란색, 오렌지색 또는 흰색으로 아두이노 보드 핀9에 연결한다(〈그림 5.4〉). 이제 서보 제어를 위한 스케치를 작성한다.

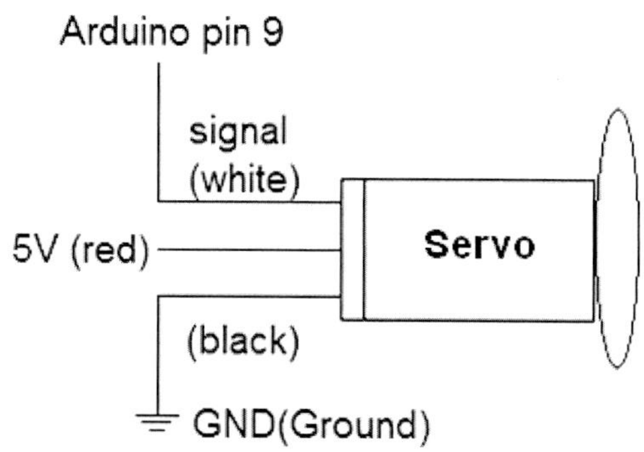


〈그림 5.4〉 서보 제어 회로

```
/**** 서보 제어 ****/
// 서보 제어용 라이브러리 헤더 파일을 포함시킴
#include <Servo.h>

// 서보(Servo) 클래스에서 객체 myservo 생성, 최대 8개의 서보 객체 생성 가능
Servo myservo;
// 서보 위치(각도)를 저장할 변수
int pos = 0;
```

```
void setup()
{
  // 아두이노 핀9에 연결된 서보를 서보 객체에 부착
  myservo.attach(9);
}

void loop()
{
  // 0° 에서 180° 까지 1°  간격으로 서보 위치 이동(시계 방향 회전)
  for(pos = 0; pos < 180; pos += 1){
    // 위치(변수 pos의 값)로 이동
    myservo.write(pos);
     // 서보가 목표 위치에 도달하는데 걸리는 시간(15 ms) 제공
    delay(15);
  }

  // 180° 에서 0° 까지 -1°  간격으로 서보 이동(반시계 방향 회전)
  for(pos = 180; pos>=0; pos-=1){
    myservo.write(pos);
    delay(15);
  }
  // 180도 위치로 이동
  myservo.write(180);
  delay(1000);
  // -180도 위치로 이동
  myservo.write(-180);
  delay(1000);
}
```

## 2) 가변저항을 이용한 서보 제어

〈그림 5.5〉와 같이 가변저항을 회로에 추가한다. 가변저항의 바깥 두 핀이 전원(5 V)와 접지에, 중앙 핀은 아두이노 아날로그 입력 핀0에 연결한다.

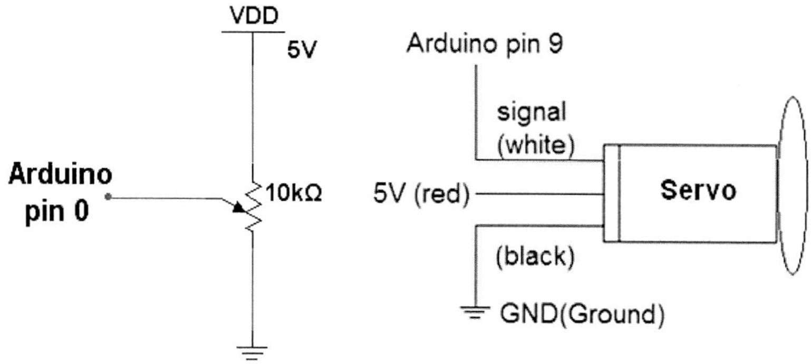


〈그림 5.5〉 가변저항 이용한 서보 위치 제어 회로

```
/**** 가변저항을 이용한 서보 위치 제어 ****/
#include <Servo.h>
 // 서보 제어용 객체 생성
Servo myservo;
// 서보 모터 연결 아두이노 신호 핀
int servoPin = 9;
// 가변저항을 연결할 아날로그 핀
int potPin = 0;
// 아날로그 핀에서 값(가변저항에 걸린 전압)을 읽기 위한 변수
int val;

void setup()
{
   // 핀 9에 연결된 서보를 서보 객체에 부착
   myservo.attach(servoPin);
}

void loop()
{
   // 가변저항에 걸린 전압(0~5 V)을 읽어 0~1023 사이 값으로 val에 대입
   val = analogRead(potPin);

   // 가변저항의 0~1023 값을 서보의 0~180 사이의 값으로 변환
   val = map(val, 0, 1023, 0, 179);
```

```
    myservo.write(val);           // 변환된 값의 위치로 서보 이동
    delay(15);                    // 서보 이동에 필요한 시간지연
}
```

## 3) 펄스 타이밍 제어

앞에서 설명한 것처럼 아두이노에서 제공하는 라이브러리를 사용하여 서보를 제어하는 것은 쉽다. 여기서는 라이브러리를 이용하지 않고 서보 제어를 위한 타이밍 펄스를 직접 만든다. 이렇게 펄스를 만들어 사용하면 아두이노 핀 모두를 서보 제어에 사용할 수 있다.

```
/**** 펄스 타이밍 제어 ****/
// 서보를 연결한 아두이노 보드 핀
int servoPin = 9;

void setup()
{
    // 서보 연결 아두이노 핀 9를 출력으로 설정
    pinMode(servoPin, OUTPUT);
}

void loop()
{
    // 90° → 1500 μs, 0° → 900 μs, 180° → 2100 μs
    int pulseTime = 2100;

    // 서보 연결 핀에 High 출력
    digitalWrite(servoPin, HIGH);
    delayMicroseconds(pulseTime); // 시간지연
    // 서보 연결 핀에 Low 출력
    digitalWrite(servoPin, LOW);
    delay(25);  // 25 ms 시간지연
}
```

### 4) 휘어짐에 따른 서보 위치 제어

물체의 휘어짐을 측정하는데 〈그림 5.6〉의 플렉스(flex) 센서를 사용한다. 이 센서는 플라스틱 줄 위에 카본을 활용, 구부러짐에 따라 저항 값이 바뀌는데 대략 10 KΩ ~ 35 KΩ의 저항을 가지며 구부러짐이 심할수록 저항은 커진다. 〈그림 5.7〉의 전압분배 회로를 사용하여 저항 변화를 감지(저항에 걸리는 전압을 측정)한다.

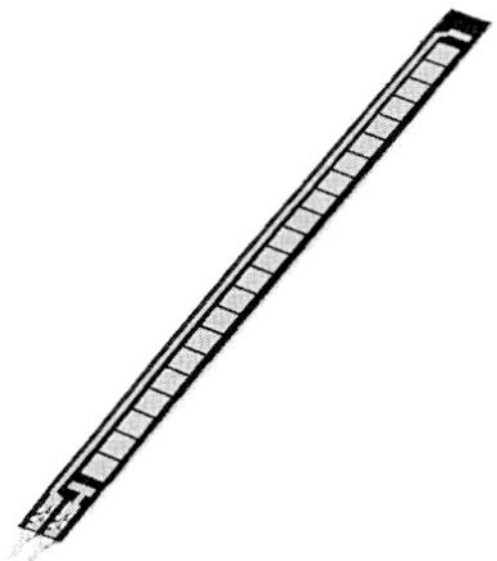

〈그림 5.6〉 플렉스 센서

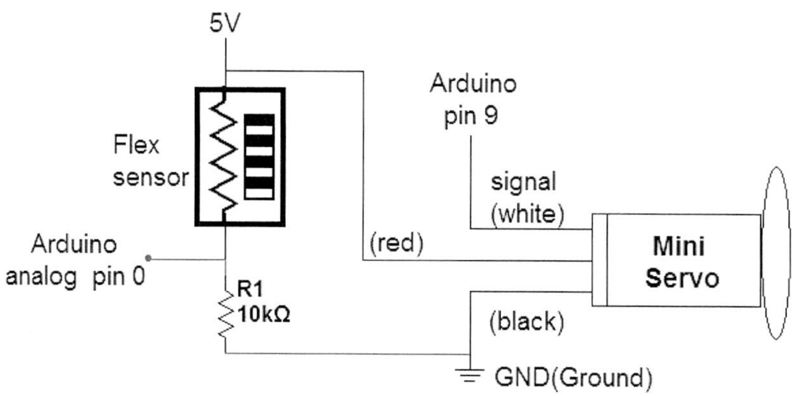


〈그림 5.7〉 플렉스 센서를 이용한 서보 제어 회로

〈그림 5.7〉의 회로를 사용하여 플렉스 센서에 걸리는 전압을 측정하여 서보 위치를 제어하는 스케치는 다음과 같다.

```
/**** 플렉스 센서를 이용하여 서보 위치 제어 ****/
// 코드 인용: http://ardx.org/src/circ/CIRC13-code-SPAR.txt

#include <Servo.h>

// 서보 제어용 서보 객체 생성
Servo myservo;
// 플렉스 센서 출력 연결 핀 번호
int potPin = 0;
 // 서보를 연결한 아두이노 보드 핀
int servoPin = 9;
// 저항에 걸리는 전압을 아날로그 핀에서 읽어 저장할 변수
int val;

void setup()
{
   Serial.begin(9600);  // 통신 속도 설정
   // 핀9의 서보를 서보 객체에 연결
   myservo.attach(servoPin);
}

void loop()
{
   // 플렉스 센서에 걸리는 전압(0~5 V)을 읽어 0~1023 값으로 반환하는데
   // 10 KΩ 저항에 전압이 분배되어 50~300 범위의 값을 반환.
   val = analogRead(potPin);

   // 직렬 통신 모니터에 현재 플렉스 센서에 걸린 전압 출력
   Serial.print(val);

   // 변수 val의 값을 서보에 사용할 수 있는 값(0~180)으로 변환
   val = map(val, 50, 300, 0, 179);
   Serial.print(" ");
   // 직렬 통신 모니터에 서보 위치(각도) 출력 후 줄 바꿈
   Serial.println(val);
```

```
    // 변환된 값으로 서보 위치 설정
    myservo.write(val);
    delay(30); // 서보의 위치 이동 대기
}
```

## 5.3 스텝 모터(Stepper Motor)

스텝 모터는 펄스에 순서를 부여하여 주어진 펄수 수에 비례한 각도만큼 회전하는 모터로 유니폴라(unipolar)와 바이폴라(bipolar) 방식이 있다. 이 둘의 차이점은 둘 이상의 상(phase)을 구성해야 하는데, 바이폴라는 권선에서 바로 전원선이 나오며 유니폴라는 권선 정중앙에서 하나씩 2개의 전선이 나온다. 2상의 경우 유니폴라 방식이 바이폴라 보다 선이 2개 더 많게 된다. 유니폴라 방식은 고속으로 구동 시 토크가 높아 탈조가 될 위험이 적어서 고속 회전에 용이하고 비교적 구동 회로가 간단한 장점이 있지만 모터 코일에 저장된 에너지를 회생하지 않으므로 효율이 좋지 않고 저속에서 구동 시 토크가 바이폴라에 비해 작은 단점이 있다. 바이폴라 방식은 저속 구동 시 토크가 높고 코일에 저장된 전류가 회생되어 효율이 좋은 장점이 있지만 고속 구동 시 토크가 급격하게 저하되어 탈조가 발생할 우려가 있으며 구동 회로가 복잡한 단점이 있다.

스텝 모터는 방향, 위치 및 속도를 완벽하게 제어할 수 있어 자동화에 널리 사용된다. 다만 빠르게 움직이지 못하고 움직이지 않을 때도 모터 위치를 유지하며 항상 최대 전력을 사용한다. 스텝은 모터의 최소 움직임으로 보통 한 회전에 200 스텝을 사용한다(한 스텝이 $1.8^o = \frac{360^o}{200}$). 스텝 모터는 드라이버를 통해 전력을 공급 받는다. 드라이버에 공급한 전압이 클수록(최대 35 V) 모터의 회전 속도가 높다.

### 1) A4988 및 DRV8824를 이용한 바이폴라 스텝 모터 제어

A4988 드라이버는 마이크로-스테핑(1스텝을 분할하여 미세 제어가 가능)을 지원하며 부족 전류나 과전류 보호회로를 장착한 스텝모터용 드라이버이다. 하나의 바이폴라 스텝 모터를 구동할 수 있으며 코일 당 최대 2 A의 출력 전류를 지원한다(코일 당 1 A 이상을 사용하는

경우 방열판 부착이 필요). 스텝 모터를 두 핀(그림의 방향(DIR) 및 제어(STEP)핀)으로 간단하게 제어할 수 있다.

〈그림 5.8〉에 보인 스텝 모터의 경우를 보자. 모터의 적, 녹, 황, 청색 선을 드라이버 보드에 〈그림 5.9〉와 같이 연결한다(적색 및 녹색 선이 한 쌍이고 청색과 황색 선이 한 쌍이다).

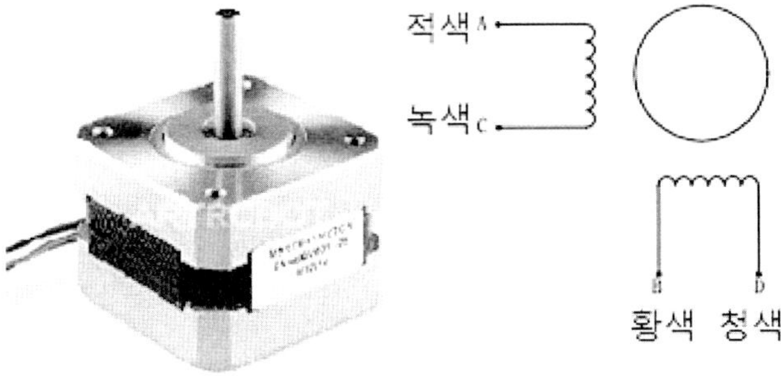


〈그림 5.8〉 전압 8~35 V, 스텝 각도 1.8o 스텝 모터

〈그림 5.9〉는 아두이노 보드와 동작에 필요한 최소 핀 연결을 보인 것으로 1(풀)스텝 모드로 동작한다(마이크로 스테핑 사용 안 함). 마이크로 스텝 모드로 동작하기 위해서는 표 5.2 처럼 MS1, MS2 및 MS3핀에 HIGH, LOW 신호를 제공할 아두이노 핀 연결이 필요하다. 아두이노 보드, 드라이버 및 스텝 모터는 아래와 같이 연결한다.

- 드라이버의 VDD 핀에 3~5.5 V 전원을 인가해 줘야 한다. 만약 전압 조정기가 장착된 부품이면 회로 동작용 전원은 필요치 않다. 아두이노 보드의 5 V 및 GND 핀을 드라이버 VDD 및 GND에 연결한다.
- 드라이버의 VMOT and GND 핀에는 모터가 사용할 전원(8~35 V, 최대 4 A 이내)을 연결한다.
- RESET과 SLEEP 핀을 〈그림 5.9〉와 같이 연결한다.
- STEP 핀으로 입력되는 하나의 펄스가 DIR 핀에 의해 설정된 방향으로 회전하는 하나의 마이크로 스텝에 해당한다. STEP과 DIR 핀은 내부에 풀업, 풀다운 저항에 연결되지 않았으므로 floating 상태(비 연결 상태)로 두면 안 된다.
- 만약 한 방향으로만 회전시키려면 DIR 핀을 VCC 또는 GND에 직접 연결한다.
- 보드의 1A 및 1B 핀을 스텝 모터 코일1(〈그림 5.8〉의 적색 및 녹색)에 연결
- 보드의 2A 및 2B 핀을 스텝 모터 코일2(〈그림 5.8〉의 청색 및 황색)에 연결

A4988 드라이버 IC는 코일 당 최대 2 A의 전류를 허용할 수 있지만 방열판을 사용하지 않는다면 코일 당 최대 1 A의 전류를 인가하는 것이 적당하다. 일부 유니폴라  스텝 모터(6선, 8선을 가진 경우)도 바이폴라 스텝 모터처럼 A4988로 제어가 가능하다.

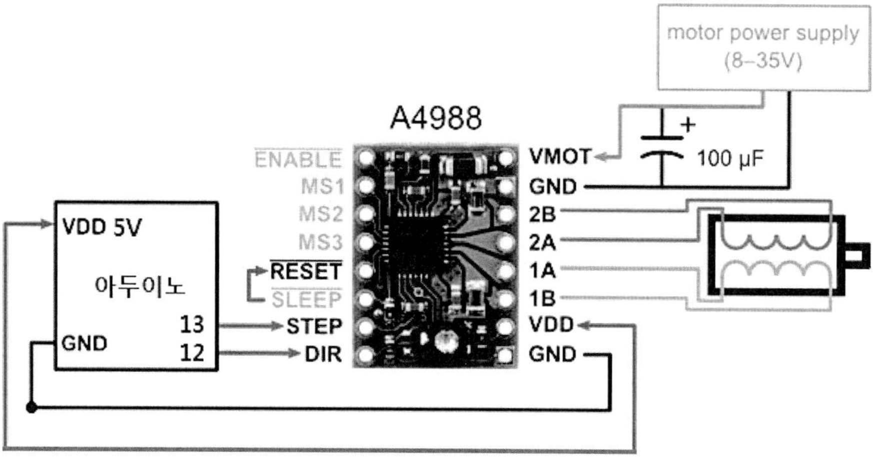


〈그림 5.9〉 A4988을 이용한 스텝 모터 제어 회로

〈그림 5.10〉은 아두이노 보드, 스텝 모터 및 A4988 드라이버 보드간의 결선을 보인다. 이 결선을 사용하여 스템 모터를 회전시키고 회전 방향을 바꾸는 스케치를 알아보자.

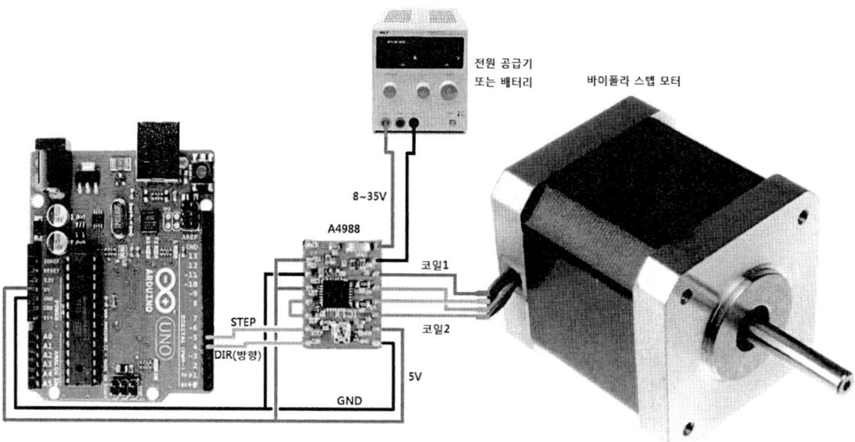


〈그림 5.10〉 A4988 드라이버, 스텝 모터 및 아두이노 보드의 연결

```
/**** 드라이버를 이용 스텝 모터 제어 ****/
// 아두이노 핀 5에 연결할 드라이버 step 핀
const int stepPin = 5;
// 아두이논 핀 4에 연결할 드라이버 dir 핀
const int dirPin = 4;
// 카운터 변수
int counter = 0;

void setup()
{
  pinMode(stepPin, OUTPUT);
  pinMode(dirPin, OUTPUT);
}

void loop()
{
  if (counter < 200) // 200 스텝이내에서
  {
    counter++;
    digitalWrite(stepPin, HIGH);
    delay(10);
    digitalWrite(stepPin, LOW);
    delay(10);
  }
  else if(counter >=200 && counter <400) // 200~400 스텝
  {
     digitalWrite(dirPin, HIGH);   // 반대 방향 지정
     counter++;
     digitalWrite(stepPin, HIGH);
     delay(10);
     digitalWrite(stepPin, LOW);
     delay(10);
  }
  else  // counter > 400이면 초기화
  {
```

```
    counter = 0;
    digitalWrite(dirPin, LOW);  // 처음 방향으로 설정
  }
}
```

가변저항을 회전함에 따라 스텝 모터의 속도를 변경하는 스케치를 작성해보자. 가변저항에 걸리는 전압에 따라 스텝 모터의 지연시간을 변경함으로써 모터의 속도를 바꿀 수 있다. 이를 위해 〈그림 5.9〉와 〈그림 5.5〉의 가변저항 연결 회로를 사용한다.

```
/**** 가변저항 이용 스텝 모터 속도 변경 ****/
// 아두이노 핀 5에 연결할 드라이버 step 핀
const int stepPin = 5;
// 아두이논 핀 4에 연결할 드라이버 dir 핀
const int dirPin = 4;
int d;  // 시간지연 변수 정의

void setup()
{
  pinMode(stepPin, OUTPUT);
  pinMode(dirPin, OUTPUT);
  // 모터 회전 방향 지정
  digitalWrite(dirPin, HIGH);
}

void loop()
{
  // 시간지연 값을 얻음
  d = speed();
  // 가변저항에 따른 시간지연을 갖는 펄스 발생, 그에 따른 모터 속도 변경
  digitalWrite(stepPin, HIGH);
  delayMicroseconds(d);
  digitalWrite(stepPin, LOW);
  delayMicroseconds(d);
}
```

```
// 가변저항에 걸리는 전압을 읽는 함수
int speed()
{
  // 아날로그 0번 핀에서 전압 읽음
  int val = analogRead(A0);
  // 읽어드린 가변저항에 걸린 전압(0~1023)을 300~4000 범위로 변경
  int d = map(d, 0, 1023, 300, 4000);
  return d;
}
```

스텝 모터는 고유한 스텝 크기를 갖는데(가령 1.8° 또는 1 회전 당 200 스텝), 이 값이 풀스텝 시 사용되는 값이다. A4988와 같이 마이크로 스테핑(micro-stepping)을 지원하는 드라이버는 1회전 당 200 스텝을 가진 모터를 1회전 당 400 혹은 800 스텝으로 제어할 수 있다. 마이크로 스테핑을 이용하려면 표 5.2에 보인 것처럼 드라이버 입력 MS1, MS2, 및 MS3를 설정해야 한다. MS1과 MS3는 내부에 100 k$\Omega$ 풀다운 저항을, MS2는 50 k$\Omega$ 풀다운 저항을 갖고 있기 때문에 이 핀들을 사용하지 않는 경우에는 모두 LOW인 풀-스텝 모드로 동작하게 된다. 마이크로-스텝 모드가 적절하게 동작하려면 전류 한계 값이 충분히 낮게 설정되어야 하며 그렇지 않은 경우 스텝 사이의 중간 위치를 유지하기 위한 전류 레벨이 적절히 유지되지 않아서 마이크로-스텝을 건너뛴다.

마이크로-스테핑 지원을 위해 모터에는 허용되는 전압보다 높은 전압을 전류 제한과 함께 인가한다. 가령 스텝 모터가 5 V, 1 A, 코일 저항 5 $\Omega$의 제한을 갖는다면 최대 전류 1 A로 설정을 유지한 채로 12 V로 동작시켜 마이크로-스테핑을 구현한다. 이런 용도로 A4988 드라이버 보드는 최대 전류 설정용 가변저항을 갖는다.

〈표 5.2〉 A4988 드라이버의 마이크로 스텝 해상도

| MS1 | MS2 | MS3 | 마이크로 스텝 해상도 |
|---|---|---|---|
| Low | Low | Low | 1 스텝 |
| High | Low | Low | 1/2 스텝 |
| Low | High | Low | 1/4 스텝 |
| High | High | Low | 1/8 스텝 |
| High | High | High | 1/16 스텝 |

A4988의 개선된 보드로 DRV8824/DRB8825가 있다. DRB8825는 6단계의 마이크로 스텝핑을 가지며 8.2~45 V에서 동작하고 별도의 방열 대책 없이 코일 당 1.5 A까지 공급할 수 있다(방열 대책을 추가하면 2.2 A까지 공급 가능). DRV8824는 DRV8825에서 전류를 낮춘 버전으로 방열 대책 없이 코일 당 0.75 A 공급하도록 한다(방열 대책을 추가하면 1.2 A까지 공급). 아두이노 보드 및 모터 연결 방법은 〈그림 5.11〉과 같다(A4988의 〈그림 5.9〉와 동일). 표 5.3에 보인 것처럼 마이크로 스텝핑을 6단계(1/32 스텝)까지 사용할 수 있다.

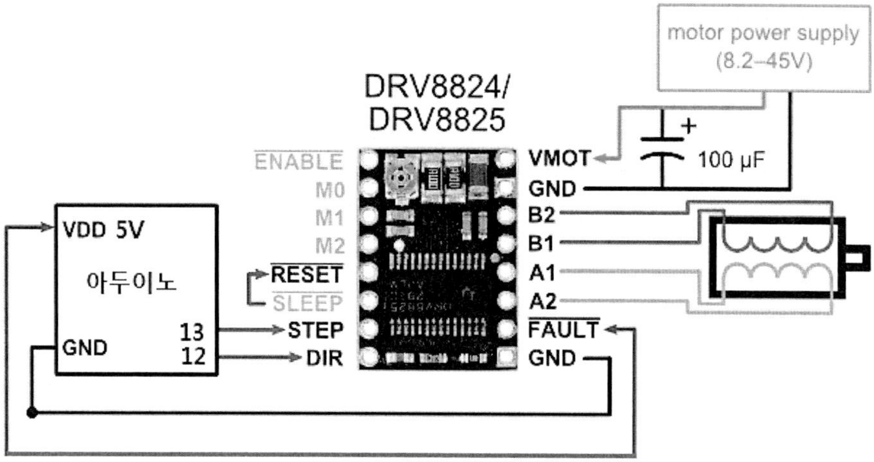


〈그림 5.11〉 DRV8824/DRV8825를 이용한 스텝 모터 제어 회로

〈표 5.3〉 DRV8824/DRV8825 드라이버의 마이크로 스텝 해상도

| M0 | M1 | M2 | 마이크로 스텝 해상도 |
|---|---|---|---|
| Low | Low | Low | 1 스텝 |
| High | Low | Low | 1/2 스텝 |
| Low | High | Low | 1/4 스텝 |
| High | High | Low | 1/8 스텝 |
| Low | Low | High | 1/16 스텝 |
| High | Low | High | 1/32 스텝 |
| Low | High | High | 1/32 스텝 |
| High | High | High | 1/32 스텝 |

## 2) L293을 이용한 바이폴라 스텝 모터 제어

L293 H-브리지를 사용하여 4선 바이폴라 스텝 모터를 제어해 보자. 〈그림 5.12〉과 같이 연결한다.

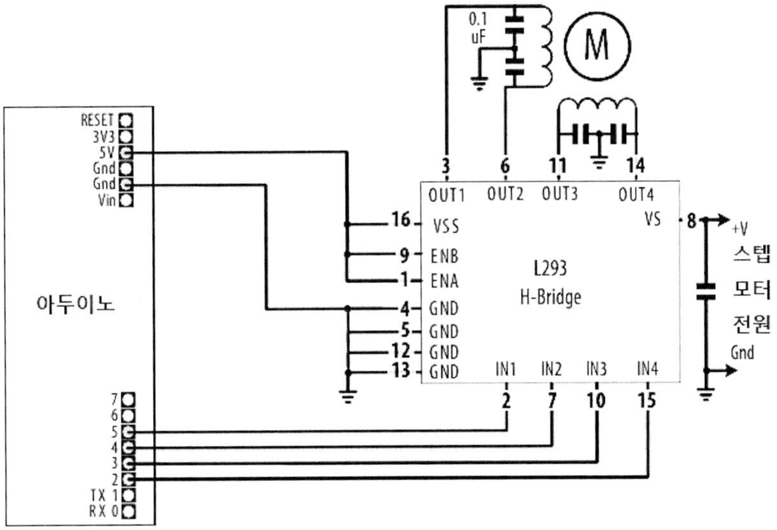


〈그림 5.12〉 L293을 이용한 바이폴라 스텝 모터 제어 회로(인용: 아두이노 쿡북 389쪽)

이 스케치는 직렬 통신을 통해 받은 숫자와 그 뒤의 +와 - 문자에 따라 모터의 작동 스텝 수와 방향을 바꾼다. 예로 직렬 통신으로 "200+"을 보내면 200 스텝 모터의 경우 한 회전을 하며 "100-" 반대 방향으로 1/2 회전을 한다.

```
/**** L293 이용 스텝 모터 제어 ****/
// 코드 인용: http://www.arduino.cc/en/Reference/Stepper
#include <Stepper.h>
// 사용 중인 스템 모터의 스텝 수
#define STEPS 200

// Stepper 클래스의 객체 생성(스텝 수와 모터 연결 아두이노 핀 번호 지정)
Stepper stepper(STEPS,2,3,4,5);
int steps = 0;
```

```
void setup()
{
  // 모터 속도를 30 rpm으로 지정
  stepper.setspeed(30);
  Serial.begin(9600);
}

void loop()
{
  if(Serial.available()) // 수신 문자가 있으면
  {
    // 수신 문자 읽음(문자의 아스키 코드)
    char ch = Serial.read();
    // 수신 문자가 숫자이면
    if(isDigit(ch)) {
      // 수신 문자(아스키 코드)를 숫자로 변환 후 변수 steps에 누적
      steps = steps*10 + ch - '0';
    }
    else if(ch == '+') {
      stepper.step(steps);
      steps = 0;
    }
    else if(ch == '-') {
      // 회전 방향을 반대로
      stepper.step(steps*-1);
      steps = 0;
    }
  }
}
```

L293보다 더 높은 전류의 공급이 필요하면 600 mA의 L293D, 최대 1 A인 SN75441나 최대 2 A인 L298을 사용할 수 있다.

### 3) ULN2003을 이용한 유니폴라 스텝 모터 제어

ULN2003 드라이버 칩을 이용하여 5선 또는 6선의 유니폴라 스텝 모터를 제어한다. 이를 위해 〈그림 5.13〉과 같이 연결한다. 이런 유형의 모터는 두 쌍의 코일이 있으며 각 코일의 중심과 연결된다. 5개 선만 사용하는 모터는 두 중심 연결이 하나의 선을 통해 이루어진다.

이 스케치는 직렬 통신을 통해 받은 숫자와 그 뒤의 +와 - 문자에 따라 모터의 작동 스텝 수와 방향을 바꾼다. 예로 직렬 통신으로 "200+"을 보내면 200 스텝 모터의 경우 한 회전을 하며 "100-" 반대 방향으로 1/2 회전을 한다.

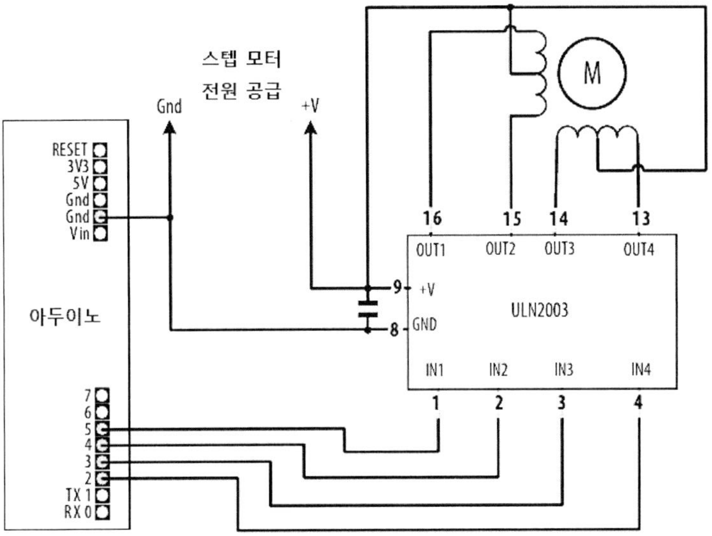


〈그림 5.13〉 ULN2003을 이용한 유니폴라 스텝 모터 제어 회로(인용: 아두이노 쿡북 397쪽)

```
/**** ULN2003 이용 스텝 모터 제어 ****/
// 코드 인용: http://www.arduino.cc/en/Reference/Stepper
#include <Stepper.h>
#define STEPS 200  // 사용 중인 스텝 모터의 스텝 수

// Stepper 클래스의 객체 생성(스텝 수와 모터 연결 아두이노 핀 번호 지정)
Stepper stepper(STEPS,2,3,4,5);
int steps = 0;
```

```
void setup()
{
  // 모터 속도를 30 rpm으로 지정
  stepper.setspeed(30);
  Serial.begin(9600);
}

void loop()
{
  if (Serial.available()) { // 수신 문자가 있으면
    // 수신 문자 읽음(문자의 아스키 코드)
    char ch = Serial.read();

    // 수신 문자가 숫자이면
    if(ch >= '0' && ch <= '9'){
      // 수신 문자(아스키 코드)를 숫자로 변환 후 변수 steps에 누적
      steps = steps * 10 + ch - '0';
    }
    else if(ch == '+'){
      stepper.step(steps);
      steps = 0;
    }
    else if(ch == '-'){
      // 회전 방향을 반대로
      stepper.step(steps*-1);
      steps = 0;
    }
    else if(ch == 's'){ // 수신 문자가 s이면
      // 현재 steps 변수 값으로 속도 변경
      stepper.setSpeed(steps);
      // 직렬 모니터에 현재 속도 출력
      Serial.print("Setting speed to ");
      Serial.println(steps);
      steps = 0;
    }
  }
}
```

# Part 6

# 릴레이(Relay)

## 6.1 릴레이로 LED 점등 제어

릴레이(Relay)는 큰 부하를 다룰 때 사용하며 기계식과 전자식이 있다. 기계식 릴레이는 코일이 감겨진 전자석에 제어 전류를 흘려주면 그 자력으로 스위치의 접점부가 온·오프 된다. 반면에 SSR(Solid State Relay: 무접점 전자식 릴레이)은 기계식 코일 내장형 릴레이의 기능을 반도체 소자로 대체한 것으로 가격은 조금 비싸지만 사용이 편리하고 안전하여 제어용으로 많이 사용된다. 릴레이의 크기는 작은 것에서부터 매우 큰 것까지 다양하며 일정량의 전류를 스위칭 하는 소자이다. 〈그림 6.1〉에 보인 JZC-11F 005-1Z는 접점 배열이 SPDT로(참고 표 6.1) 상시 개로형(NO)이나 상시 폐로형(NC)을 선택, 사용할 수 있으며 그 사양은 다음과 같다.

- 최대 개폐 전압: 250 VAC, 30 VDC
- 최대 운영 전력: 1250 VA
- 최대 개폐 전류: 5 A
- 최소 개폐 부하: 10 mA 5 VDC
- 코일 정격 전압: 12 VDC
- 코일 정격 전류: 37.5 mA

(a) 릴레이 JZC-11F

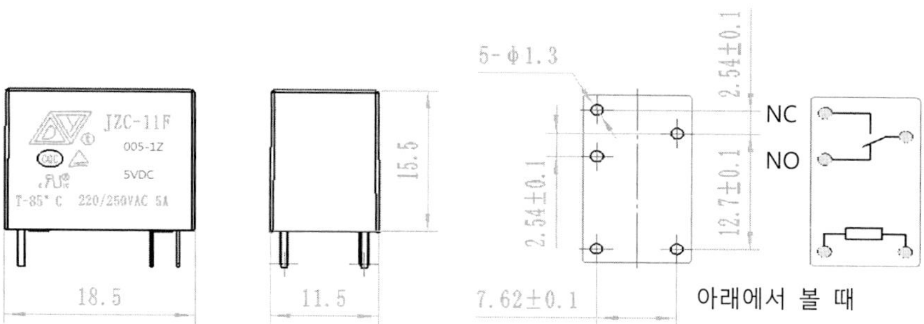


(b) JZC-11F 0005-1Z 핀 구성

(NC: Normal Close, NO: Normal Open)

〈그림 6.1〉 릴레이

〈표 6.1〉 릴레이와 스위치 접점

<table>
<tr><th>정의</th><th>기호</th><th>약호</th><th>접점 기호</th></tr>
<tr><td rowspan="4">접점 배열</td><td>SPST NO<br>(Single Pole Single Transfer Normal Open)</td><td>1A</td><td>A접점(상시 개로형): 평상시 떨어져 있다가 동작 시 붙는 접점(Make 접점)<br></td></tr>
<tr><td>SPST NC<br>(Single Pole Single Transfer Normal Close)</td><td>1B</td><td>B접점(상시 폐로형): 평상시 붙어 있다가 동작 시 떨어지는 접점(Break 접점)<br></td></tr>
<tr><td>SPDT<br>(Single Pole Dual Transfer)</td><td>1C<br>(1A 1B)</td><td rowspan="2">C접점(절환형): 접점이 2개 있어 A/B 접점 기능을 모두 갖는 접점(Transfer 접점)<br></td></tr>
<tr><td>DPDT<br>(Dual Pole Dual Transfer)</td><td>2C<br>(2A 2B)</td></tr>
<tr><td colspan="4">• 정격 제어 용량 : 접점의 특성을 정하는 기준 값으로 접점의 전압과 전류의 조합으로 표현<br>• 최대 개폐전압 : 접점의 개폐 전압의 최댓값<br>• 최대 개폐전류 : 접점의 개폐 전류의 최댓값</td></tr>
</table>

〈그림 6.4〉에 보인 회로는 릴레이 NO 및 NC 접점에 LED를 연결하고 〈그림 6.2〉의 NPN 증폭 트랜지스터 P2N2222AG(TO-92)를 사용하여 릴레이 코일의 자화를 제어한다. 트랜지스터 베이스에 아두이노 디지털 핀2의 출력 신호가 HIGH이면 트랜지스터가 도통, 코일로 전류가 흘러 코일이 자화되고 접점 NO가 연결되어 NO 접점에 연결된 LED가 점등된다. 아두이노 핀2의 출력이 LOW이면 트랜지스터가 오프 상태로 코일이 자화되지 않아 NC 접점에 연결된 LED가 점등된다. 〈그림 6.4〉 회로에서 LED 대신 용량이 큰 부하를 연결하여 사용할 수 있고 그것이 릴레이를 사용하는 이유이다.

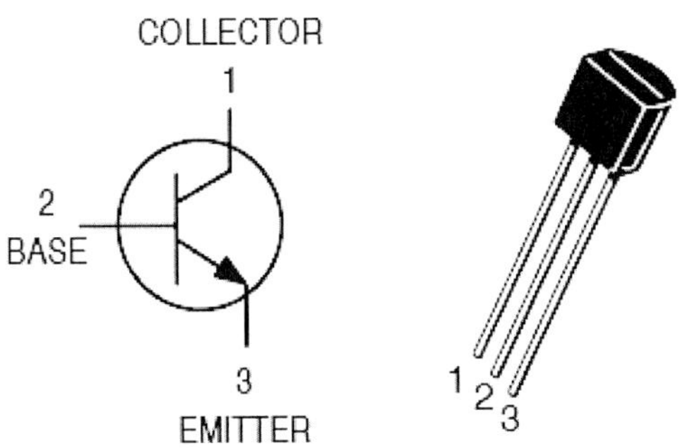


〈그림 6.2〉 P2N2222AG 증폭 트랜지스터

〈그림 6.4〉에서 정류 다이오드 1N4001(〈그림 6.3〉)은 전원 차단 스위칭 시에 릴레이 코일에서 발생하는 역기전력으로부터 트랜지스터를 보호하는 역할(트랜지스터로 전류 흐르지 않도록 함)을 한다. 회로에서 정류 다이오드를 LED로 대체하면 트랜지스터가 오프 될 때 발생한 역기전력으로 LED가 점등되는 것을 볼 수 있다. 정류 다이오드 1N4001~1N4007 시리즈의 DC 차단전압에 대한 사양은 표 6.2와 같다. 정류 다이오드는 검은 선 있는 부분을 음극으로 연결한다.

〈그림 6.3〉 1N4001 정류 다이오드

〈표 6.2〉 정류 다이오드의 DC 차단전압

| 특성 | 기호 | 1N4001 | 1N4002 | 1N4003 | 1N4004 | 1N4005 | 1N4006 | 1N4007 |
|---|---|---|---|---|---|---|---|---|
| DC 차단전압 | VR | 50 V | 100 V | 200 V | 400 V | 600 V | 800 V | 1000 V |

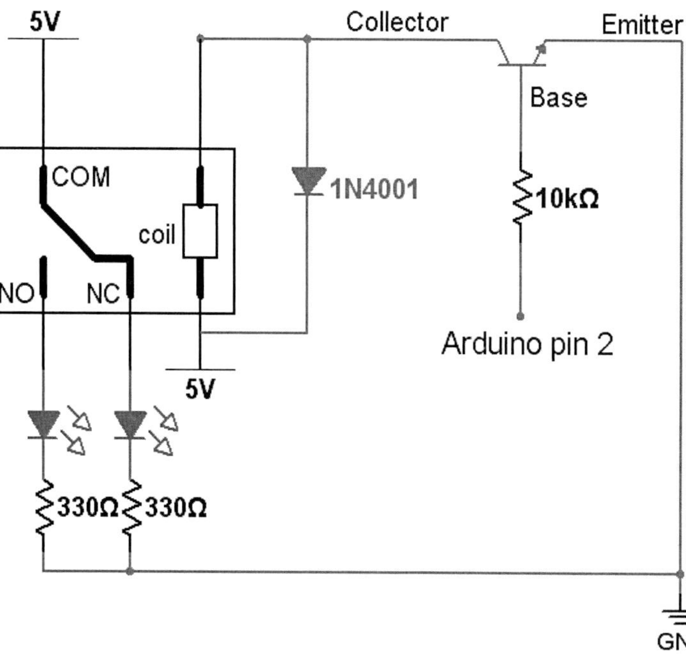


〈그림 6.4〉 릴레이를 이용한 LED 점등 제어 회로

아두이노 디지털 핀2에서 HIGH 또는 LOW 신호에 따라 릴레이 접점 NO 및 NC에 연결된 LED가 1 초 간격으로 교대로 점멸하는 스케치를 작성한다.

```
/**** 릴레이 두 접점(NO, NC)에 연결된 LED를 반복해서 점멸 ****/
// 코드 인용:  http://ardx.org/src/circ/CIRC11-code.txt
int ledPIN =  2;     // 트랜지스터 베이스에 입력할 신호 핀 번호

void setup()
{
   pinMode(ledPIN, OUTPUT);  // 출력 핀으로 설정
}

void loop()
{
   // 트랜지스터 도통되고 코일이 자화되어 릴레이 NO 접점이 연결
   // NC 접점에 연결된 LED는 꺼지고 NO 접점에 연결된 LED는 점등
   digitalWrite(ledPIN, HIGH);
   delay(1000);  // 1 초 대기

   // 트랜지스터 오프되고 릴레이 NC 접점에 연결
   // NC 접점에 연결된 LED는 점등되고 NO 접점에 연결된 LED는 꺼짐
   digitalWrite(ledPIN, LOW);
   delay(1000);    // 1 초 대기
}
```

## 6.2 릴레이로 모터 제어

### 1) 모터의 온 · 오프 제어

5.1절에서 트랜지스터를 사용해서 소형 DC 모터를 제어했다. 릴레이를 사용하여 용량이 큰 모터(예 12 VDC 모터)를 제어해 보자. 〈그림 6.4〉 회로에서 릴레이 출력 단에 LED 대신 모터와 560 Ω의 저항을 직렬로 연결하여 〈그림 6.5〉와 같이 만든다. 스케치는 위에 작성된 것과 동일하다. 실행하면 두 개의 모터가 교대로 1 초씩 동작한다.

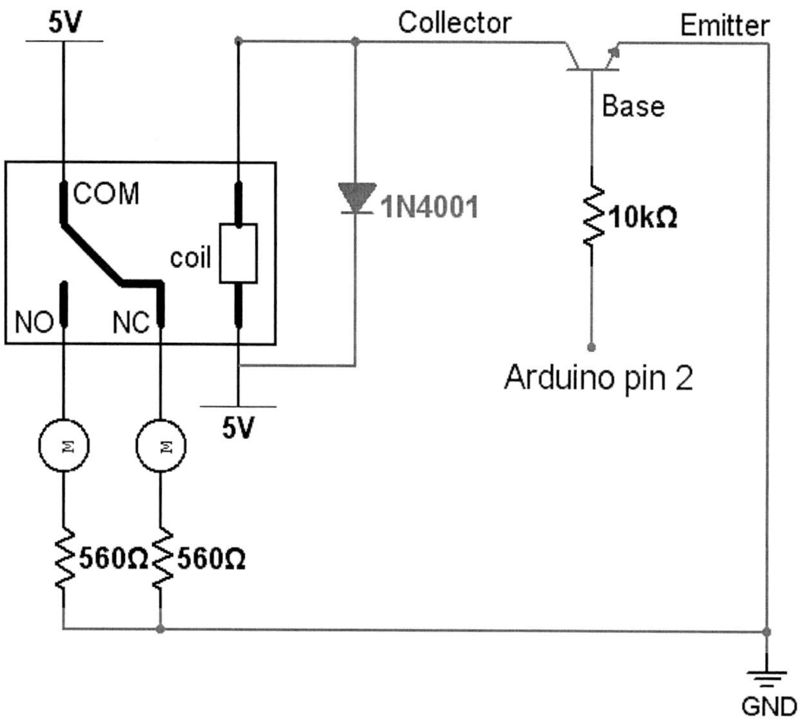


〈그림 6.5〉 SPDT 릴레이를 이용한 모터 온-오프

## 2) 모터의 회전 방향 제어

DC 모터의 회전 방향을 제어하기 위해서는 전류가 흐르는 방향을 반대로 바꾸어야 한다. 수동으로 하려면 모터의 전선을 반대로 결선하면 되지만 전기적으로 하려면 H-브리지가 필요하다. DPDT 릴레이를 사용하면 간단하게 용량이 큰 모터의 회전 방향을 제어할 수 있다. 릴레이와 함께 두 개의 트랜지스터가 필요하다. 하나는 온·오프 제어에 다른 하나는 방향 제어에 사용한다. 〈그림 6.6〉이 모터제어를 위한 회로도이다. DPDT 릴레이는 모터를 통해 흐르는 전류의 방향을 스위칭해서 회전 방향을 바꾼다. 대부분의 릴레이가 코일 자화에 100 mA 이하의 전류를 요구하기 때문에 방향 제어를 위해 2N3904나 BC550C 트랜지스터를 사용한다. TIP120인 NPN 파워 트랜지스터를 사용할 수도 있다(NPN 트랜지스터 시리즈로 TIP121, TIP122이 있음. 핀 배열이 같은 등가의 PNP 시리즈로는 TIP125, TIP126, TIP127이 있음). 매우 높은 전류를 필요로 하는 모터의 경우에는 FET나 SPST 릴레이를 사용한다. DPDT 릴레이를 이용하여 모터 회전을 제어하기 위한 회로는 〈그림 6.8〉과 같다. 이 회로에서 릴레이 핀의 모양(위치)는 DPDT 릴레이를 위에서 내려다 본 모습이다.

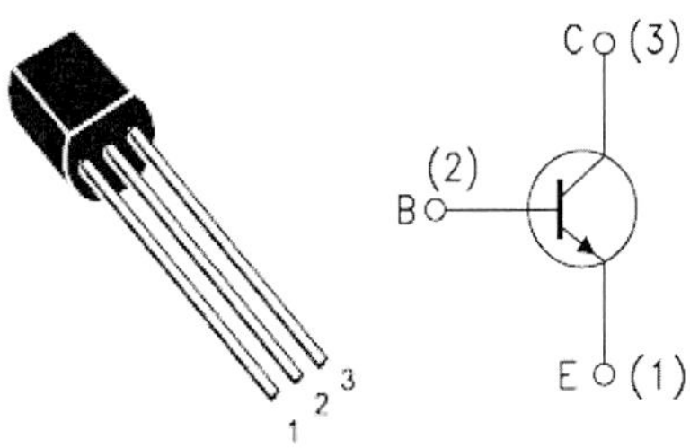


(a) 2N3904

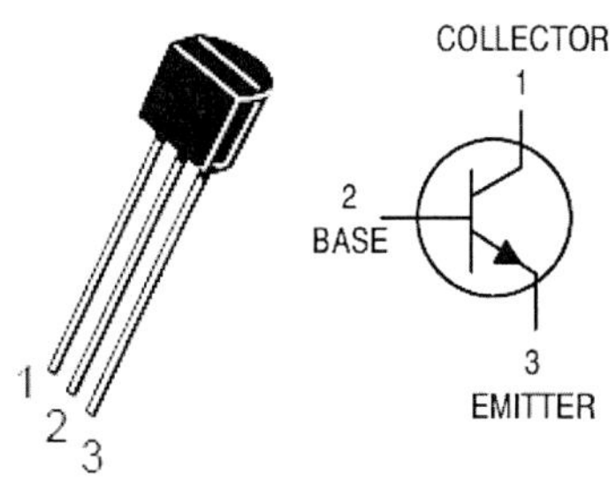


(b) BC550C

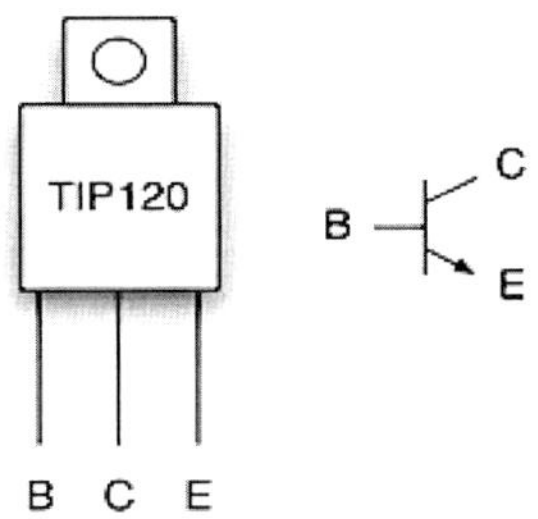


(c) TIP120

〈그림 6.6〉 NPN 트랜지스터

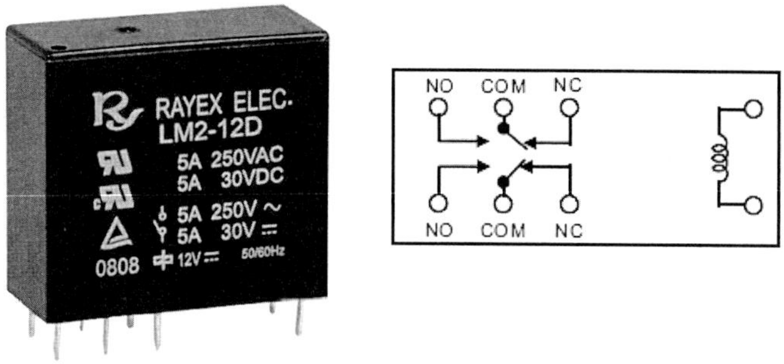


〈그림 6.7〉 LM2-12 DPDT 릴레이(5A 250VAC, 5A 30VDC)와 위에서 본 핀 배열

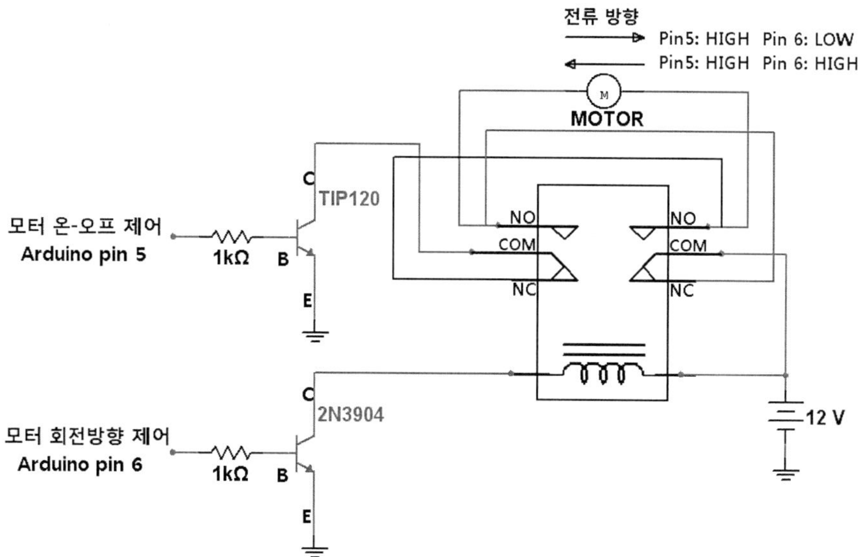


〈그림 6.8〉 DPDT 릴레이를 이용한 모터 제어 회로

〈그림 6.8〉 회로에서 아두이노 핀6이 LOW이면 릴레이 코일은 여자되지 않고 COM 단자는 NC에 연결되어 있으며, 핀6이 HIGH가 되면 코일이 여자되어 COM 단자는 NO에 연결된다.

〈그림 6.8〉 회로를 이용하여 3 초 동안 모터를 회전시키고 다음 3 초 동안 반대로 회전시키는 스케치를 작성한다. 모터와 릴레이를 동시에 오프할 때 유도되는 역기전력(스파이크 전압)을 최소화하도록 10 ms의 시간지연을 준다.

```
/**** 릴레이 이용 모터 제어 ****/
// 모터 온・오프 제어를 위한 아두이노 핀
#define motorPIN 5
// 모터 회전 방향 제어를 위한 아두이노 핀
#define directionPIN 6

void setup()
{
   pinMode(motorPIN,OUTPUT);
   pinMode(directionPIN,OUTPUT);
}

void loop()
{
   digitalWrite(motorPIN,HIGH);  // 모터 회전시킴
   delay(3000);  // 3 초 지연
   digitalWrite(motorPIN,LOW); // 모터 정지시킴
   delay(10);  // 모터에서 유도된 역기전력 에너지 소진을 위한 지연

   digitalWrite(directionPIN,HIGH); // 모터 회전 방향 전환을 위한 릴레이 온
   delay(10);  // 릴레이에서 유도된 역기전력 에너지 소진을 위한 지연

   digitalWrite(motorPIN,HIGH);  // 모터 회전시킴
   delay(3000);  // 3 초 지연
   digitalWrite(motorPIN,LOW); // 모터 정지시킴
   delay(10); // 모터에서 유도된 역기전력 에너지 소진을 위한 지연

   digitalWrite(directionPIN,LOW); // 모터 회전 방향 전환을 위한 릴레이 오프
}
```

전류 변화에 대항해서 유도되는 전압을 역기전력(EMF 또는 CEMF: Counter-Electro-Motive Force 또는 Back-ElectroMotive Force)이라 한다. 모터가 회전하고 있는 동안 모터 코일에는 전류가 흐르는데 모터를 정지시키면 이 코일에 흐르던 전류가 끊기고 이런 변화에 저항해서 본래 전류를 유지하도록 반대 극성의 기전력이 발생하는데 이를 역기전력이라

한다. 이 전압은 순간적으로 매우 크기 때문에 모터 제어에 필요한 트랜지스터를 파괴할 수도 있다. 이에 대한 방어책으로 모터 코일을 단락시켜 순간적으로 전류로서 흘려보내기 위해 플라이백 다이오드를 모터에 병렬로 연결한다. 플라이백 다이오드는 역방향의 기전력에 대해서는 단락되어 전류를 흘려보내고 통상적인 전압에 대해서는 개방되어 전류를 차단한다. 〈그림 6.8〉에 모터를 끄거나 회전 방향을 바꿀 때 발생하는 역기전력 에너지를 소비하기 위해 제너 다이오드(플라이백 다이오드)를 릴레이의 공동(COM: common) 핀 사이에 넣는다. 이 때 다이오드의 + 다리를 전원의 + 방향으로 연결한다(참고 〈그림 5.2〉).

광을 이용해 회로를 전기적으로 절연하면 보다 안정한 회로를 만들 수 있다. 두 개의 SPDT 릴레이와 두 개의 4N33 분리기를 사용하여 〈그림 6.10〉과 같이 전기적으로 절연된 양방향 모터 제어회로를 구성한다. 4N33 광커플러의 핀 배열은 〈그림 6.9〉와 같다. 4N32와 4N33은 내부에 적외선 LED와 광달링톤(photodarlington) 트랜지스터를 갖고 있어서 스위칭 시에 구동 측과 부하 회로 사이를 전기적으로 차단한다. 즉, 4N33 핀A(1)에 HIGH 신호가 입력되어 적외선 LED가 점등되면 달링톤 트랜지스터가 도통되어 입력신호 C(5)가 핀E(4)로 출력된다.

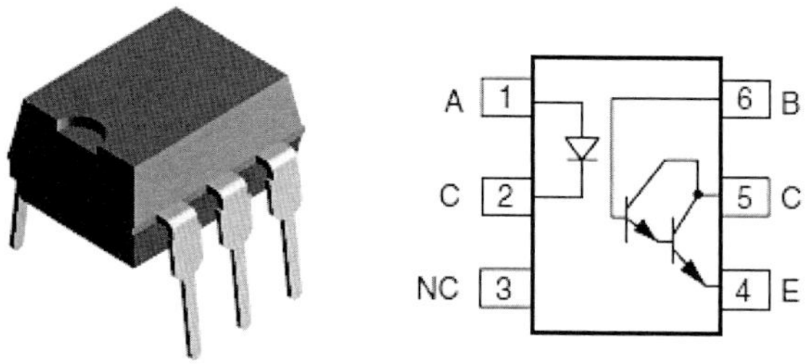


〈그림 6.9〉 4N32/33 광-커플러 핀 배열

〈그림 6.10〉 회로에서 아두이노 핀5와 핀6의 신호로 모터의 회전 방향을 제어한다. 이 두 핀의 신호 입력에 대한 모터 응답은 표 6.3의 진리표와 같다. 〈그림 6.10〉은 NO인 SPDT 릴레이를 사용한 경우 아두이노 핀5는 LOW, 핀6은 HIGH 상태여서 릴레이1의 접점이 NO에, 릴레이2는 코일이 자화되어 접점이 NC에 연결된 상태를 보인다.

〈표 6.3〉 회로의 모터 제어를 위한 진리표

| 제어 입력 | | 출력 |
|---|---|---|
| 아두이노 핀5 | 아두이노 핀6 | 모터 |
| 0(L) | 0(L) | × |
| 0(L) | 1(H) | 반시계 방향 회전 |
| 1(H) | 0(L) | 시계 방향 회전 |
| 1(H) | 1(H) | × |

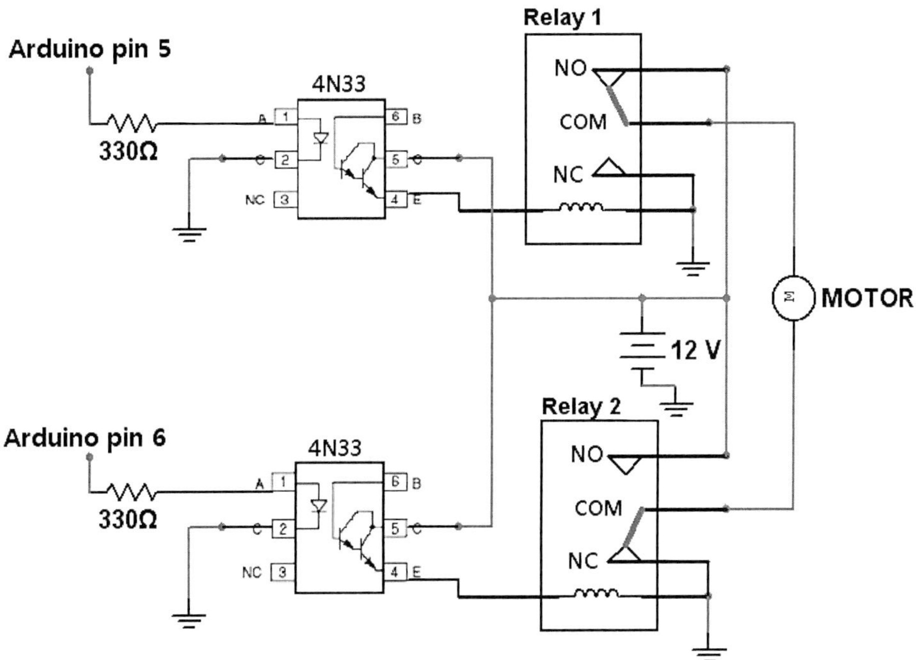


〈그림 6.10〉 SPDT 릴레이와 4N33 광-커플러를 이용한 모터 회전 제어 회로
아두이노 핀5: LOW, 핀6: HIGH

## 6.3 릴레이로 가전기기 온 · 오프 제어

릴레이를 이용하여 아두이노로 가전기기의 온 · 오프를 제어해 보자. 이를 위해 직류 전원(4~32 VDC)으로 교류 부하(최대 240 V, 15 A)를 제어할 수 있는 전자식 릴레이를 사용한다. 전자식 릴레이는 기계식 접점이 없어서 접점의 접촉 시 발생되는 잡음이 없고 내구성도 우수하다. 매우 낮은 전압(4~32 VDC)로 제어가 가능하며 기계식에 비해 소비 전류가 작고 제어 회로와 부하 회로 사이에 전기적인 절연이 우수하다. 앞 절에서 설명한 바와 같이 기계식 릴레이를 사용할 경우 코일에 의한 역기전력과 구동 전류를 고려해야 하므로 제어 회로가 약간 복잡해진다. 전자식 릴레이인 경우 광 신호를 사용, 입력신호와 부하측이 전기적으로 절연되어 있어서 코일에 의한 역기전력이나 부하 측과의 전기절연 문제를 고려하지 않아도 되므로 그만큼 제어회로가 간단해 진다. 여기서는 가전기기의 온 · 오프 제어를 위해 〈그림 6.11〉에 보인 전자식 릴레이를 사용한다. SDA 1-215Z 릴레이는 보호용 외관이 있어 외부 노출에 강하며 입출력 단자를 볼트로 결합할 수 있어 체결이 용이하다. PCB 1-202Z는 PCB에 삽입하여 사용하는 경우에 적합하다.

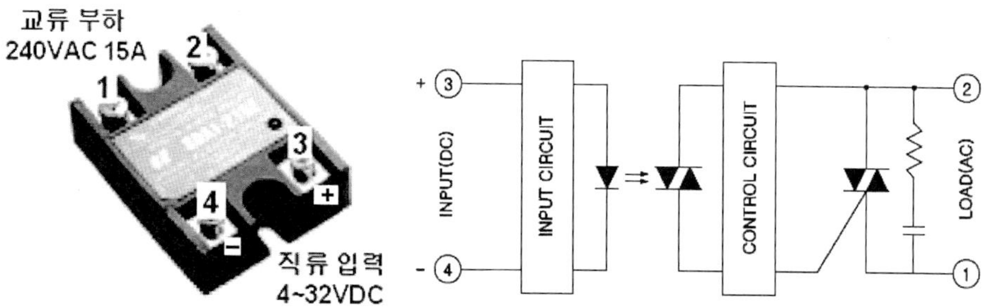


(a) 금형(Mold)형 SDA 1-215Z의 외관 및 핀 구성

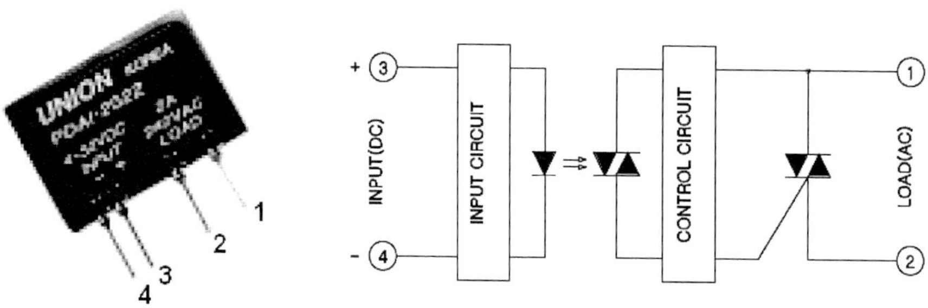


(b) PCB형 PDA 1-202Z의 외관 및 핀 구성

〈그림 6.11〉 전자릴레이

릴레이 SDA 1-215Z를 사용하여 전등을 제어하기 위해 〈그림 6.12〉와 같이 회로를 구성한다. 이 때 〈그림 6.13〉과 같이 한 쪽 끝에는 220 V형 플러그가 달린 전선을 이용하여 플러그는 기존 AC 전원 콘센트에 연결하고 반대편의 3개 선 가운데 녹색이 아닌 두 선을 부하와 릴레이 단자에 각각 연결한다. 녹색 선은 접지용으로 플러그와 소켓을 사용하는 경우 안전을 위해 접지선을 서로 연결해야 한다. 회로에서 아두이노 핀7의 신호가 HIGH이면 출력 접점이 닫혀 폐회로가 구성되고 교류 전류가 흘러 전등이 점등된다. 신호가 LOW이면 출력 접점이 열려 회로가 개방되고 교류 전류가 흐르지 못해 전등이 꺼진다. 소모 전력이 작은 전등 및 가전기기의 온·오프 제어는 〈그림 6.12〉의 회로로 가능하다. 그러나 전력이 크거나 인덕턴스를 유도하는 코일형 기기를 제어하는 경우에는 안정화 회로가 추가로 필요하다. 높은 전류를 구동하는 경우에는 열이 발생하므로 방열을 위해 방열판(Heat Sink)을 릴레이에 부착해야 한다.

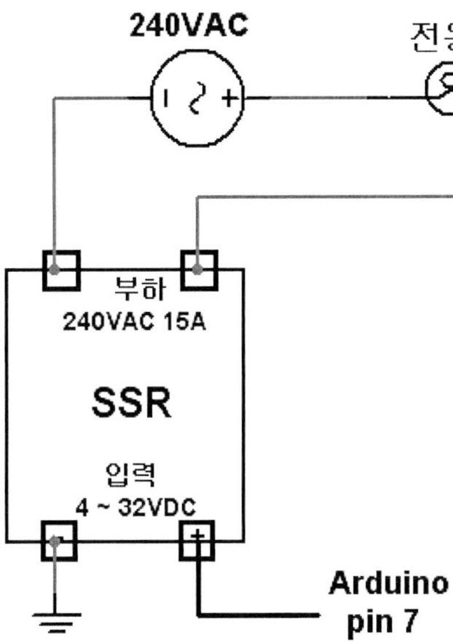


〈그림 6.12〉 릴레이로 전등 온·오프 제어

〈그림 6.13〉 전원 플러그가 달린 전선

```
/**** 릴레이를 이용한 전등 온·오프 제어 ****/
#define relayPIN 7  // 릴레이 접점 제어를 위한 아두이노 핀 지정

void setup()
{
   pinMode(relayPIN,OUTPUT);
}

void loop()
{
   digitalWrite(relayPIN,HIGH);  // 릴레이 접점 닫혀 전등이 켜짐
   delay(5000);  // 5 초 대기
   digitalWrite(relayPIN,LOW); // 릴레이 접점 열려 전등이 꺼짐
   delay(1000);  // 1 초 대기
}
```

# Part 7

# 디스플레이

## 7.1 7-세그먼트

7-세그먼트는 7개의 소자가 개별적인 점멸을 통해 0~9의 숫자를 표시하도록 구성된 디스플레이로 〈그림 7.1〉처럼 두 가지 유형이 있다.

- 공통 애노드(Common Anode): LED의 양극이 모두 함께 연결되며 각 세그먼트를 점등하기 위해 출력이 LOW가 되도록 한다. 공통 애노드(양극)에는 +Vdd가 연결된다.
- 공통 캐소드(Common Cathode): LED의 음극이 모두 함께 연결되며 각 세그먼트를 점등하기 위해 출력이 HIGH가 되도록 한다. 공통 캐소드(음극)에는 0 V(접지)가 연결된다. 7-세그먼트 표시기는 각 세그먼트가 A-G 문자로 참조된다(〈그림 7.1〉). 일부 표시기는 십진수 소수점 표기를 위해 도트를 갖기도 한다. 공통 애노드 형은 신호가 1(HIGH)일 때 켜지고 캐소드 형은 신호가 0(LOW)일 때 켜진다. 〈그림 7.1〉에서 애노드 형은 상단에 Vcc가 연결되어 A, B … G가 0(LOW)이 되어야 해당 세그먼트LED가 켜지고 캐소드 형은 상단에 Gnd가 연결되어 A, B … G가 1(HIGH)가 되어야 해당 세그먼트LED가 켜진다.

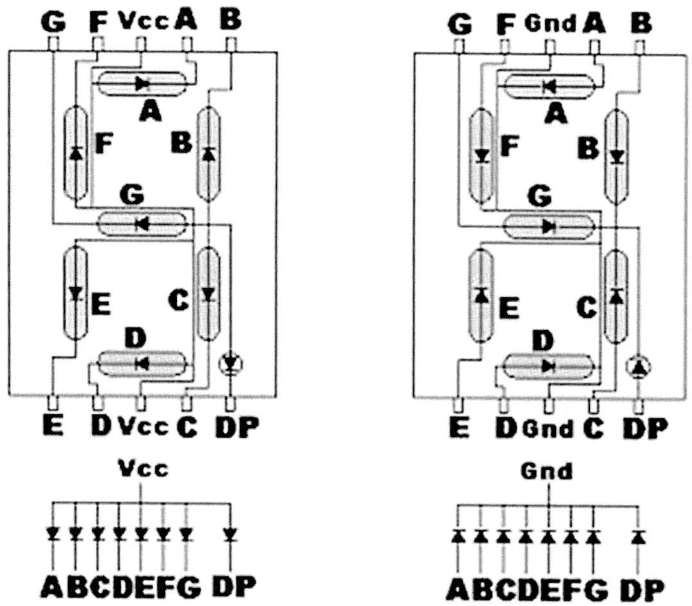


(a) 공통 애노드 (b) 공통 캐소드

〈그림 7.1〉 공통 애노드 및 공통 캐소드 유형

### 1) 한 자리 숫자 표시

푸시 버튼을 누를 때마다 숫자를 1만큼 증가시켜 7-세그먼트에 표시하는 스케치를 작성해 보자. 숫자는 0에서 시작하여 9까지 증가하고 9에서 버튼을 누르면 0이 되고 다시 이를 반복한다. 버튼이 눌려짐을 확실하게 감지하기 위해 약간의 시간지연(소프트웨어에 의한 바운스 제거)을 사용한다. 여기서 사용된 7-세그먼트는 공통-애노드 유형으로 〈그림 7.1(a)〉와 같은 핀 연결을 갖는다. 세그먼트를 점등하기 위해서는 아두이노의 대응 핀 출력이 LOW가 되어야 한다. 숫자 표시에 필요한 세그먼트의 점등은 독립적인 함수로 구현하며 〈그림 7.2〉의 회로를 사용한다.

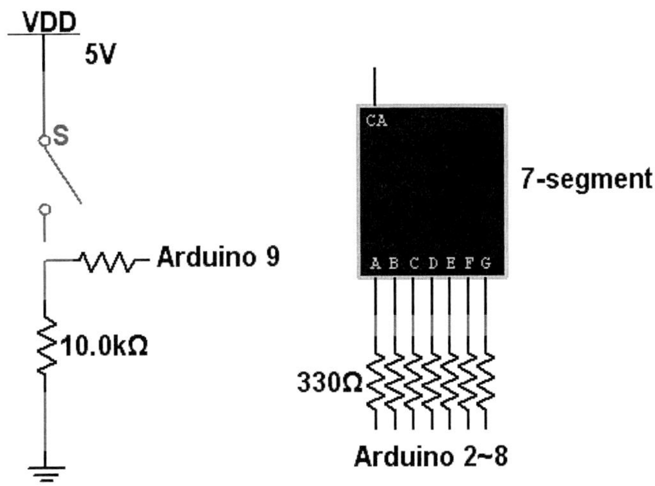


〈그림 7.2〉 공통 애노드 형 7-세그먼트에 한 자리 숫자 표시 회로

```
/**** 7-세그먼트 표시기 ****/
// 푸시 버튼 연결 핀
#define BUTTON 9

// 세그먼트 점등에 사용될 아두이노 디지털 핀
int a = 2;
int b = 3;
int c = 4;
int d = 5;
```

```
int e = 6;
int f = 7;
int g = 8;

// 공통 애노드, 핀 출력 전압이 LOW이면 온(점등), HIGH이면 오프(꺼짐)
#define ON LOW
#define OFF HIGH

int count = 0; // 현재 표시 출력
int val = 0;   // 버튼에서 디지털 입력
int pre_val = 0;  // 이전 버튼 입력

void setup()
{
  // 세그먼트 점멸 제어를 위한 핀 모드를 출력으로 설정
  pinMode(a, OUTPUT);
  pinMode(b, OUTPUT);
  pinMode(c, OUTPUT);
  pinMode(d, OUTPUT);
  pinMode(e, OUTPUT);
  pinMode(f, OUTPUT);
  pinMode(g, OUTPUT);
  // 푸시 버튼의 핀 모드를 입력으로 설정
  pinMode(BUTTON, INPUT);
  // 세그먼트에 숫자 0 표시 함수 호출
  zero();
  Serial.begin(9600);
}

void loop()
{
  val = digitalRead(BUTTON); // 버튼이 눌리면 HIGH로 입력
  if (pre_val == LOW && val == HIGH) {
    count++;
    Serial.println(count);
    delay(200);
```

```
    // 버튼 눌림 횟수(count 변수 값)에 따라 해당 숫자를 세그먼트에 표시
    switch (count) {
      case 0:
        zero();
        break;
      case 1:
        one();
        break;
      case 2:
        two();
        break;
      case 3:
        three();
        break;
      case 4:
        four();
        break;
      case 5:
        five();
        break;
      case 6:
        six();
        break;
      case 7:
        seven();
        break;
      case 8:
        eight();
        break;
      case 9: {
        nine();
        count = -1; // 다음 버튼 클릭에 숫자 0을 표시하기 위해 변수 리셋
        break;
      }
    }
}
```

```
    pre_val = val;
}

// 숫자 0 표시 → 세그먼트 ABCDEF 점등
void zero()
{
    digitalWrite(a, ON);
    digitalWrite(b, ON);
    digitalWrite(c, ON);
    digitalWrite(d, ON);
    digitalWrite(e, ON);
    digitalWrite(f, ON);
    digitalWrite(g, OFF);
}

// 숫자 1 표시 → 세그먼트 BC 점등
void one()
{
    digitalWrite(a, OFF);
    digitalWrite(b, ON);
    digitalWrite(c, ON);
    digitalWrite(d, OFF);
    digitalWrite(e, OFF);
    digitalWrite(f, OFF);
    digitalWrite(g, OFF);
}

// 숫자 2 표시 → 세그먼트 ABDEG 점등
void two()
{
    digitalWrite(a, ON);
    digitalWrite(b, ON);
    digitalWrite(c, OFF);
    digitalWrite(d, ON);
    digitalWrite(e, ON);
    digitalWrite(f, OFF);
```

```
    digitalWrite(g, ON);
}

// 숫자 3 표시 → 세그먼트 ABCDG 점등
void three()
{
    digitalWrite(a, ON);
    digitalWrite(b, ON);
    digitalWrite(c, ON);
    digitalWrite(d, ON);
    digitalWrite(e, OFF);
    digitalWrite(f, OFF);
    digitalWrite(g, ON);
}

// 숫자 4 표시 → 세그먼트 BCFG 점등
void four()
{
    digitalWrite(a, OFF);
    digitalWrite(b, ON);
    digitalWrite(c, ON);
    digitalWrite(d, OFF);
    digitalWrite(e, OFF);
    digitalWrite(f, ON);
    digitalWrite(g, ON);
}

// 숫자 5 표시 → 세그먼트 ACDFG 점등
void five()
{
    digitalWrite(a, ON);
    digitalWrite(b, OFF);
    digitalWrite(c, ON);
    digitalWrite(d, ON);
    digitalWrite(e, OFF);
    digitalWrite(f, ON);
```

```
    digitalWrite(g, ON);
}

// 숫자 6 표시 → 세그먼트 ACDEFG 점등
void six()
{
    digitalWrite(a, ON);
    digitalWrite(b, OFF);
    digitalWrite(c, ON);
    digitalWrite(d, ON);
    digitalWrite(e, ON);
    digitalWrite(f, ON);
    digitalWrite(g, ON);
}

// 숫자 7 표시 → 세그먼트 ABC 점등
void seven()
{
    digitalWrite(a, ON);
    digitalWrite(b, ON);
    digitalWrite(c, ON);
    digitalWrite(d, OFF);
    digitalWrite(e, OFF);
    digitalWrite(f, OFF);
    digitalWrite(g, OFF);
}

// 숫자 8 표시 → 세그먼트 ABCDEFG 점등
void eight()
{
    digitalWrite(a, ON);
    digitalWrite(b, ON);
    digitalWrite(c, ON);
    digitalWrite(d, ON);
    digitalWrite(e, ON);
    digitalWrite(f, ON);
```

```
    digitalWrite(g, ON);
}

// 숫자 9 표시 → 세그먼트 ABCDFG 점등
void nine()
{
    digitalWrite(a, ON);
    digitalWrite(b, ON);
    digitalWrite(c, ON);
    digitalWrite(d, ON);
    digitalWrite(e, OFF);
    digitalWrite(f, ON);
    digitalWrite(g, ON);
}
```

마이크로컨트롤러 프로그래밍의 경우 프로그램 메모리가 수십~수백 KB이므로 프로그램 크기를 작게 만드는 것은 매우 중요하다. 여기서는 숫자 0~9 표시에 필요한 세그먼트의 점등(핀 출력을 LOW로)을 규정하는 배열을 사용하여 스케치를 간결하고 작게 만들어 본다. 이 배열은 10개의 원소로 구성되고 각각이 1바이트 저장 공간을 가지며 비트 0은 세그먼트 A, 비트 1은 세그먼트 B에 대응하는 방식이다. 아두이노 핀이 표시기 음극에 연결되어 있기 때문에 세그먼트를 점등하려면 대응하는 핀을 LOW로 해야 한다. 세그먼트를 점등하기 위해서 0을 사용하므로 숫자 '0'을 표시하려면 0b1000000이 필요하다. 숫자 1을 표시하기 위해서는 세그먼트 B와 C가 점등되어야 하므로 배열 numbers[1] = 0b1111001(LOW일 때 점등)로 규정된다(0bGFEDCBA). 함수 lightSegments()는 순서대로 이 비트를 읽어서 그에 따라 대응하는 세그먼트를 설정한다. 스케치에 사용된 함수 bitRead(x, n)는 숫자 x에서 n번(최하위 비트/가장 우측 비트가 0) 비트를 읽어 반환하는 함수로 반환 값은 0 또는 1이다.

```
/**** 7-세그먼트 표시기 ****/
// 푸시 버튼 연결 핀
#define BUTTON 9

// 세그먼트 점등에 사용될 아두이노 디지털 핀
int A = 2;
int B = 3;
int C = 4;
int D = 5;
int E = 6;
int F = 7;
int G = 8;

int count = 0; // 현재 표시 출력
int val = 0;   // 버튼에서 디지털 입력
int pre_val = 0;  // 이전 버튼 입력

// 0~9 숫자 표시에 필요한 점등 세그먼트를 규정하는 배열 정의
const byte numbers[10] =
       { 0b1000000, 0b1111001, 0b0100100, 0b0110000, 0b0011001,
         0b0010010, 0b0000010, 0b1111000, 0b0000000, 0b0010000 };

void setup()
{
  pinMode(A, OUTPUT);
  pinMode(B, OUTPUT);
  pinMode(C, OUTPUT);
  pinMode(D, OUTPUT);
  pinMode(E, OUTPUT);
  pinMode(F, OUTPUT);
  pinMode(G, OUTPUT);
  pinMode(BUTTON, INPUT);
  lightSegments(0b1000000);
  Serial.begin(9600);
}
```

```
void loop()
{
    val = digitalRead(BUTTON);
    if (pre_val == LOW && val == HIGH) {
        count++;
        if (count == 10) count = 0;
        Serial.println(count);
        delay(200);
        // count 값에 대응하는 세그먼트 점등 함수 호출
        lightSegments(numbers[count]);
    }
}

void lightSegments(byte number)
{
    for (int i = 0; i < 7; i++) {
        // 숫자(number 변수 값)에서 번(우측 끝이 0) 비트를 읽어 변수 bit에 반환
        int bit = bitRead(number, i);
        // 아두이노 핀 2~8에 연결된 세그먼트에 출력
        digitalWrite(i+2, bit);
        // 공통 캐소드 형을 사용한 경우 스케치에서 변경할 부분은
        // 위의 digitalWrite(i+2, bit)에서 bit 대신 !bit로 반전 처리하면 끝
    }
}
```

## 2) 두 자리 온도 표시하기

하나 이상의 표시기는 7447과 같은 7-세그먼트 구동 칩이나 MAXIM MAX7219와 같은 멀티-디스플레이 제어기를 사용하여 제어하거나 별도의 하드웨어 추가 없이 표시기를 순서화해서 제어할 수 있다. 앞에서 한 자리 표시기를 사용할 때 공통 애노드 핀을 전원(Vdd)에 연결했다. 두 자리 표시기를 사용할 경우 각각에 다른 숫자를 표시하려면 이들을 독립적으로 구동해야 하는데 두 개의 아두이노 입출력 핀으로 이를 구현할 수 있다. 이때 아두이노 입출력 핀으로 공통 애노드나 캐소드를 구동하는 것이 불가능하다. 이는 아두이노 핀이 7개의 세그먼트를 점등하는데 필요한 만큼의 전류를 방출(source)하거나 유입(sink)할 수 없기 때

문이다. 트랜지스터(공통 캐소드인 경우 NPN, 공통 애노드인 경우 PNP)를 사용하면 이 문제를 해결할 수 있다. 〈그림 7.4〉와과 같이 아두이노 핀 출력으로 트랜지스터를 구동시키고 해당 표시기로 값을 출력하면 해당 표시기의 세그먼트가 활성화된다. 스케치가 반복 실행되면서 두 개의 표시기가  깜박이는 것을 막고 동시에 켜진 것처럼 보이도록 잔상 효과를 활용한다. 이를 위해 세그먼트가 켜진 후 5 ms 시간 지연을 둔다.

〈그림 4.13〉의 LM35DZ 온도 센서를 이용하여 온도를 측정하고 이를 두 자리 7-세그먼트에 표시하는 스케치를 작성하자. 〈그림 7.3〉은 두 자리 세그먼트 내부 다이어그램을 보이고 〈그림 7.4〉는 스케치 구현에 필요한 회로도로 여기서는 공통 캐소드 유형을 사용한다. 온도 측정 센서의 핀 구성은 〈그림 4.13〉과 같고 센서 신호 출력을 아두이노 아날로그 핀0에 연결한다.

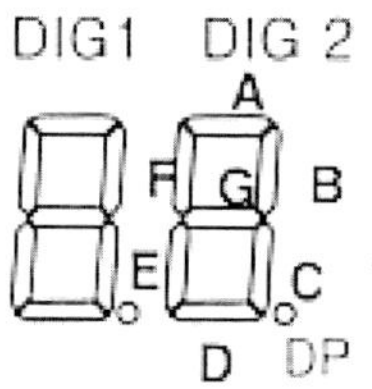


(a) 2자리 세그먼트

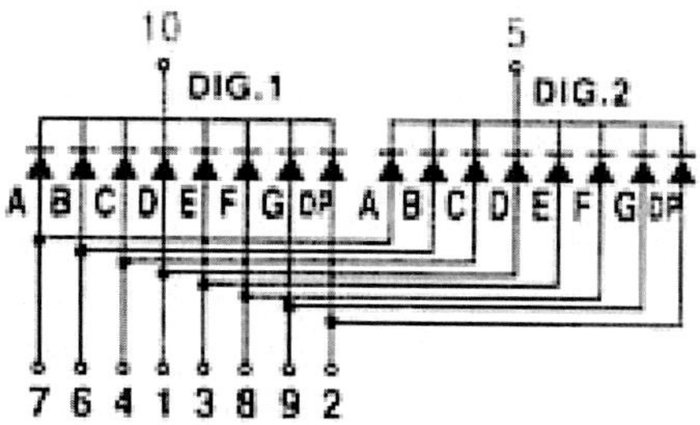


(b) XX-204DK(공통 캐소드)

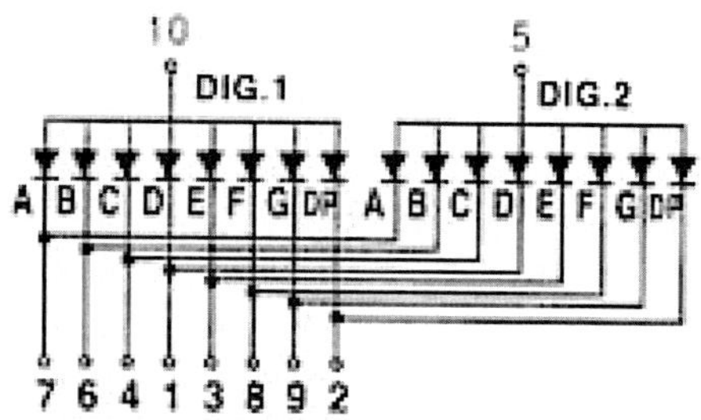


(c) XX-204DA(공통 애노드)

〈그림 7.3〉 2자리 세그먼트 내부 다이어그램

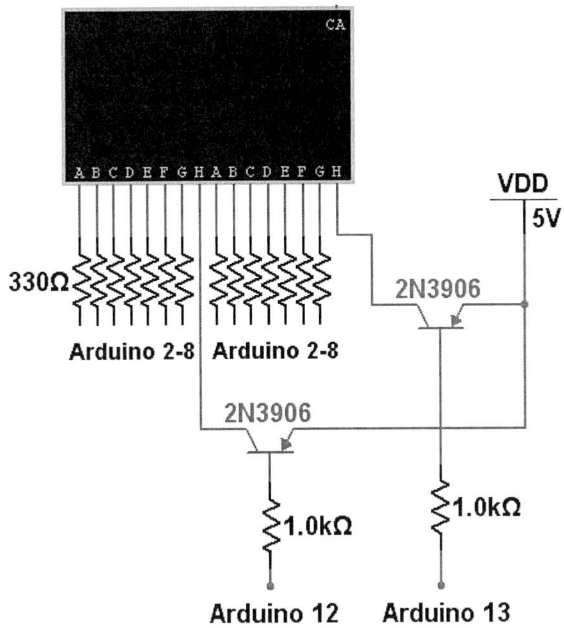


(a) 공통 애노드 유형 세그먼트(2N3906 PNP 트랜지스터 사용)

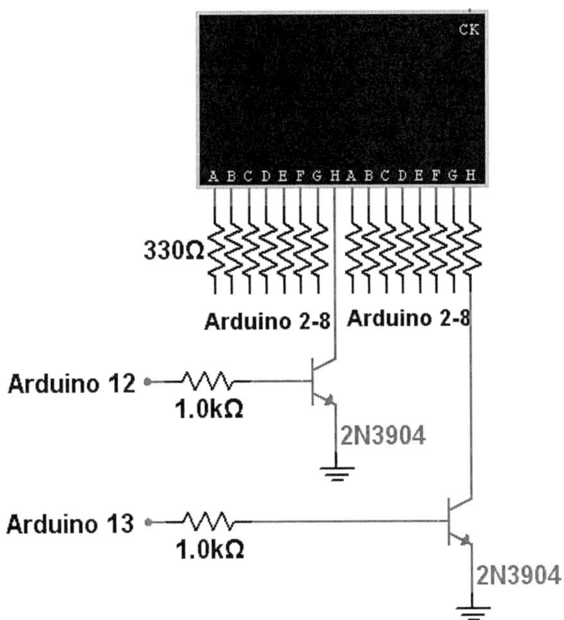


(b) 공통 캐소드 유형 세그먼트(2N3904 NPN 트랜지스터 사용)

〈그림 7.4〉 두 자리 숫자 표시를 위한 회로

```
/**** 두 자리 세그먼트에 온도 표시하기 ****/
// 공통 캐소드 구동 핀
// 10의 자리(digit 1) 공통 캐소드(10번)를 위한 아두이노 핀
#define CA1 13
// 1의 자리(digit 2) 공통 캐소드(1번)을 위한 아두이노 핀
#define CA2 12

// 세그먼트 점등에 사용될 아두이노 디지털 핀
int A = 2;
int B = 3;
int C = 4;
int D = 5;
int E = 6;
int F = 7;
int G = 8;

// LM35DZ 신호를 읽을 아두이노 핀 번호
int temperaturePin = 0;

// 순서대로 세그먼트 A B C D E F G의 대응 아두이노 핀 번호
const int segPins[7] = { 2, 3, 4, 5, 6, 7, 8};

// 공통 애노드 유형에 0~9 숫자 표시에 필요한 점등 세그먼트를 규정하는 배열
// 공통 캐소드 형은 반전 처리해서 사용, lightSegments() 함수에서 반전 처리
const byte numbers[10] =
        { 0b1000000, 0b1111001, 0b0100100, 0b0110000, 0b0011001,
          0b0010010, 0b0000010, 0b1111000, 0b0000000, 0b0010000 };

void setup()
{
  pinMode(A, OUTPUT);
  pinMode(B, OUTPUT);
  pinMode(C, OUTPUT);
  pinMode(D, OUTPUT);
  pinMode(E, OUTPUT);
```

```
   pinMode(F, OUTPUT);
   pinMode(G, OUTPUT);
   pinMode(CA1, OUTPUT);
   pinMode(CA2, OUTPUT);
   Serial.begin(9600);
}

void loop()
{
   int digit1 = 0; // 십의 자리
   int digit2 = 0; // 일의 자리
   float temperature = 0;
   // 온도 센서 전압 읽기
   float temperatureV = getVoltage(temperaturePin);
   // 측정 전압 temperatureV=10 mV*T(℃) -> T(℃) = temperatureV/10 mV
   temperature = temperatureV*100; // 전압에서 온도 계산

   digit1 = (int)temperature / 10;  // 십의 자리
   digit2 = (int)temperature % 10;  // 일의 자리
   Serial.print(digit1);
   Serial.println(digit2);

   // 공통 캐소드 유형으로 1에서 세그먼트 점등
   lightDigit1(numbers[digit1]);
   delay(5);
   lightDigit2(numbers[digit2]);
   delay(5);
}

// 10의 자리(digit 1) 표시를 위해 해당 트랜지스터 구동.
void lightDigit1(byte number)
{
   // 10의 자리 활성화(세그먼트 10번 핀 공통 캐소드 연결)
   digitalWrite(CA1, HIGH);
   // 1의 자리 비활성화(세그먼트 5번 핀 공통 캐소드 연결 차단)
   digitalWrite(CA2, LOW);
```

```
    lightSegments(number); // 숫자 표시
}

// 1의 자리(digit 2) 표시를 위해 해당 트랜지스터 구동
void lightDigit2(byte number)
{
    // 10의 자리 비활성화(세그먼트 5번 핀 공통 캐소드 연결 차단)
    digitalWrite(CA1, LOW);
    // 1의 자리 활성화(세그먼트 5번 핀 공통 캐소드 연결)
    digitalWrite(CA2, HIGH);
    lightSegments(number); // 숫자 표시
}

// 0~9 숫자 표시 함수
void lightSegments(byte number)
{
    for (int i = 0; i < 7; i++) {
        int bit = bitRead(number, i);
        digitalWrite(segPins[i], !bit); // 공통 캐소드 유형을 위한 반전 처리
        // 애노드 형이면 !bit의 반전 제거, digitalWrite(segPins[i], bit)를 사용
    }
}

float getVoltage(int pin)
{
    // analogRead(pin)는 핀 전압(0~5 V)을 0~1023의 디지털 값으로 반환
    float tempV = analogRead(pin);
    return (tempV*(float)5/1023); // 0~1023 범위의 값을 0~5로 변환
}
```

# 7.2 LCD(Liquid Crystal Display)

## 1) LCD 제어

널리 사용되는 디스플레이 가운데 하나인 16(폭)*2(높이) 크기의 LCD를 사용하는 방법을 알아본다. 아두이노 개발환경(IDE)에서 기본으로 제공하는 "LiquidCrystal" 라이브러리를 사용하면 저수준의 명령어를 몰라도 매우 쉽게 디스플레이를 제어할 수 있다. 대부분의 문자 LCD는 LCD 제어용 전용칩인 히타치 HD44780이나 그 호환 제품을 사용하므로 그 제어 방식이 거의 동일하다. 디스플레이 제어는 표시할 이미지를 구성하는데 필요한 데이터와 명령어를 각각 데이터 레지스터와 명령어 레지스터에 넣는 것을 포함한다. 제어는 E(Enable)와 RS(Register Select) 핀으로 주로 이뤄지며, 데이터 송수신을 위해 4핀 또는 8핀을 선택하여 사용한다. 4비트 모드는 아두이노에서 7개의 I/O핀을 필요로 하고, 8비트 모드는 11핀을 필요로 한다. 화면에 문장을 표시하는 것은 4비트 모드에서 충분하다. LCD는 병렬 인터페이스 갖고 있어서 아두이노는 디스플레이 제어를 위해 한 번에 몇 개의 인터페이스 핀을 조작해야 한다. 인터페이스 핀 구성에 대해 알아보자. 자세한 설명은 표 7.1를 참조한다.

- RS(Register Select)핀: LCD 메모리에서 데이터를 쓰는 곳을 제어한다. 화면 정보를 유지하는 데이터 레지스터나 LCD 제어기가 다음에 실행할 명령을 찾는 곳인 명령어(Instruction) 레지스터 가운데 하나를 선택한다.
- R/W(Read/Write) 핀: 읽기나 쓰기 모드를 선택할 사용하는 핀.
- E(Enable) 핀: 레지스터에 쓰기를 활성화할 때 사용하는 핀.
- 8 데이터 핀(D0~D7): 이 핀의 상태(HIGH 또는 LOW)는 쓰기 모드에서 레지스터에 쓰려는 비트를, 읽기 모드에서는 레지스터에서 읽을 값을 나타낸다.
- 디스플레이 콘트라스트 핀(Vo): 디스플레이 대비를 제어할 때 사용하는 핀.
- 전원공급 핀(+5 V와 GND): LCD에 전원 공급하기 위한 핀.
- LED 백라이트 핀(Bklt+ and BKlt-): LED 백라이트 온/오프를 위한 핀.

〈표 7.1〉 LCD 핀 기능

| 핀 번호 | 기호 | 레벨 | 설명 |
|---|---|---|---|
| 1 | Vss | 0 V | 접지 |
| 2 | Vdd | 5.0 V | 전원공급(옵션 +3.0 V) |
| 3 | Vo | (가변) | LCD 동작 전압 |
| 4 | RS | H/L | H: 데이터, L: 명령어 코드 |
| 5 | R/W | H/L | H: 읽기(MPU → 모듈), L: 쓰기(MPU → 모듈) |
| 6 | E | H, H→L | 칩 활성화(enable) 신호 |
| 7 | DB0 | H/L | 데이터 비트 0 |
| 8 | DB1 | H/L | 데이터 비트 1 |
| 9 | DB2 | H/L | 데이터 비트 2 |
| 10 | DB3 | H/L | 데이터 비트 3 |
| 11 | DB4 | H/L | 데이터 비트 4 |
| 12 | DB5 | H/L | 데이터 비트 5 |
| 13 | DB6 | H/L | 데이터 비트 6 |
| 14 | DB7 | H/L | 데이터 비트 7 |
| 15 | A/Vee | – | LED 백라이트 전원공급 (+)디폴트/<br>음의 전압 출력(옵션) |
| 16 | K | – | LED 백라이트 전원공급 (–)디폴트 |

이제 16(문자)×2(줄) LCD를 "LiquidCrystal" 라이브러리를 사용하여 4비트 모드에서 제어해 보자. 이 라이브러리는 히타치 HD44780 드라이버와 호환되는 모든 LCD에서 동작한다. 작성할 스케치는 "Hello World!"란 문자열을 LCD의 첫 줄에, 아두이노가 리셋 된 후 경과시간(초)을 LCD의 둘째 줄에 표시한다.

LCD를 아두이노에 연결하기 위해 다음과 같이 결선한다(〈그림 7.5〉).

- LCD Vss(핀1) : 접지
- LCD Vdd(핀2) : +5 V
- LCD Vo(핀3) : 가변저항(10 KΩ)의 양 끝단을 +5 V와 GND에, 중앙 가동자 출력은 LCD 스크린 Vo 핀(LCD 핀3)에 연결한다. 가변저항을 돌리면 Vo에 입력되는 전압이 변하고 그에 따라 백라이트 밝기가 변한다.
- LCD RS(핀4) : 아두이노 디지털 핀 8
- LCD R/W(핀5) : 접지

- LCD Enable(핀6) : 아두이노 디지털 핀 9
- LCD DB4(핀11) : 아두이노 디지털 핀 4
- LCD DB5(핀12) : 아두이노 디지털 핀 5
- LCD DB6(핀13) : 아두이노 디지털 핀 6
- LCD DB7(핀14) : 아두이노 디지털 핀 7

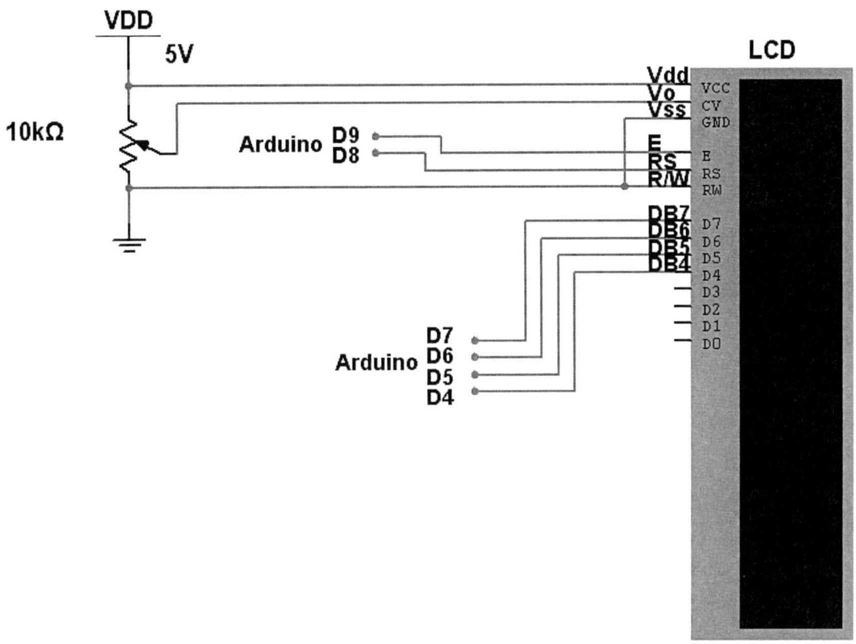


〈그림 7.5〉 LCD 핀 연결 회로

```
/**** LCD 표시 ****/
// 라이브러리 포함
#include <LiquidCrystal.h>

/* LCD의 RS E DB4 DB5 DB6 DB7 핀에 연결된 아두이노 핀 번호로 라이브러리
   초기화 */
LiquidCrystal lcd(8, 9, 4, 5, 6, 7);

void setup()
{
```

```
  // LCD의 행과 열 수를 설정
  lcd.begin(16, 2);
  // 메시지를 LCD에 프린트
  lcd.print("hello, world!");
}

void loop()
{
  // 커서를 0번째 열, 1번째 행(줄)으로 위치시킴. 숫자는 0부터 시작
  lcd.setCursor(0, 1);

  // 함수 millis()는 리셋 이후 경과시간을 밀리초로 반환하므로
  // 이를 1000으로 나눠 초로 표시
  lcd.print(millis()/1000);
}
```

LiquidCrystal 라이브러리에서 LCD 제어를 위해 사용가능한 함수와 그 사용법에 대한 간략히 설명한다.

① begin() : 디스플레이의 크기(폭과 높이)를 규정

예 lcd.begin(cols, rows): 디스플레이의 크기(폭과 높이)를 규정
lcd: LiquidCrystal 유형의 변수
cols: 디스플레이가 갖는 열의 수
rows: 디스플레이가 갖는 행의 수

② print() : LCD에 문장을 표시

예 lcd.print(data)
lcd.print(data, BASE)
lcd: LiquidCrystal 유형의 변수
data: 프린트할 데이터(char, byte, int, long, 또는 string)
BASE(선택사항): 숫자 프린트 시에 숫자의 베이스(이진수는 BIN, 십진수는 DEC, 8진수는 OCT, 16진수는 HEX)

③ setCursor() : LCD 커서의 위치 결정. LCD에 다음 문장이 쓰일 위치를 설정할 때 사용. lcd.noCursor(): 커서를 없앰.

예 lcd.setCursor(col, row)

lcd: LiquidCrystal 유형의 변수

col: 커서 위치할 열(0부터 시작)

row: 커서 위치할 행(0부터 시작)

④ clear() : LCD 스크린을 지우고 커서를 왼쪽 상단에 위치시킴

예 lcd.clear()

⑤ blink() : LCD 커서를 깜박이게 함. noBlink(): 깜박임 제거

예 lcd.blink()

⑥ display() : noDisplay() 함수로 꺼진 디스플레이를 켬. 이 함수는 표시되었던 문장과 커서를 저장함.

예 lcd.display()

⑦ write() : LCD에 문자를 씀

예 lcd.write(data)

lcd: LiquidCrystal 유형의 변수

data: 디스플레이에 쓸 문자

예
```
void setup()
{
    Serial.begin(9600); // PC와 RS232 통신 설정
}
void loop()
{
  if (Serial.available()) { // 통신이 가능하면
    // Serial.read(): PC에서 입력한 문자를 리턴
    lcd.write(Serial.read()); // PC에서 입력한 문자를 스크린에 표시
  }
}
```

⑧ rightToLeft() : LCD에 문장이 표시되는 방향을 우→좌로 설정(디스플레이에 쓰일 문자들이 오른쪽에서 왼쪽으로 표시). 디폴트는 좌→우. leftToRight()는 그 반대.

예 lcd.rightToLeft()

⑨ home() : 커서를 LCD의 왼쪽 상단에 위치시킴.

예 lcd.home()

⑩ scrollDisplayLeft() : 디스플레이의 내용(문장과 커서)을 왼쪽으로 한 칸 이동시킴. scrollDisplayRight()은 오른쪽으로 이동시킴.

예 lcd.scrollDisplayLeft()

## 2) LCD에 온·습도 표시

앞 절에서 사용했던 LCD와 아두이노 결선을 그대로 사용한다. 온·습도 센서 출력 신호 측정을 위해 아두이노 아날로그 핀0과 핀1을 추가로 사용한다. 〈그림 4.15〉 및 〈그림 4.16〉에 보인 CHIPCAP-L/Module(온습도 센서 모듈)을 사용하여 온·습도를 측정하여 LCD에 표시하는 스케치를 작성한다.

```
/**** LCD에 온·습도 표시 ****/
// 라이브러리 포함
#include <LiquidCrystal.h>

// 습도 센서 읽을 아날로그 핀
#define rhPin 0
// 온도 센서 읽을 아날로그 핀
#define tcPin 1

// LCD의 RS E D4 D5 D6 D7 핀에 연결된 아두이노 핀으로 라이브러리 초기화
LiquidCrystal lcd(8, 9, 4, 5, 6, 7);

// 전역변수 설정
double Vout; // 센서 출력 전압
double TC, RH; // 온도와 습도 변수 선언

void setup()
{
   TC = 0.; // 온도 변수 초기화
   RH = 0.; // 습도 변수 초기화
   Vout = 0.; // 센서 출력 전압 초기화
```

```
  lcd.begin(16, 2);  // LCD의 행과 열 수를 설정
  lcd.println("Temperature "); // LCD에 문자열 표시
  lcd.print("Humidity ");
}

void loop()
{
  // 현재 온도와 습도 계산 함수 호출
  cal_TH();

  // LCD에 온도 및 습도 표시
  display_TH();
}

void cal_TH()
{
  // 온도 계산
  // 온도 센서 출력을 0~5 V 범위로 변환
  Vout = 5.*analogRead(tcPin)/1023;
  // L-모델 온도 계산 식: TC = Vout * 200 - 50
  TC = Vout*200 - 50;
  // 습도 계산
  // 습도 센서 출력을 0~5 V 범위로 변환
  Vout = 5.*analogRead(rhPin)/1023;
  // L-모델 상대습도 계산 식: %RH = Vout * 100
  RH = Vout*100;
}

// 온도 및 습도를 LCD에 표시
void display_TH()
{
  // 온도 표시
  // 커서를 13열, 1행(줄)에 위치시킴. 숫자는 0부터 시작
  lcd.setCursor(12, 0);
  // 온도를 정수로 변환 후 표시
  lcd.print((int)TC);
```

```
    // 습도 표시
    // 커서를 13열, 2행(줄)에 위치시킴. 숫자는 0부터 시작
    lcd.setCursor(12, 1);
    // 습도를 정수로 변환 후 표시
    lcd.print((int)RH);
}
```

# Part 8

# 인터럽트

인터럽트는 마이크로컨트롤러 프로그램에서 무언가 자동으로 일어나도록 만들 때 유용하며 타이밍 문제도 해결한다. 예로 로터리 엔코더(rotary encoder)를 읽을 때 인터럽트의 유용함을 볼 수 있다. 프로그램이 로터리 엔코더로부터 매번 펄스를 놓치지 않고 잡아내야 할 경우 인터럽트를 사용하지 않는다면 프로그램은 지속적으로 센서 출력 신호 선에 펄스가 있는지 검사(polling)해야 하기 때문에 다른 일은 처리하지 못한다. 클릭 음을 잡아내기 위해 소리 센서를 사용하거나 동전의 떨어짐을 감지하기 위해 적외선 슬롯 센서를 사용하는 경우도 유사한 인터페이스를 갖는다. 이런 경우에 인터럽트를 사용하면 마이크로 컨트롤러가 자유롭게 다른 일을 처리하면서도 주기적 또는 비주기적인 신호를 놓치지 않고 잡아낼 수 있다.

## 8.1 인터럽트 사용

대부분의 아두이노 보드는 두 개의 외부 인터럽트를 갖지만 아두이노 메가(Mega)는 추가로 4개의 인터럽트를 더 갖는다(표 8.1).

〈표 8.1〉 아두이노 보드의 인터럽트 번호와 디지털 핀

| 아두이노 보드 | 인터럽트 번호 | 디지털 핀 번호 |
|---|---|---|
| 메(Mega)가 이외의 보드 | 0 | 2 |
| | 1 | 3 |
| 메가(Mega) 보드 | 0 | 2 |
| | 1 | 3 |
| | 2 | 21 |
| | 3 | 20 |
| | 4 | 19 |
| | 5 | 18 |

아두이노에서는 인터럽트를 위해 attachInterrupt()와 detachInterrupt() 함수를 사용한다. attachInterrupt() 함수는 외부 인터럽트가 발생할 때 호출할 인터럽트 서비스 루틴(함수)을 규정하며 인터럽트에 결합되었던 이전 함수를 새로 지정한 인터럽트 서비스 루틴(ISR: Interrupt Service Routine)으로 대체한다. 이 함수는 3개의 파라미터를 가지며, 이를 통해 인터럽트 번호, 인터럽트 서비스 루틴 및 인터럽트가 개시될 때의 모드를 지정한다.

〈표 8.2〉 인터럽트 함수

| attachInterrupt() | |
|---|---|
| 구문 | attachInterrupt(interrupt, function, mode) |
| 파라미터 | • interrupt: 인터럽트 번호(정수)<br>• function: 인터럽트가 발생할 때 호출될 함수(인터럽트 서비스 루틴). 이 함수는 파라미터를 가질 수 없고 반환 값도 없어야 한다.<br>• mode: 인터럽트가 개시될(트리거) 때를 정의한다. 4개의 상수가 유효한 값으로 정의 되어 있다.<br>LOW - 핀이 LOW일 때마다 인터럽트를 개시<br>CHANGE - 핀의 값이 바뀔 때 인터럽트를 개시<br>RISING - 핀이 LOW에서 HIGH가 될 때 인터럽트 개시<br>FALLING - 핀이 HIGH에서 LOW가 될 때 인터럽트 개시 |
| 반환 (return) | 없음 |

인터럽트에 결합된 함수(인터럽트 서비스 루틴) 내부에서는 delay() 함수가 동작하지 않으며 millis() 함수에 의해 반환된 값도 증가하지 않는다. 함수 내에서 직렬 전송 데이터는 손실될 수 있으며 인터럽트 서비스 루틴에서 수정할 변수가 있으면 이 변수를 volatile로 선언해야 된다. 즉, 인터럽트 서비스 루틴과 공유하는 데이터는 volatile로 선언한다.

예 volatile unsigned long pulseCounts

하나의 인터럽트 서비스 루틴에서만 액세스(데이터의 입출력)되고 인터럽트 서비스 루틴 외부에서는 액세스되지 않는 데이터는 volatile로 선언할 필요가 없다.

인터럽트 함수 detachInterrupt()는 이미 지정된 인터럽트를 제거할 때 사용한다.

| detachInterrupt() | |
|---|---|
| 구문 | detachInterrupt(interrupt) |
| 파라미터 | interrupt: 사용하지 않을 인터럽트 번호(정수) |
| 반환 (return) | 없음 |

〈그림 8.1〉과 같은 회로를 구성한다. 푸시 버튼을 누르면 인터럽트0(디지털 핀2)에 HIGH 신호가 입력, 신호 변화로 인터럽트가 걸리고 인터럽트 서비스 루틴이 실행되어 13핀에 연결

된 LED가 점등된다. 푸시 버튼을 놓으면 인터럽트0(디지털 핀2)에 LOW 신호가 입력, 신호 변화로 인터럽트가 걸리고 인터럽트 서비스 루틴이 실행되어 LED를 끈다. 푸시 버튼을 눌렀다 놓기를 반복하면 그 때만다 LED가 온・오프한다.

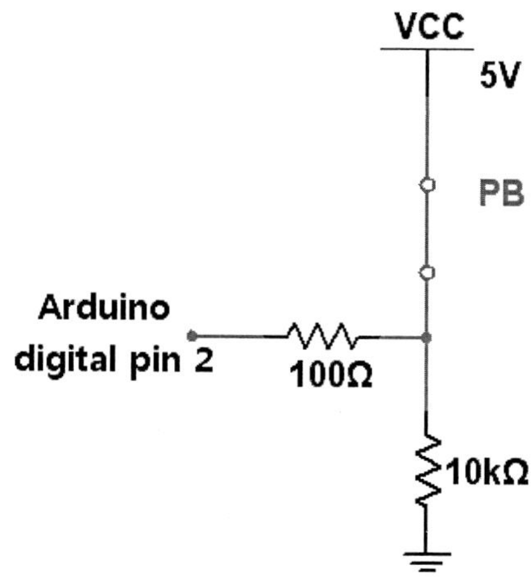


〈그림 8.1〉 인터럽트0(디지털 핀2) 신호 발생 회로

```
/**** 인터럽트 처리 때마다 LED를 교대로 온・오프 처리 ****/
// LED 연결 핀(아두이노 보드는 13핀에 LED가 연결되어 있음)
int ledPIN = 13;

/* 인터럽트 서비스 루틴과 loop()에서 변수 state를 액세스할 수 있으므로 변수
   state를 volatile로 선언 */
volatile int state = LOW;

void setup()
{
   pinMode(ledPIN, OUTPUT);
   /* 인터럽트 0번, 인터럽트 서비스 루틴(함수) 이름 blinkINTR,
      디지털 핀2에 연결된 신호가 변화면(HIGH→LOW 또는 LOW→HIGH)
      인터럽트 서비스 루틴 호출되도록 파라미터 지정 */
   attachInterrupt(0, blinkINTR, CHANGE);
}
```

```
void loop()
{
  digitalWrite(ledPIN, state); // state 변수 값에 따라 LED를 온 또는 오프
}

// 인터럽트 서비스 루틴
void blinkINTR()
{
  // 인터럽트가 걸릴 때마다 state 값을 HIGH는 LOW로 LOW는 HIGH로 변경
  state = !state;
}
```

〈그림 8.4〉와 같이 회로를 구성한다. 〈그림 8.2〉와 같이 함수 발생기에서 주기 100 ms, 진폭 5 V, 듀티 사이클 50 %(HIGH와 LOW가 각각 한 주기의 반으로 50 ms)인 구형파 펄스를 생성, 아두이노 디지털 핀2로 내보낸다. 〈그림 8.3〉은 오실로스코프로 본 함수발생기 생성 파형이다.

앞의 스케치를 그대로 실행해 보자. 함수발생기의 신호가 변할 때마다 LED는 온・오프 한다. 즉, 50 ms 간격으로 LED가 켜짐과 꺼짐을 반복한다(구형파 한 주기인 100 ms에 LED가 한 번 온・오프 한다). 이번에는 스케치에서 아래와 코드를 수정하고 실행한다.

attachInterrupt(0,blinkINTR,CHANGE) → attachInterrupt(0,blinkINTR,RISING)

이 경우 구형파가 LOW에서 HIGH로 바뀔 때마다 인터럽트가 걸리므로 LED가 한 주기에 한 번 상태를 변경한다. 즉 200 ms에 한 번 LED가 온・오프 한다.

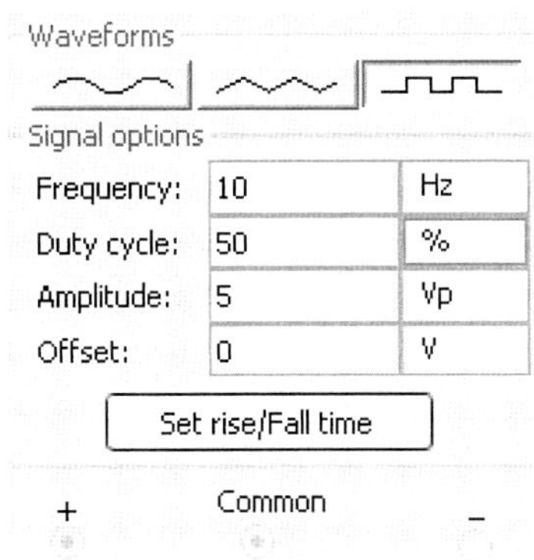


〈그림 8.2〉 함수 발생기 설정

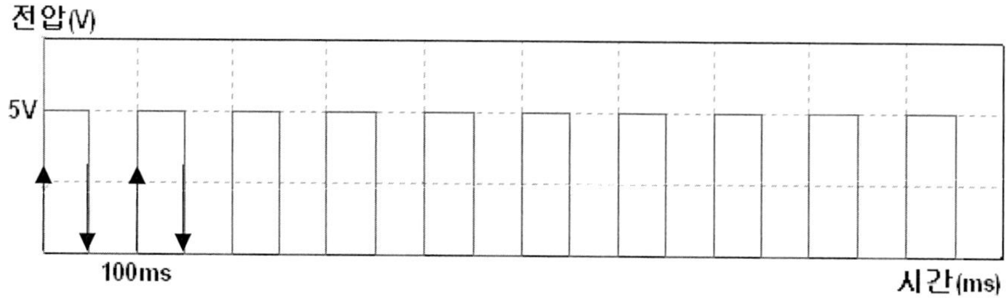


〈그림 8.3〉 핀2로 입력되는 신호를 오실로스코프로 본 화면

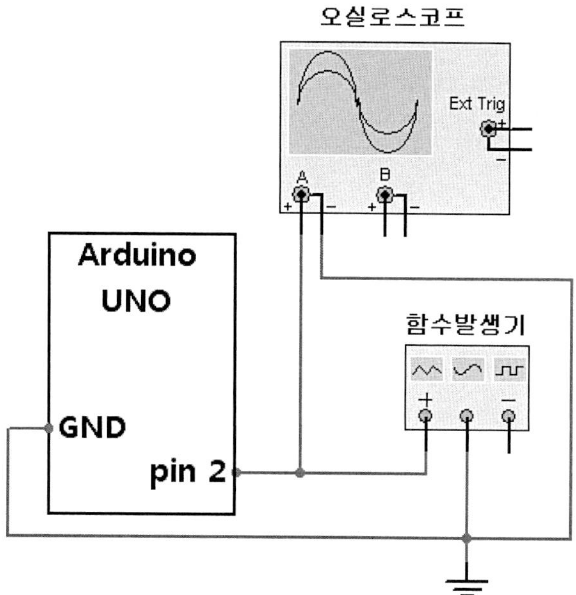


〈그림 8.4〉 인터럽트 핀에 구형파 신호 연결

## 8.2 팬의 분당 회전수 측정

홀 효과(Hall Effect) 센서 출력 신호에 의해 인터럽트가 발생하고 이를 이용하여 분당 회전수를 계산하는 방법에 대해 알아보자. 아두이노 디지털 핀 2(sensorPIN)의 입력 신호의 하강 에지에서 인터럽트가 걸리도록 하기 위해 〈그림 8.5〉에서와 같이 홀 효과 센서의 출력 신호를 디지털 핀2(인터럽트 0)에 연결한다. 사용한 팬은 12 V에서 동작하므로 12 V 외부 전원을 팬에 공급한다. 핀2(인터럽트 0)에 내부 풀업을 적용하려면 digitalWrite(sensorPIN,HIGH) 명령문을 setup() 함수에 추가한다. 이렇게 하면 〈그림 8.5〉에서 원안에 있는 외부 10 KΩ 풀업 저항 없이 핀2에 홀 효과 센서를 직접 연결할 수 있다. 홀 효과 센서는 날개 사이에서 구형파(펄스) 신호를 출력하고 이 신호 핀2의 입력 신호의 하강 에지에서 인터럽트가 걸려 인터럽트 서비스루틴 rpmINTR()이 호출되도록 하기 위해 아래와 같은 attachInterrupt()를 setup() 함수에 추가한다. attachInterrupt()는 인수로 인터럽트 번호, 인터럽트 호출 함수명과 인터럽트가 발생하는 에지(상승: RISING 또는 하강: FALLING)를 지정한다.

```
attachInterrupt(0, rpmINTR, FALLING);
```

인터럽트 사용을 해제하려면 detachInterrupt(0)를 사용한다. 인터럽트가 걸리면 이를 위해 인터럽트 서비스 루틴(인터럽트 호출 함수) rpmINTR()이 실행되고 이 때 인터럽트 횟수를 저장하는 변수인 rpmCount가 하나 증가한다. 총 10번의 인터럽트가 발생했을 때 분당 회전수를 계산하기로 하자. 회전수 측정 오차를 줄이려면 이 횟수를 크게 하고(10 회→30 회) 분당 회전수를 빠르게 계산하고 싶으면 이 횟수를 줄인다(10 회→5 회).

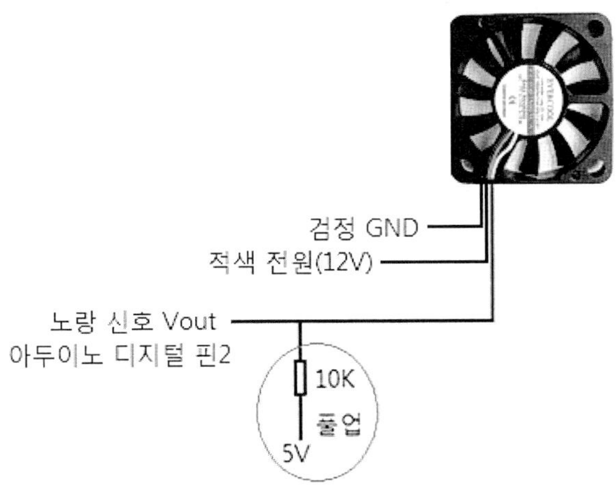


〈그림 8.5〉 팬의 분당 회전수 측정을 위한 회로

현재 시간을 currentTime 변수에 저장한다. 함수 millis()는 마이크로컨트롤러 리셋 후 현재까지의 시간을 밀리초(ms)로 반환한다.

$$currentTime(ms) = millis()$$

날개 하나가 지나가는데 걸린 경과 시간(elapsedTime)은 현재 시간(currentTime)에서 이전 측정 시간(previousTime)을 빼면 된다.

$$elapsedTime(ms) = currentTime - previousTime$$

모터 날개 하나가 홀 효과 센서를 지나가는데 걸리는 시간(초)은 경과시간을 초단위로 변환하기 위해 1000으로 나누면 된다.

모터 날개 하나의 경과 시간(초) =

$$elapsedTime(ms) \cdot \frac{1(sec)}{1000(ms)} = \frac{elapsedTime}{1000}(sec)$$

모터 회전 주기(T) = 모터 날개 수*날개 하나 경과 시간(초)

$$= \frac{bladeNum \cdot elapsedTime}{1000}(sec)$$

모터의 분당 회전수(rpm) = 60(초) · 초당 모터 회전 수 = 60/모터 회전 주기(T)

$$= \frac{60}{\frac{bladeNum \cdot elapsedTime}{1000}} = \frac{60 \cdot 1000}{bladeNum \cdot elapsedTime}(\text{회전수/분})$$

최종적인 모터의 분당 회전수는 위의 계산 결과에 인터럽트 발생 횟수(rpmCount)를 곱하면 된다.

최종적인 모터의 분당 회전수(rpm) = 인터럽트 횟수 · 60(초) · 초당 모터 회전 수

$$= \frac{rpmCount \cdot 60 \cdot 1000}{bladeNum \cdot elapsedTime}(\text{회전수/분})$$

인터럽트를 이용하여 팬의 분당 회전수를 계산하고 이를 직렬 모니터에 표시하는 스케치를 다음과 같다.

```
/**** 팬의 분당 회전수 계산 ****/
// 홀 효과 센서 연결 아두이노 핀 번호
#define sensorPIN 2
// 인터럽트 번호
#define interruptNUM 0

volatile byte rpmCount; // 인터럽트 횟수
unsigned int rpm; // 분당 회전수
unsigned int bladeNum; // 모터의 날개 수
unsigned long elapsedTime; // 경과 시간
unsigned long currentTime; // 현재 시간
unsigned long previousTime; // 이전 시간

void setup()
{
  rpmCount = 0; // 인터럽트 횟수 초기화
  rpm = 0; // 분당 회전수 초기화
  bladeNum = 4; // 모터 날개 수 초기화
  elapsedTime = 0; // 경과 시간 초기화
  currentTime = 0; // 현재 시간 초기화
  previousTime = 0; // 이전 시간 초기화

  // 인터럽트 번호, 인터럽트 호출 함수명, 인터럽트 발생 에지(상승, 하강) 설정
  attachInterrupt(interruptNUM, rpmINTR, FALLING);
  Serial.begin(9600); // 직렬 모니터와 통신 설정
}

void loop()
{
  // 인터럽트 횟수(rpm 계산 횟수)가 10 회 이상이면
  if (rpmCount >= 10) {
    // 현재 시간(ms) 저장
    currentTime = millis();
    // 경과 시간 계산
    elapsedTime = currentTime - previousTime;
```

```
        // 분당 회전수 계산
        rpm = rpmCount*60*1000/bladeNum/elapsedTime;
        // 현재 시간을 이전 시간으로 저장
        previousTime = currentTime;
        // 인터럽트 횟수(rpm 계산 횟수) 초기화
        rpmcount = 0;

        // 분당 회전수(rpm)를 10진수(DEC)로 직렬 모니터에 표시
        Serial.println(rpm,DEC);
    }
}

// 인터럽트 발생 시 호출될 인터럽트 서비스루틴
void rpmINTR()
{
    rpmCount++; // 인터럽트가 발생할 때마다 인터럽트 횟수를 1만큼 증가
}
```

# Part 9

# 통신

# 9.1 블루투스

## 1) 컴퓨터(프로세싱)와 아두이노의 블루투스 통신

먼저 컴퓨터에 블루투스 모듈이 내장되어 있거나 블루투스 동글이 연결되어 있으면 〈그림 9.1〉과 같이 블루투스 모듈을 아두이노 보드에 연결해 사용할 수 있다. HC-05 모듈은 HC-06 모듈에 비해 WakeUp 핀이 하나 더 있고 이 핀이 아두이노 8번 핀에 연결된다. 아두이노 8번 핀은 출력으로 HIGH 신호를 내보낸다. HC-05와 HC-06 모듈의 차이는 핀의 숫자로도 확인할 수 있다.

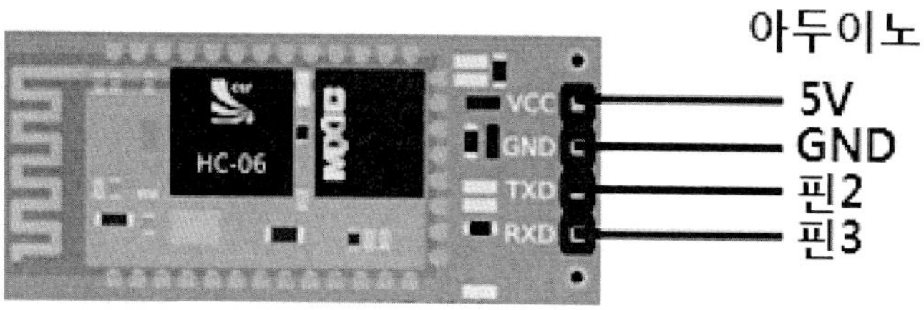


(a) HC-06 모듈

(b) HC-05 모듈

〈그림 9.1〉 HC-05/06 모듈과 아두이노 연결

컴퓨터에서 블루투스 모듈 설정을 다음과 같이 한다.

① 시스템 트레이에서 블루투스 아이콘을 마우스 우측 버튼으로 클릭하고 블루투스 장치를 선택한다.

② 장치 추가(Add a device)를 클릭. 블루투스 장치를 찾아 선택하고 Next를 클릭한다.

③ 장치의 페어링 코드(pairing code) 입력이 필요하면 코드(code)로 1234를 입력하면(블루투스 모듈마다 코드는 다름) 장치가 컴퓨터에 추가될 것이다.

④ 닫기(Close) 버튼 클릭, 블루투수 장치 목록으로 복귀. 블루투스 장치에서 마우스 우측 버튼 클릭, 속성(Properties) 버튼을 선택하고 서비스(Services) 탭을 선택하면 포트 번호와 함께 동작 중인 직렬 포트가 보여야 한다(예 COM3).

⑤ 이 포트 번호를 기억한다.

⑥ 아두이노에 아래 스케치를 업로드 하였으면 아두이노 USB 케이블을 컴퓨터에서 제거한다. 만약 아두이노가 USB 케이블로 컴퓨터에 연결되어 있으면 블루투스가 동작하지 않는다. 외부 배터리 전원을 아두이노 보드에 공급한다. 아두이노 개발환경은 닫아도 된다.

```
/**** 아두이노 스케치 ****/
#include <SoftwareSerial.h>
SoftwareSerial BTSerial(2, 3);
char val;   // 직렬 포트로부터 데이터를 받아 저장할 변수
int ledpin = 13;
void setup()
{
  pinMode(ledpin,OUTPUT);
  Serial.begin(9600);
  BTSerial.begin(9600); // HC-06 모듈
  /* HC-05 모듈의 경우
  pinMode(8,OUTPUT);
  digitalWrite(8,HIGH);
  BTSerial.begin(38400);
  */
  BTSerial.println("Arduino Bluetooth");
}

void loop()
{
  // 블루투스 모듈 통신 버퍼에 수신 데이터가 있으면
  if (BTSerial.available()){
    char val = BTSerial.read(); // 블루투스 모듈 수신 데이터를 읽음
    if(val == 'H'){  // 수신 데이터가 문자 H이면
      digitalWrite(ledpin,HIGH);  // 13핀 LED 점등
      BTSerial.println("LED ON");
    }
```

```
    if(val == 'L'){
      digitalWrite(ledpin,LOW);
      BTSerial.println("LED OFF");
    }
    delay(20);
  }
}
```

⑦ 블루투스 모듈을 〈그림 9.1〉과 같이 연결한다.

⑧ 프로세싱 개발환경을 다음의 스케치를 입력한 후 실행한다. 프로세싱 실행 화면중앙 우측에서 마우스를 클릭하면 아두이노 보드 13번 핀에 연결된 LED가 켜지고 중앙 좌측을 클릭하면 꺼진다.

```
/**** 프로세싱 스케치 ****/
// 직렬 통신 라이브러리 포함
import processing.serial.*;
// 직렬 통신 객체 생성
Serial port;

void setup()
{
   size(200,200);
   background(255);
   // 출력 창에 사용 가능한 직렬 포트 목록을 표시
   println(Serial.list());
   // 목록에서 연결된 포트가 첫 포트면 숫자 0, 둘째이면 숫자 1을 입력
   port = new Serial(this,Serial.list()[1],9600);
}

void draw()
{
  if(mousePressed){  // 마우스가 눌려지고
    if(mouseX > width/2){  // 마우스가 창의 우측에 있으면
      port.write('H');           // 문자 'H'를 전송하여 LED 점등되게 함
    }
```

```
    else{
      port.write('L');
    }
  }
}
```

아두이노에 프로그램을 업로드 할 경우 반드시 USB 케이블을 사용해야 하며 업로드 중일 때는 블루투스 모듈의 송수신 선의 연결도 제거되어야 한다. 블루투스 모듈을 이용하여 아두이노 프로그램을 업로드 할 수 없다.

## 2) 블루투스 모듈의 설정

ATcommand를 사용하여 블루투스 모듈의 이름, 블루투스 통신 속도, 4자리의 핀 번호, 슬레이브/마스터 모드 등 다양한 정보를 설정하는 방법에 대해 알아본다. AT 명령어는 사실상 모든 모뎀을 제어하는데 사용된다. 블루투스 모듈도 AT명령어 집합(Set)이 존재하고 이 명령어를 통해 블루투스 모듈을 제어한다. ATcommand에 들어가려면 먼저 아래와 같은 스케치를 업로드 해야 한다.

```
/**** 블루투스 모듈 설정을 위한 스케치 ****/
#include <SoftwareSerial.h>

// 블루투스 모듈 Tx: 디지털 2번 핀, Rx: 디지털 3번 핀
SoftwareSerial BTSerial(2, 3);

void setup()
{
  pinMode(8,OUTPUT);  // HC-05 모듈의 경우
  digitalWrite(8,HIGH);

  Serial.begin(9600);
  // HC-05는 38400, HC-06는 9600으로 설정
  BTSerial.begin(38400);
  Serial.println("ATcommand");  // ATcommand 시작
}
```

```
void loop()
{
  // 블루투스 모듈 통신 버퍼에 수신 데이터가 있으면
  if (BTSerial.available()){
    // 블루투스 모듈 수신 데이터를 읽어 직렬 모니터에 출력
    Serial.write(BTSerial.read());
  }
  // 직렬 모니터에서 송신한 데이터가 있으면
  if (Serial.available()) {
    // 직렬 모니터 송신 데이터를 읽어 이를 블루투스 모듈에 전송
    BTSerial.write(Serial.read());
  }
}
```

위 스케치를 보면 컴퓨터의 직렬 모니터에서 값을 보내면 그 값을 블루투스 모듈에서 읽고 블루투스에서 보낸 값은 다시 직렬 모니터에서 읽는다. HC-05의 WakeUp 핀에 HIGH 신호를 보내면 모듈의 LED가 깜빡이는 속도가 느려지며 이는 ATmode에 진입했다는 의미이다. ATmode를 사용할 때 블루투스 시리얼 통신을 맞춰주어야 한다. HC-05의 경우 기본적으로 UART 통신 속도가 38400에 맞춰져 있기 때문에 위의 스케치에서 SoftwareSerial을 사용할 때 38400으로 설정해야 한다. HC-06의 경우는 기본 속도가 9600이기 때문에 9600으로 설정한다. 〈그림 9.2〉와 같이 직렬 모니터에서 사용한 모듈의 통신 속도 설정을 확인한다.

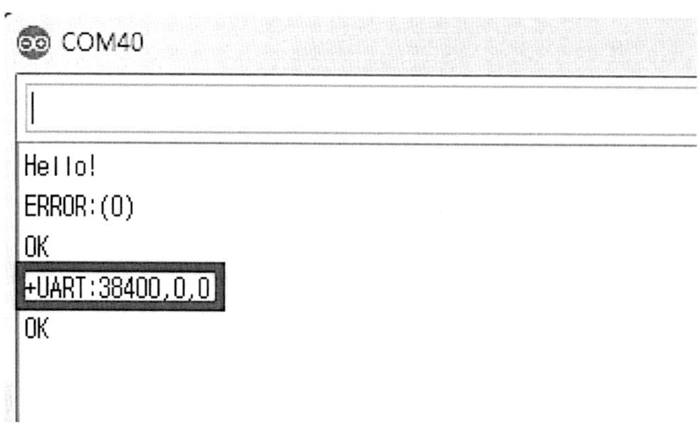


〈그림 9.2〉 HC-05 모듈의 통신 속도 확인(38400)

직렬 모니터 창에서 AT 명령어를 입력할 때 오른쪽 하단의 시리얼 텍스트 입력 형태를 "Both NL & CR"로 지정한다. HC-06은 "line ending 없음"으로 지정한다. 〈그림 9.3〉과 같이 'AT'를 입력하고 'Send(전송)' 버튼을 클릭하면 OK가 표시되면 AT 모드에 정상 진입한 것이다.

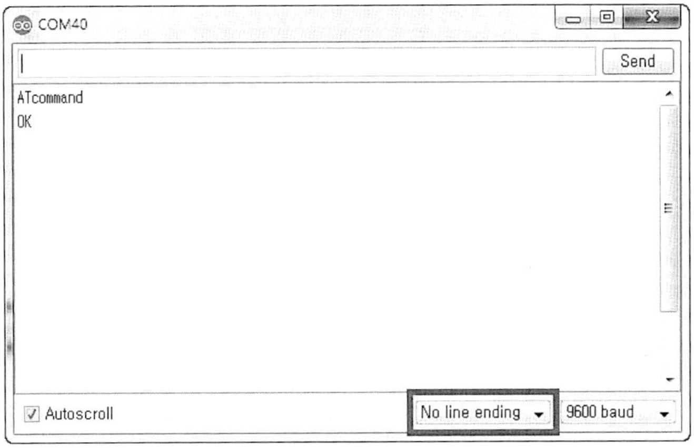


〈그림 9.3〉 직렬 모니터에서 AT 모드 확인(HC-06)

## 3) 스마트 폰에 아두이노 보드의 연결

〈그림 9.1〉과 같이 아두이노에 연결된 HC-06 모듈을 사용하여 스마트폰에 연결해 보자(아이폰은 HC-05 모듈 사용). 블루투스는 마스터와 슬레이브 모듈이 있고 마스터는 최대 7개의 슬레이브 모듈과 통신할 수 있다. 스마트 폰과 통신할 때는 스마트 폰에 내장되어 있는 블루투스 마스터 모듈가 연결된다. HC-06 모듈과 아두이노는 〈그림 9.1(a)〉와 같이 연결하면 된다. 아래 스케치를 아두이노에 업로드 한 후 직렬 모니터 창을 연다.

```
/**** 블루투스 모듈 설정 스케치 ****/
#include <SoftwareSerial.h>

// 블루투스 모듈 Tx: 디지털 2번 핀, Rx: 디지털 3번 핀
SoftwareSerial BTSerial(2, 3);

void setup()
{
```

```
  Serial.begin(9600);
  BTSerial.begin(9600);
}

void loop()
{
  if (BTSerial.available()){
    Serial.write(BTSerial.read());
  }
  if (Serial.available()) {
    BTSerial.write(Serial.read());
  }
}
```

〈그림 9.3〉과 같이 'AT'를 입력하고 '전송' 버튼을 클릭하여 AT모드에 진입한 후 다음과 같은 설정 과정을 아두이노 블루투스 모듈에 적용한다. 'OK'가 확인되면 HC-06 모듈의 이름을 설정해야 한다. 이는 다른 블루투스 기기와 혼동을 하지 않기 위함이다. HC-06 모듈은 직렬 모니터 입력 창에 AT+NAME 뒤에 이름(myBT)을 붙여 입력하고 '전송' 버튼을 클릭한다. HC-05 모듈은 AT+NAME=myBT와 같이 입력한다.

예 HC-05: AT+NAME=myBT, HC-06: AT+NAMEmyBT

직렬 모니터 창에 'OK'가 표시되면 이름이 설정된 것이다.

블루투스에 비밀번호를 부여하기 위해서는 'AT+PIN'을 사용한다.

예 HC-05: AT+PIN=1234, HC-06: AT+PIN1234

아두이노와 블루투스가 통신할 속도를 지정하려면 'AT+BAUD'를 사용한다.

예 HC-05: AT+BAUD=4, HC-06: AT+BAUD4

BAUD 뒤의 숫자에 따라 다음과 같이 전송속도가 지정되어 있다.

1:1200

2:2400

3:4800

4:9600

5:19200

6:38400

7:57600

8:115200

스마트 폰에서 블루투스 통신을 시험하기 위한 앱을 설치한다. 구글플레이에서 'Bluetooth Terminal'이나 'Bluetooth Controller' 앱을 다운 받아 스마트 폰에 설치한다. 여기서는 〈그림 9.4〉의 'Bluetooth Terminal' 앱으로 설명한다.

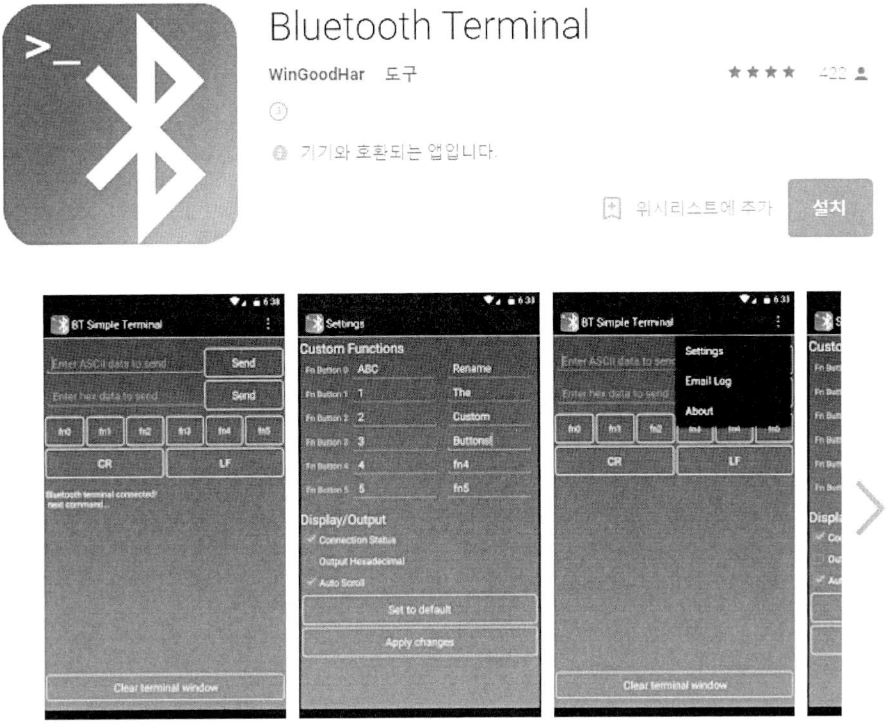


〈그림 9.4〉 블루투스 터미널 앱

앱을 실행한 후 위에서 지정한 장치 이름이 보이는지 확인한다. 〈그림 9.5〉와 같이'myBT'라는 이름의 장치가 보이고 이를 선택하면 연결된다. 〈그림 9.6〉과 같이 "안녕하세요"라는 메시지를 입력하고 '전송(Send)' 버튼을 클릭한다. 〈그림 9.7〉과 같이 직렬 모니터에 전송된 메시지가 표시된다.

〈그림 9.5〉 장치 목록

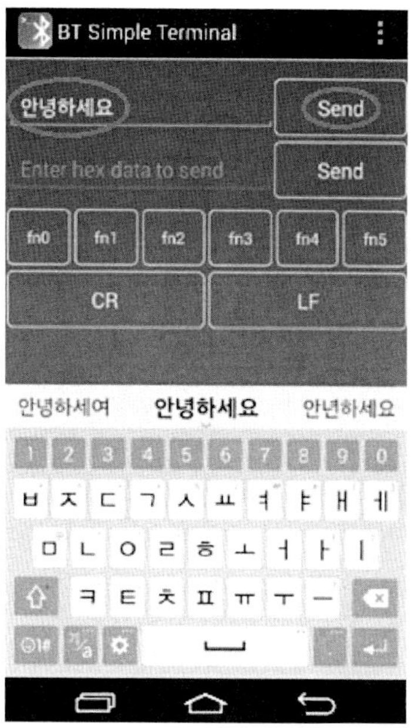


〈그림 9.6〉 메시지 전송

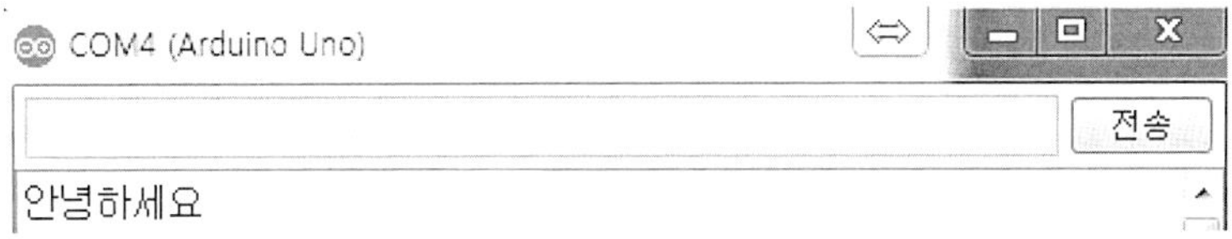


〈그림 9.7〉 수신된 메시지

이번에는 아두이노에서 스마트 폰으로 메시지를 전송해보자. 직렬 모니터 입력 창에 "Hello"라고 입력하고 '전송' 버튼을 클릭한다. 한글 메시지는 정상적으로 표시되지 않는다.

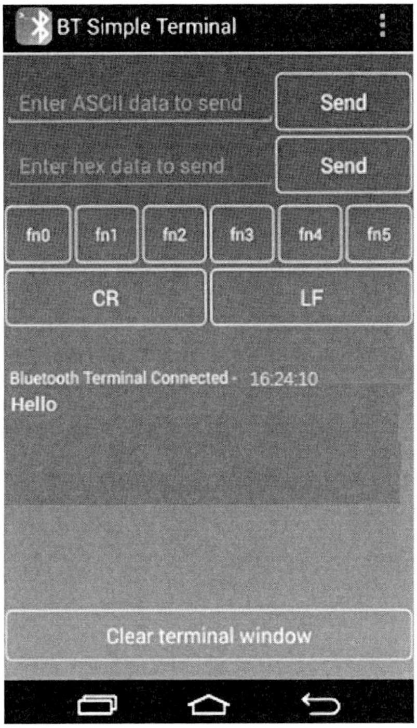


〈그림 9.8〉 메시지 수신

이제 Bluetooth Terminal' 앱으로 아두이노 보드 13핀에 연결된 LED를 점멸해보자. 아래 코드를 아두이노에 업로드 한다.

```
/**** LED 제어 아두이노 스케치 ****/
#include <SoftwareSerial.h>
SoftwareSerial BTSerial(2, 3);
char val;   // 직렬 포트로부터 데이터를 받아 저장할 변수
int ledpin = 13;
void setup()
{
  pinMode(ledpin,OUTPUT);
  Serial.begin(9600);
  BTSerial.begin(9600); // HC-06 모듈
  BTSerial.println("Arduino Bluetooth");
}

void loop()
{
  // 블루투스 모듈 통신 버퍼에 수신 데이터가 있으면
  if (BTSerial.available()){
    char val = BTSerial.read(); // 블루투스 모듈 수신 데이터를 읽음
    if(val == 'H'){  // 수신 데이터가 문자 H이면
      digitalWrite(ledpin,HIGH);  // 13핀 LED 점등
      BTSerial.println("LED ON");
    }
    if(val == 'L'){
      digitalWrite(ledpin,LOW);
      BTSerial.println("LED OFF");
    }
    delay(20);
  }
}
```

〈그림 9.5〉과 같이 'Bluetooth Terminal' 앱을 실행한 후 장치 검색을 통해 'myBT' 장치를 확인한 후 〈그림 9.9〉와 같이 문자 'H' 또는 'L'을 전송한다. 'H'를 전송하면 LED가 켜지고 'L'을 전송하면 LED가 꺼진다.

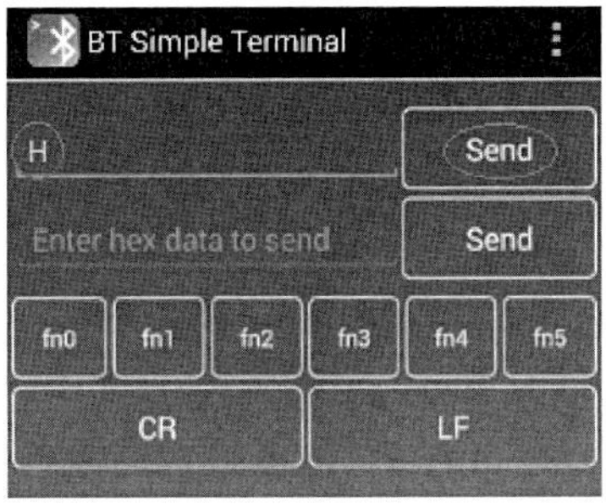


〈그림 9.9〉 LED 점멸 제어 문자 송신

## 4) 아두이노와 아두이노의 블루투스 연결

HC-06 모듈 두 개를 사용하여 하나는 마스터로 다른 하나는 슬레이브로 동작하도록 해보자. 슬레이브는 연결 당하는 장치로 마스터가 자동으로 연결을 시도한다. 마스터 및 슬레이브 모두 아두이노와 연결은 〈그림 9.1(a)〉와 동일하다. 슬레이브와 마스터를 연결하기 위해서는 동일한 장치명과, PIN번호를 가져야 한다. 설정은 슬레이브와 마스터 모두 동일하며 처음에 한 번 설정하면 된다.

〈그림 9.1(a)〉와 같이 HC-06 모듈과 아두이노 보드가 연결되도록 2개(마스터와 슬레이브)를 만든다. 마스터와 슬레이브 모두 다음 순서대로 동일하게 설정한다.

① 아두이노 보드에 아래 스케치를 업로드 한다.

```
#include <SoftwareSerial.h>
SoftwareSerial bluetooth(2, 3);
void setup()
{
  Serial.begin(9600);
  bluetooth.begin(9600);
}
void loop()
{
  if (bluetooth.available()) {
    Serial.write(bluetooth.read());
  }
```

```
    if (Serial.available()) {
      bluetooth.write(Serial.read());
    }
}
```

② 업로드 후 직렬 모니터를 열고 입력 창에 'AT' 명령을 입력하여 OK(AT 모드 진입)를 확인한다. 〈그림 9.10〉의 하단에 보인 것처럼 "No line ending"과 "9600 보드레이트"를 선택한다.

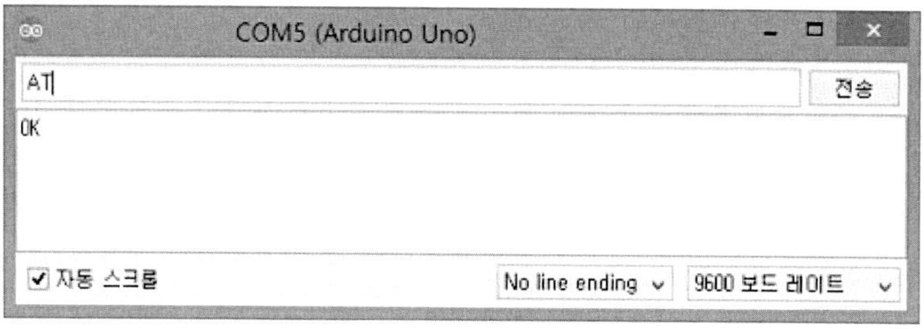


〈그림 9.10〉 AT 모드 진입

③ 디바이스(장치) 이름을 설정하기 위해 입력 창에 AT+NAMEmyBT를 입력한다(장치명으로 'myBT')(〈그림 9.11〉). HC-05 모듈이라면 AT+NAME=myBT를 입력한다.

〈그림 9.11〉 장치 이름 설정

④ PIN 번호를 설정하기 위해 입력 창에 AT+PIN1234를 입력한다. 핀 번호로 4자리 숫자를 입력한다(〈그림 9.12〉). HC-05 모듈이라면 AT+PIN=1234를 입력한다.

〈그림 9.12〉 핀 번호 설정

⑤ 페어링 모드를 지정한다. AT+CMODE0은 특정 장치와 페어링하고 AT+CMODE1은 아무 장치나 페어링 한다. HC-05 모듈이면 AT+CMODE=0 또는 AT+CMODE=1을 사용한다.

⑥ 마스터 및 슬레이브를 지정한다. AT+ROLE1은 마스터로, AT+ROLE0는 슬레이브로 지정하는 것이다. HC-05 모듈이면 AT+ROLE=0 또는 AT+ROLE=1을 사용한다.

⑦ 비밀번호(예 3131)를 지정하려면 AT+PSWD3131을 입력한다. 이 비밀번호는 마스터와 슬레이브 동일하게 지정해야 한다. HC-05 모듈이면 AT+PSWD=3131을 사용한다.
장치 검색을 위해서는 AT+BIND541D,D2,5532A1와 같이 입력한다. HC-05 모듈이면 AT+BIND=541D,D2,5532A1을 사용한다. 여기서 541D,D2,5532A1는 검색하려는 장치의 Mac 주소(MAC: 54:1D:D2:55:32:A1)이다. 이 주소는 'Bluetooth Terminal'이나 'Bluetooth Controller' 앱을 실행하면 알아낼 수 있다. 페어링 하려면 AT+PAIR541D,D2,5532A1,30 같이 입력한다. Mac 주소(54:1D:D2:55:32:A1)의 장치를 30초 동인 페어링 시킨다. 그 외에도 다음과 같은 명령어를 사용할 수 있다.

AT+ORGL (기본 설정 복구)
AT+RESET (리셋)

이제 슬레이브 아두이노에 다음 스케치를 업로드 한다.

```
// 슬레이브 아두이노 스케치
#include <SoftwareSerial.h>
SoftwareSerial BTSerial(2, 3);
char val;    // 직렬 포트로부터 데이터를 받아 저장할 변수
int ledpin = 13;
void setup()
{
  pinMode(ledpin,OUTPUT);
  BTSerial.begin(9600); // HC-06 모듈
  BTSerial.println("Arduino Bluetooth");
}

void loop()
{
  // 블루투스 모듈 통신 버퍼에 수신 데이터가 있으면
  if (BTSerial.available()){
```

```
    char val = BTSerial.read(); // 블루투스 모듈 수신 데이터를 읽음
    if(val == 'H'){  // 수신 데이터가 문자 H이면
      digitalWrite(ledpin,HIGH);  // 13핀 LED 점등
      BTSerial.println("LED ON");
    }
    if(val == 'L'){
      digitalWrite(ledpin,LOW);
      BTSerial.println("LED OFF");
    }
    delay(20);
  }
}
```

마스터 아두이노 보드에 〈그림 9.13〉의 스위치 회로를 추가한다. 내부 풀업을 이용하여 버튼을 누를 때마다 문자 'H'와 'L'을 교대로 슬레이브에 전송한다. 슬레이브는 수신 문자에 따라 LED를 점멸한다. 아래 스케치를 마스터에 업로드 한다.

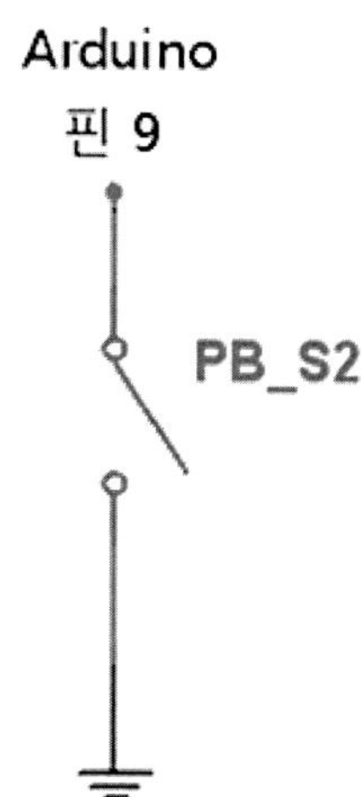


〈그림 9.13〉 내부 풀업 스위치

```
/**** 마스터 아두이노 스케치 ****/
#include <SoftwareSerial.h>
SoftwareSerial BTSerial(2, 3);
int pushButton = 9;  // 푸시 버튼에 연결한 디지털 핀 9
int p_state = 0, state = 0;
int n_count = 0;

void setup()
{
  pinMode(pushButton, INPUT_PULLUP);  // 내부 풀업저항 사용
  pinMode(ledpin,OUTPUT);
  BTSerial.begin(9600); // HC-06 모듈
  BTSerial.println("Arduino Bluetooth");
}

void loop()
{
  // 푸시 버튼 핀을 읽음
  state = digitalRead(pushButton);
  // 푸시 버튼의 상태를 출력
  if (state == HIGH && p_state == LOW) {
    n_count++;
  }
  if((n_count%2) == 1){
      BTSerial.write('H');
  }
  else{
     BTSerial.write('L');
  }
  delay(10);
  p_state = state;
}
```

## 9.2 리모컨

통신 회선을 이용하여 컴퓨터와 컴퓨터, 컴퓨터와 단말 기계가 데이터를 주고받기 위하여 정한 통신 규약을 프로토콜이라 한다. 리모컨(Remote Controller)과 수신기는 서로 동일한 프로토콜을 사용해야 한다. 제조사와 기기마다 서로 다른 프로토콜을 사용하기 때문에 호환성 문제가 있지만, 최근에는 선자기기에서 NEC 코드가 많이 사용되므로 여기서는 NEC코드를 중심으로 설명한다.

### 1) NEC 코드

〈그림 9.14〉은 실제 리모컨에서 사용하는 적외선 신호 송출 칩(Infrared remote control transmitter)인 SC6121의 전송 코드이다. 전송 코드는 리더 코드(leader code), 16비트의 사용자 코드(custom code)와 8비트의 데이터 코드(data code)로 구성된다. 리더 이외의 코드는 8비트로 구성되고 반전 코드도 함께 동시에 전송되어 전송 오류(error rate)가 낮다.

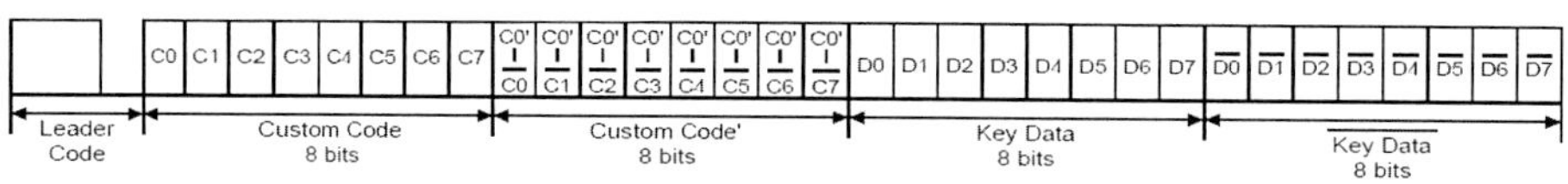


〈그림 9.14〉 SC6121의 출력 신호 전송 코드

전송규약에 따라 송출 코드 신호는 〈그림 9.14〉과 같이 3 부분으로 구성된다.

- 리더 코드 : 9 ms의 HIGH, 4.5 ms의 LOW 신호로 코드의 시작을 표시한다. 이 신호를 이용하여 수신 신호를 감지해낼 수 있다(〈그림 9.15의 ① 부분〉).
- 데이타 코드 : 리더 코드 이후부터 데이터의 비트 '1'은 2.25 ms 폭의 신호, 비트 '0'은 1.125 ms 폭의 신호로 송출된다. 보통 데이터 비트 16개를 순서대로 보낸 후, 비트를 반전한 정보를 송출한다. 반전 정보를 함께 전송함으로써 전송 오차도 줄일 수 있고 데이터의 '0'과 '1'의 개수에 상관없이 항상 동일한 폭의 신호를 만들 수 있다(〈그림 9.15의 ② 부분〉).
- 반복코드 : 만약 리모컨으로 숫자 '3' 버튼을 누르고 있으면 리모컨은 숫자 '3'에 해당하는 코드를 송출한 뒤 그 다음 부터는 '반복코드'를 송출한다. 이를 통해 '3'을 1 회 누른 것과 2 회 이상 누른 것을 구분할 수 있다. 반복 코드는 〈그림 9.15에서 ③〉 부분에 해당한다.

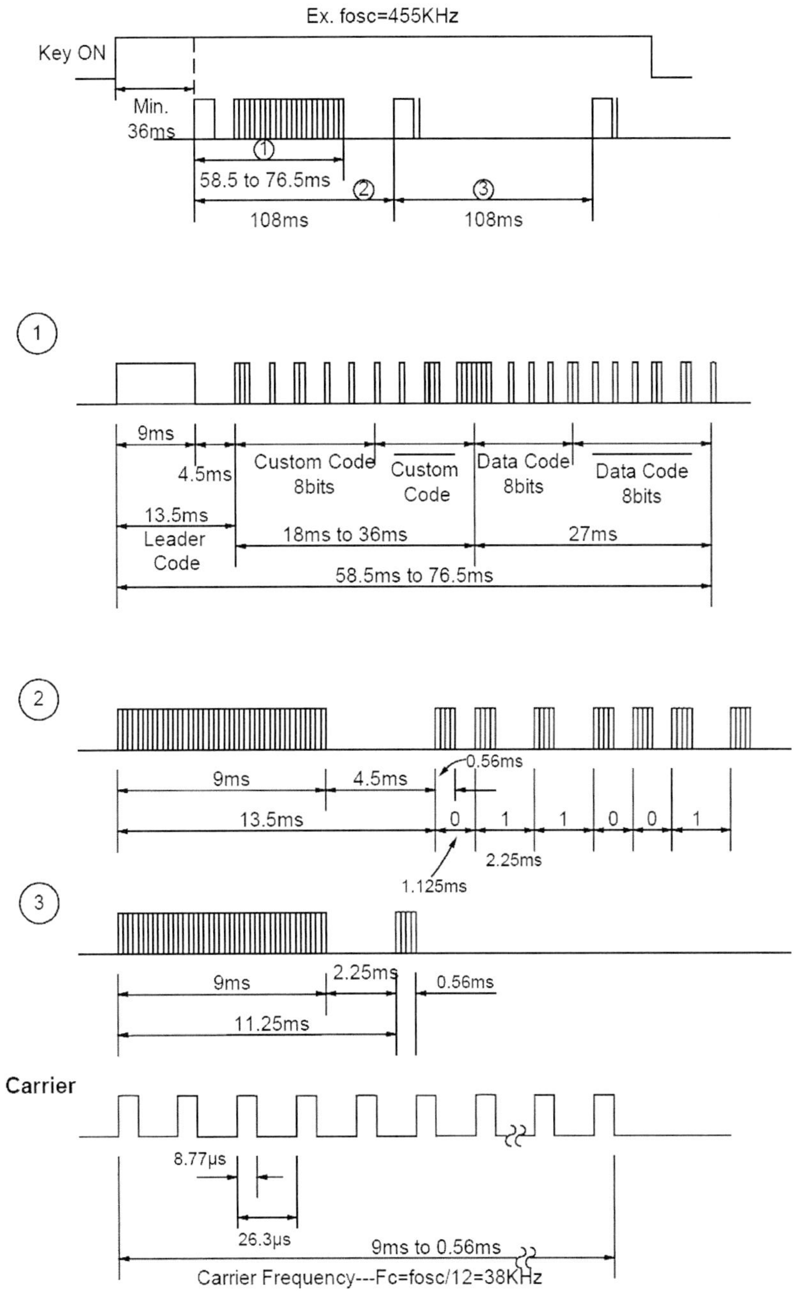


〈그림 9.15〉 SC6121의 IR 출력 신호 파형

리모컨 신호의 캐리어 주파수인 38 KHz의 펄스는 타이머와 카운터를 이용해 만들 수 있으며 듀티비는 대략 1/3 정도로 한다. 캐리어 신호는 주파수에 의해 정해진 주기로 온과 오프를 반복하는 것으로 리모컨 신호를 송출한다. 이 출력이 출력비트에 연결된 IRED 구동회로에 전달되어 적외선을 온・오프 하여 송출한다(〈그림 9.15의 Carrier 부분〉). 캐리어 주파수로 38 kHz를 사용하는 것은 잡음을 제거하기 위함이다. IR 수신 회로에 저주파 차단회로가 있어 특정 주파수(캐리어 주파수) 이하의 성분을 제거함으로써 형광등이나 기타 주변광에 의한 오차 발생을 줄일 수 있다.

앞에 설명한 것처럼 NEC 코드는 8비트의 장치번호와 8비트의 명령어 코드로 된 16비트와 이것의 반전 비트를 합친 총 32비트가 전송된다. HI-M902H0-3(캐리어 주파수 38.0 KHz) 수광 모듈을 사용한 경우를 설명한다. 이 적외선 원격 제어를 위한 수광 모듈은 〈그림 9.16〉과 같이 광-다이오드, 증폭기와 차단 필터를 내장하고 있다. 〈그림 9.16〉와 같이 전원과 GND를 연결하면 수신 신호는 VOUT에 출력된다.

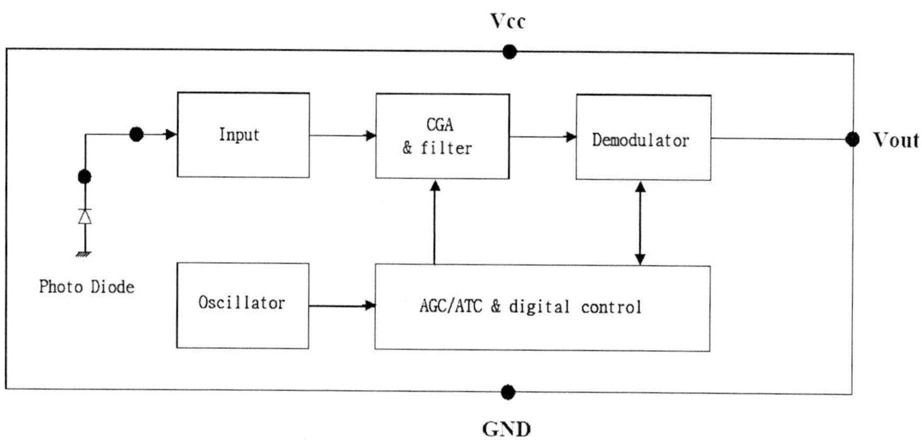


〈그림 9.16〉 HI-M900H0-3 시리즈 블록선도

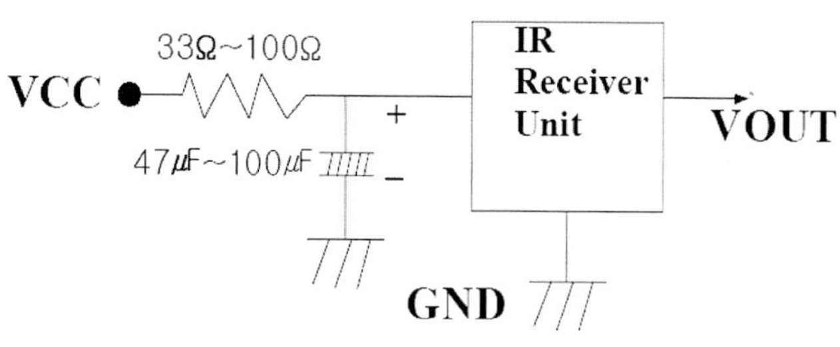


〈그림 9.17〉 HI-M900H0-3 시리즈를 이용한 수광 회로

VOUT 단자를 오실로스코프로 신호 측정 프로브에 연결하면 리모컨 코드 프로토콜과 전송 코드를 볼 수 있다. 가령, 〈그림 9.18〉와 같은 출력 파형이 오실로스코프에 잡혔다고 하자. 코드는 PPM(Pulse Position Modulation) 방식을 사용하여 펄스 사이의 시간 차이로 '0'과 '1'을 구분한다. 즉, 펄스 사이의 간격이 작으면 '0'을, 길면 '1'을 의미한다. 첫째 바이트 00011100는 장치 0x1C를 나타내고 둘째 바이트 11100011은 장치 ID의 반전 코드이다. 셋째 바이트 00000000는 명령어 0x00을, 네 번째 바이트는 명령어 반전 코드로 장치 0x1C에 명령어 0x00을 전송하는 코드이다.

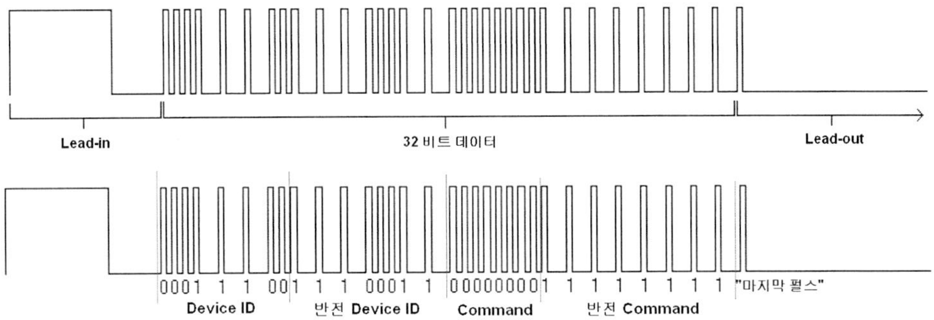


〈그림 9.18〉 NEC 코드 예

## 2) 적외선 송 · 수신 회로

IR 수신 회로에서 사용하는 수광 소자의 주파수와 송출용 적외선 LED의 주파수는 동일해야 한다. 보통 파장이 800~990 nm 범위의 적외선 LED를 사용한다. 대략 2 V에서 동작하는 LED와 달리 적외선 LED는 1.4 V 정도에서 동작한다. 가장 단순한 구동 방법은 마이콤의 디지털 출력 핀에 직결하는 것이지만 10 m 정도의 거리에서도 동작하는 고출력 리모컨이 필요하면 트랜지스터를 이용하여 구동해야 한다. 〈그림 9.19〉의 리모컨 응용 회로를 보면 트랜지스터로 적외선 LED를 구동하며 짧은 순간에 고주파로 송신하므로 실제의 정격 전압보다는 다소 높은 전압을 사용할 수 있어 3 V 건전지를 전원으로 사용한다.

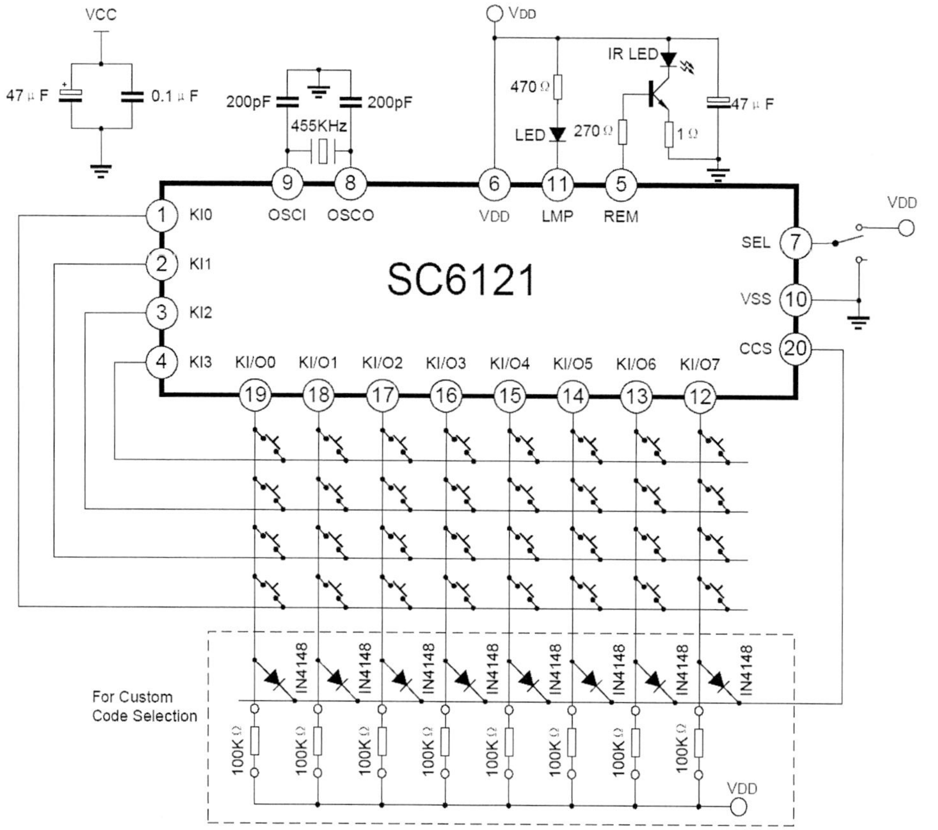


〈그림 9.19〉 SC6121 칩을 이용한 리모컨 응용 회로

가장 간단한 적외선 송신 회로는 〈그림 9.21(a)〉이다. 일반적인 LED 점등회로와 동일하며 LED 대신 적외선 LED가 사용된다. 적외선 LED는 일반 LED 보다 저전압에 동작하기 때문에 일반 LED에서 사용하는 330 Ω 대신 560 Ω의 저항을 직렬로 연결하여 사용한다. 아두이노 핀의 출력 전류는 20mA이므로 이 회로를 사용하면 광 신호 출력이 크지 않아 적외선 송신 거리가 짧다. 광 신호의 송신 거리를 멀게 하려면 〈그림 9.20〉과 같은 트랜지스터를 이용한 〈그림 9.21(b)〉의 송신 회로를 사용해야 한다.

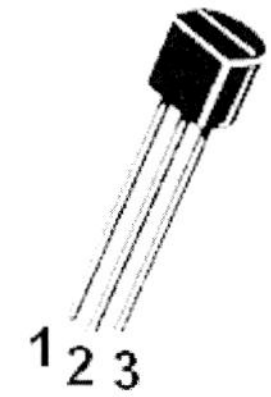


〈그림 9.20〉 2SC1815 NPN 트랜지스터
1: 에미터 2: 컬렉터 3: 베이스

이 회로는 가전기기용 리모컨에서 사용되며 수십에서 수백 mA의 고출력 송신이 가능해 5m 이상의 거리에도 광 신호를 전송할 수 있다. 아두이노 디지털 3번 핀으로 트랜지스터의 온·오프를 제어한다(디지털 3번 핀은 PWM 출력이 가능). 〈그림 9.21〉 회로에 사용된 적외선 LED와 수광 모듈의 사양은 다음과 같다. 송·수신 광의 파장은 동일해야 광 신호의 수신율이 높다.

- 적외선 LED : 정격 1.36 V, 최대 1.7 V, 피크 주파수 940 nm, 화각 ±20도
- 수광 모듈(KSM-603LM) : 적외선 리모컨 신호를 수신하는 모듈로 940 nm 파장의 38 KHz 주파수 신호용이다.

송신측 적외선 파장에 일치하는 파장의 광-트랜지스터나 광-다이오드로 수신기를 구현할 수 있지만 수신기 주변 환경에 다양한 파장의 광이 존재하므로 잡음에 해당하는 광 신호를 차단, 필요한 광 신호만을 추출하는 필터회로가 필요하다. 리모컨 수광 모듈은 수광 소자와 필터회로가 일체화된 제품으로 매우 손쉽게 특정 파장 및 주파수의 광 신호에 반응하는 수신기로 사용할 수 있다. 〈그림 9.21(c)〉의 수광 모듈에서 전원 입력부에 잡음이 있어 문제가 되면 전원 입력부에 〈그림 9.17〉와 같이 저항과 콘덴서를 추가하면 잡음이 작아진다. 수광 모듈의 VOUT 출력을 아두이노 디지털 11번 핀에 연결한다.

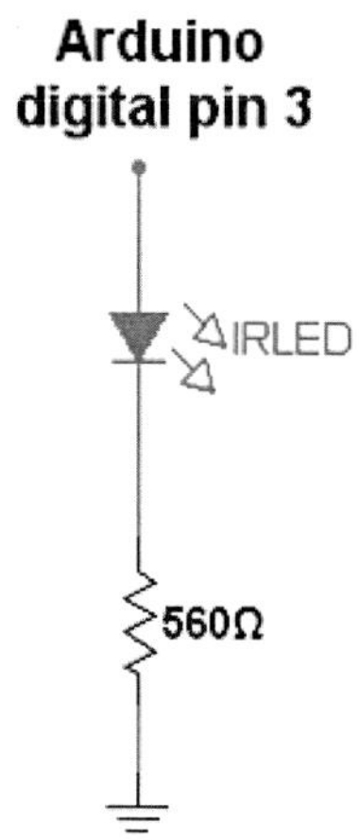


(a) 적외선 송신회로

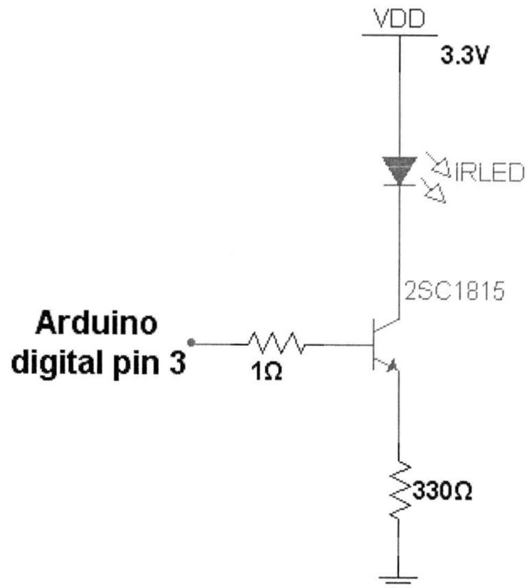


(b) 트랜지스터를 이용한 적외선 송신회로

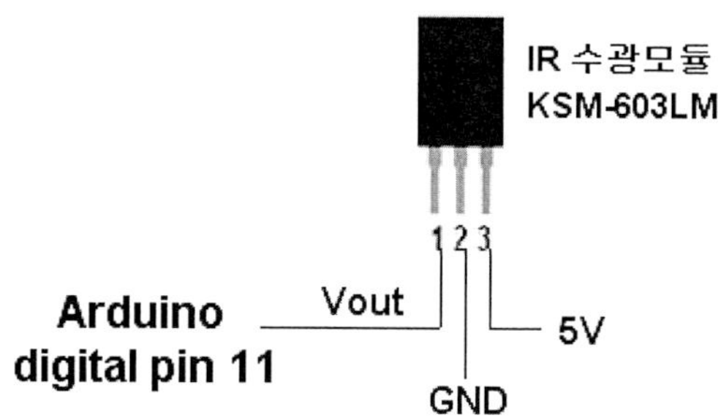


(c) 적외선 수신 회로

〈그림 9.21〉 리모컨 송·수신 회로

## 3) 리모컨으로 제어

이제 아두이노로 리모컨 제어 신호를 송신하기 위해서는 통신 규약인 NEC 프로토콜에 맞추어 적외선 LED를 온·오프 해야 한다. 여기서는 공개된 아두이노 라이브러리 'IRremote'를 사용한다. 이 라이브러리는 NEC, 소니 SIRC, 필립스 RC5와 RC6 등의 프로토콜을 지원하며 적외선 송신을 위해서 디지털 3번 핀, 수신을 위해서 디지털 11번 핀을 사용한다. 라이브러리를 다운 받아 설치하는 방법은 다음과 같다.

① 다운로드 : http://github.com/shirriff/Arduino-IRremote에서 라이브러리를 다운로드 후 압축을 풀고 디렉토리명 'shirriff-Arduino-IRremote-nnn'을 'IRremote'로 변경한다.

② 라이브러리 설치 : 디렉토리 'IRremote'을 arduino-x.x/libraries/IRremote로 옮긴다(arduino-x.x은 아두이노 IDE가 설치된 경로를 나타낸다). 설치가 끝나면 arduino-x.x/libraries/IRremote/IRremote.cpp 파일이 존재한다(참고 사이트: http://arcfn.com/2009/08/multi-protocol-infrared-remote-library.html).
라이브러리 IRremote.h는 송신을 위해 〈그림 9.21(a)〉 또는 〈그림9.21(b)〉와 같이 적외선 LED를 PWM 출력 핀 3에 연결하고 수신을 위해서는 〈그림 9.21(c)〉과 같이 디지털 입력 11번 핀으로 38 KHz 적외선 수광 모듈의 출력 신호를 받아들인다. 〈그림 9.21(a)〉와 〈그림 9.21(c)〉의 회로를 사용할 때 송・수신 범위는 대략 5 m이다. 이 범위를 확장하려면 〈그림 9.21(b)〉와 같은 트랜지스터를 사용하여 송신 출력을 증폭해야 한다.
'IRremote' 라이브러리는 IRsend와 IRrecv로 구성되어 있다. IRsend는 IR 원격 패킷을 전송하고 IRrecv는 수신 후 이를 IR 메시지로 디코드 한다. IRsend는 적외선 LED를 아두이노 디지털 출력 핀 3에 연결하여 사용한다. 메시지 전송을 위해 전송할 데이터와 전송할 비트의 수에 적합한 프로토콜의 send 메소드(객체지향 프로그램에서는 함수 대신 메소드란 용어를 사용)를 호출한다.

## (1) 코드 전송 스케치

아두이노 IDE의 examples/IRsendDemo 예제를 보자. 이 스케치는 직렬 모니터에서 문자 하나를 시리얼 포트(아두이노)로 보낼 때마다 아두이노가 소니 TV 전원을 온・오프 하는 코드를 전송한다. 클래스 IRsend에는 NEC와 Sony 프로토콜에 따라 다음과 같은 전송 메소드가 정의되어 있다.

```
void sendNEC(unsigned long data, int nbits);
void sendSony(unsigned long data, int nbits);
```

NEC와 Sony 프로코콜의 경우 전송 데이터(data)와 데이터의 비트 수(nbits)를 전송한다. NEC는 nbits = 32이고 Sony는 프로토콜에 따라 12, 24, 32이다. 소니 프로토콜은 코드를 3번 반복해서 보내야 하므로 sendSony() 메소드를 3번 호출한다.

```
/**** 코드 전송 ****/
#include <IRremote.h>
// IRsend 클래스에서 스케치에서 사용할 irsend 객체 생성
IRsend irsend;

void setup()
{
  Serial.begin(9600);
}

void loop()
{
  // 직렬 모니터로부터 받은 문자가 -1이 아닌지 확인
  if (Serial.read() != -1) {
    // 소니 TV 전원 코드 전송, 소니 프로토콜에 의해 3번 반복 전송
    for (int i = 0; i < 3; i++)
    {
      irsend.sendSony(0xa90, 12); // 코드 0xa90과 비트 수 12를 전송
      delay(100);
    }
  }
}
```

### (2) 코드 수신 스케치

IRrecv는 적외선 수광 모듈의 출력 신호를 디지털 입력 11번 핀에 연결하여 사용한다. 예제 스케치(examples/IRrecvDemo)로 간단하게 코드를 수신하는 방법을 보자. IRrecv 클래스는 enableIRIn() 메소드로 초기화 된 후 디코딩을 한다. decode() 메소드는 수신된 코드가 있는지를 확인할 때 사용하는데 수신된 코드가 있으면 0이 아닌 값을 반환하고 결과(수신된 코드)를 decode_results라는 구조체 변수에 넣는다. 구조체 decode_results에는 리모컨 장치를 식별하기 위한 int decode_type, 수신된(디코드) 값을 갖는 unsigned long value, 수신(디코드) 데이터의 비트 수를 나타내는 int bits 등의 변수가 정의되어 있다. decode_type은 NEC는 1, SONY는 2, RC5는 3, RC6는 4, DISH는 5, SHARP는 6, PANASONIC은 7, JVC는 8, SANYO는 9, MITSUBISHI는 10, 모르는 경우는 -1의 값을 갖는다. 변수 value는

디코드 된 코드 값을 가지므로 이 변수의 값으로 송신된 코드를 확인할 수 있다. 구조체의 세부 내용은 examples/IRrecvDump 스케치에서 볼 수 있다. 일단 코드가 디코드 되면 resume() 메소드를 호출하여 코드 수신을 재개한다. decode() 메소드는 인터럽트 루틴에 의해 코드를 수신하기 때문에 수신 코드를 기다리는 도중에도 다른 연산(작업)이 가능하다. 아래 스케치는 〈그림9.21(c)〉 수신회로를 사용하고 〈그림 9.22〉와 같은 리모컨의 눌린 키 코드를 수신, 직렬 모니터에 해당하는 키를 표시한다. 이 리모컨은 NEC 프로토콜을 사용한다.

〈그림 9.22〉 DFR107 리모컨

```
/**** 코드 수신 ****/
#include <IRremote.h>

// 적외선 감지기가 연결된 디지털 입력 핀 번호
int RECV_PIN = 11;
// IRrecv 클래스에서 irrecv 객체 생성
IRrecv irrecv(RECV_PIN);
// 구조체 decode_results의 변수 results 선언
// 이 구조체 변수는 수신 코드에 대한 정보를 가짐
decode_results results;

void setup()
{
   Serial.begin(9600);  // 직렬 모니터 전송 속도 설정
   irrecv.enableIRIn(); // 수신기 동작 시작
}
```

```
void loop()
{
    // 수신된 코드가 있으면 0이 아닌 값 반환
    if (irrecv.decode(&results))
    {
        // 프로토콜 식별자로 1이면 NEC
        Serial.println(results.decode_type);
        // results.value는 수신된 코드 값을 가짐
        switch(results.value)
        {
            case 16580863:  // 0x00FD00FF
                Serial.println("POWER");
                break;
            case 16613503:  // 0x00FD807F
                Serial.println("VOL+");
                break;
            case 16597183:  // 0x00FD40BF
                Serial.println("FUNC/STOP");
                break;
            case 16589023:  // 0x00FD20DF
                Serial.println("|<<");
                break;
            case 16621663:  // 0x00FDA05F
                Serial.println(">||");
                break;
            case 16605343:  // 0x00FD609F
                Serial.println(">>|");
                break;
            case 16617583:  // 0x00FD906F
                Serial.println("VOL-");
                break;
            case 16584943:  // 0x00FD10EF
                Serial.println("v");
                break;
            case 16601263:  // 0x00FD50AF
                Serial.println("^");
```

```
      break;
    case 16625743:  // 0x00FDB04F
      Serial.println("EQ");
      break;
    case 16609423: // 0x00FD708F
      Serial.println("ST/REPT");
      break;
    case 16593103:  // 0x00FD30CF
      Serial.println("0");
      break;
    case 16582903:  // 0x00FD08F7
      Serial.println("1");
      break;
    case 16615543:  // 0x00FD8877
      Serial.println("2");
      break;
    case 16599223:  // 0x00FD48B7
      Serial.println("3");
      break;
    case 16591063:  // 0xFD28D7
      Serial.println("4");
      break;
    case 16623703:  // 0x00FDA857
      Serial.println("5");
      break;
    case 16607383:  // 0x00FD6897
      Serial.println("6");
      break;
    case 16586983:  // 0x00FD18E7
      Serial.println("7");
      break;
    case 16619623:  // 0x00FD9867
      Serial.println("8");
      break;
    case 16603303:  // 0x00FD58A7
      Serial.println("9");
```

```
                break;
            case 4294967295:  // 0xFFFFFFFF, 키가 눌린 상태 유지
                Serial.println("Key pressed & hold");
                break;
            default:
                Serial.println("Key not programmed");
                break;
        }
        irrecv.resume(); // 다음 코드를 수신
    }
}
```

## 9.3 RFID 리더기

RFID(Radio Frequency Identification)는 무선 주파수 인식을 통한 자동 인식 기술로서 바코드와 마그네틱 카드를 대체할 비접촉식 카드이다. 전원의 유무에 따라 RFID 태그(Tag)는 수동형, 반수동형 그리고 능동형 태그로 구분된다. 수동형 태그는 태그 동작에 필요한 전원을 모두 외부(리더기 안테나)에 의존하고 능동형 태그는 자체 배터리를 내장하고 있다. 반수동형 태그는 외부 전원과 자체 내장 배터리를 모두 사용한다. RF 주파수에 따라 분류하면 접근제어나 동물관리 등에는 124~134 KHz의 LF(Low Frequency) 태그가 사용되고 IC 카드와 신분증 등에는 13.56 MHz의 HF(High Frequency) 태그가 사용된다. 유통, 물류 등 컨테이너 식별에는 400~915 MHz의 UH(Ultra HF) 태그와 2.45 GHz의 마이크로웨이브 태그가 사용된다. 태그는 기능에 따라 식별 태그(Identity Tag)와 기능 태그(Functional Tag)로 구분된다. 식별 태그는 가장 기본적인 형태의 태그로 변경될 수 없는 EPC(Electronic Product Code)와 데이터 통신 오류를 수정하기 위한 CRC(Cyclic Redundancy Checking) 정보만을 갖는다. 반면에 기능 태그는 식별 태그의 기본 정보 외에 임의의 사용자 정보를 저장할 수 있는 기능이 있다. RFID 리더기는 태그 정보를 활용하기 위해 태그와 송수신하거나 태그에서 수집된 정보를 백 엔드 시스템으로 전송하는 장치로 고정형과 이동형이 있다. 고정형은 움직이는 태그를 판독하고 백 엔드 시스템과 유선 네크워크로 연결되어 있으며 이동형은 고정되어 있는 태그를 판독하며 백 엔드와 무선 네트워크로 연결되어 있다.

RFID 태그는 고유의 일렬 12자리 16진수로 반응한다. Innovations 회사는 마이크로컨트롤러를 활용한 프로젝트에 쉽게 사용할 수 있도록 사용이 쉽고 저렴한 RFID 리더기를 생산한다. 이 회사가 만든 리더기 시리즈는 ID-2, ID-12와 ID-20이다(〈그림 9.23〉). 시리즈 모두 핀 출력과 동작이 모두 동일하며 125 KHz 태그에서 동작한다. 차이는 안테나로 ID-2는 안테나가 없고 동작하려면 외부 안테나가 필요하다. ID-12는 작은 안테나를 ID-20은 큰 안테나를 갖는다. 이 시리즈는 9600 직렬 전송률로 자신의 데이터를 전송한다. 리더기에 있는 핀의 간격이 브레드보드와 맞지 않아서 어댑터 보드를 사용해 맞춘다. 이 시리즈의 단점은 한 번에 하나의 태그만 읽을 수 있기 때문에 리더기 범위 안에 2개 이상의 태그가 있으면 어떤 태그도 읽지 못한다. 따라서 다수의 태그 존재를 감지하려면 다른 방법을 사용해야 한다. 또한 감지 범위는 ID-20인 경우에도 200 mm가 안 된다.

〈그림 9.23〉 시리즈 ID-12와 ID-20

리더기는 단지 한번 태그를 읽고(스캔) 태그가 벗어났다 재차 범위 안으로 들어오기 전까지는 다시 읽지 않는다. 태그를 읽었는지가 아니라 태그가 존재하는지를 아는 것이 필요하다.

- 2번 리셋 핀을 LOW로 한 후 최소 150 ms 동안 HIGH를 유지하면 리더기는 다시 스캔해서 태그가 존재하는지를 알린다. 250 ms 정도의 타이머를 설정하고 이 시간 동안 태그가 스캔되지 않으면 태그가 제거되었다고 판단한다.
- 핀9(Data 0)은 태그를 읽을 때마다 9600 전송률로 데이터를 직렬 출력하므로 이 핀을 아두이노 디지털 0번인 RX 핀에 연결한다.
- 리더기는 핀10에 LED나 부저를 연결하여 빛이나 소리로 태그가 읽히는 것을 알 수 있게 할 수 있다. 접지는 아두이노 접지와 연결한다.

ID-12 리더기와 아두이노의 결선은 〈그림 9.24〉과 같이 한다. 이 회로에서 리더기 출력은 표 9.1과 같이 16 바이트 직렬이기 때문에 한 번에 한 바이트씩 출력을 읽어야 한다. 직렬 데이터를 13 바이트의 문자열 배열에 저장한다. 12 바이트는 태그 문자이고 13번째 바이트는 줄 끝 문자를 저장한다. CR(Carriage Return)은 커서를 다음 줄 맨 처음으로 이동시키기 위한 특수 문자이다.

〈표 9.1〉 바이트 태그 출력

| 문자 시작 바이트 | 태그 문자<br>16진수의 12바이트 | 줄 바꿈 | CR | 문장 끝 |
|---|---|---|---|---|

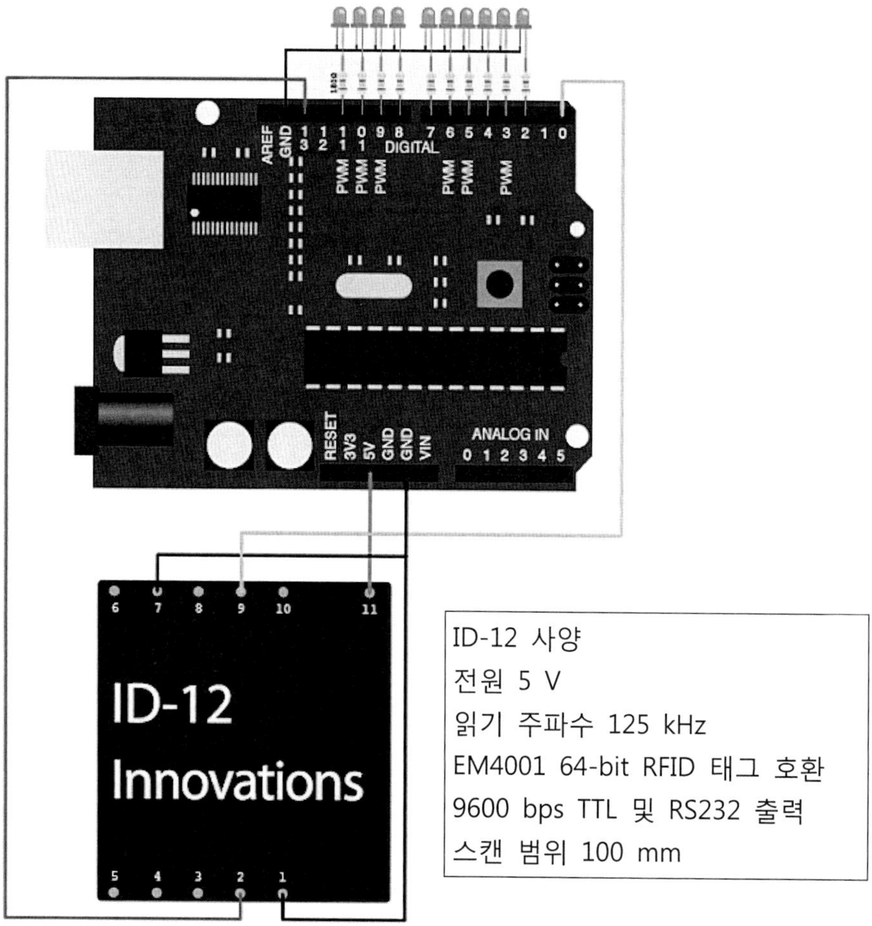


〈그림 9.24〉 ID-12 리더기와 아두이노 연결

태그를 구성하는 12 바이트 태그 문자만 필요하지만 태그의 시작과 끝을 알기 위해 리셋을 사용한다. 아래 스케치는 태그를 읽고 그것이 목록에 있으면 태그에 대응하는 LED를 점등한다. 태그가 목록에 없으면 이를 직렬 모니터에 출력한다. 모니터에 출력된 태그를 복사하여, 목록에 추가한다. 아두이노 Uno/Duemilanove는 하나의 직렬 통신만 할 수 있지만 CD74HC4067 멀티플렉서를 사용하면 하나의 직렬 핀을 사용하여 16개의 리더기를 연결할 수 있다.

```
/**** 태그를 읽고 태그에 대응하는 LED를 점등 ****/
// 인용 사이트: http://bildr.org/2011/02/rfid-arduino/

// 리더기 리셋 핀에 연결된 아두이노 핀 번호 설정
int RFIDResetPin = 13;

// RFID 태그를 여기에 등록
char tag1[13] = "1E009A4067A3";
char tag2[13] = "010230F28243";
char tag3[13] = "01023C013A04";
char tag4[13] = "01023101093A";
char tag5[13] = "01023C0A4376";
char tag6[13] = "01023C000E31";
char tag7[13] = "01023C0A3207";
char tag8[13] = "1A004116317C";
char tag9[13] = "1E009A81F9FC";
char tag10[13] = "1A004162261F";

void setup()
{
  Serial.begin(9600);  // 직렬 통신 초기화
  // 리셋 핀 연결 아두이노 핀을 출력으로 설정
  pinMode(RFIDResetPin, OUTPUT);
  // 리셋 연결 아두이노 핀에 HIGH 신호 출력
  digitalWrite(RFIDResetPin, HIGH);

  // LED 연결 디지털 핀을 출력으로 설정
  for(int i=2; i<=11; i++)
    pinMode(i, OUTPUT);
}
```

```
void loop()
{
   // 태그 읽어서 저장할 변수
   char tagString[13];
   int index = 0;
   // 태그 시작인지 끝인지 지정
   boolean reading = false;

   // 직렬 통신으로 수신한 데이터가 있으면
   while(Serial.available())
   {
      // 수신된 데이터(1 바이트)를 읽음
      int readByte = Serial.read();

      // 수신 데이터가 2이면 태그의 시작
      if (readByte == 2) reading = true;
      // 수신 데이터가 3이면 태그의 끝
      if (readByte == 3) reading = false;

      // 수신된 데이터가 2, 10, 13이 아니면
      if (reading && readByte!=2 && readByte!=10 && readByte!=13) {
         tagString[index] = readByte; // 태그 저장
         index ++;
      }
   }
   // 읽은 태그가 목록에 있는지 검사
   checkTag(tagString);
   // 태그 저장 배열 데이터를 초기화
   clearTag(tagString);
   // RFID 리더기를 리셋
   resetReader();
}

// 읽은 태그가 태그 목록에 있는지 검사
void checkTag(char tag[])
{
```

```
// 태그 데이터가 없으면(배열 tag[]의 문자열 길이가 0이면) 바로 반환
if(strlen(tag) == 0) return;

// 태그 데이터가 tag1과 일치하면
if(compareTag(tag, tag1)) {
   // 아두이노 핀 2에 연결된 LED 점등
   lightLED(2);
}
// 태그 데이터가 tag2와 일치하면
else if(compareTag(tag, tag2)) {
   lightLED(3);
}
else if(compareTag(tag, tag3)) {
   lightLED(4);
}
else if(compareTag(tag, tag4)) {
   lightLED(5);
}
else if(compareTag(tag, tag5)) {
   lightLED(6);
}
else if(compareTag(tag, tag6)) {
   lightLED(7);
}
else if(compareTag(tag, tag7)) {
   lightLED(8);
}
else if(compareTag(tag, tag8)) {
   lightLED(9);
}
else if(compareTag(tag, tag9)) {
   lightLED(10);
}
else if(compareTag(tag, tag10)) {
   lightLED(11);
}
```

```
    else {
        // 일치하는 항목이 없으면 해당 태그를 직렬 모니터에 출력
        Serial.println(tag);
    }
}

// 250 ms 동안 해당 pin에 연결된 LED 점등
void lightLED(int pin)
{
    Serial.println(pin);

    digitalWrite(pin, HIGH);  // pin으로 HIGH 출력
    delay(250);               // 250 ms 시간지연
    digitalWrite(pin, LOW);   // pin으로 HIGH 출력
}

// 다시 읽기 위해 리더기 리셋(LOW 신호 후 150 ms의 HIGH로 리셋)
void resetReader()
{
    // 리더기 리셋 핀에 LOW 신호 출력
    digitalWrite(RFIDResetPin, LOW);
    // 리더기 리셋 핀에 HIGH 신호 출력
    digitalWrite(RFIDResetPin, HIGH);
    delay(150); // 150 ms 시간지연
}

// 태그 데이터 배열을 0으로 초기화
void clearTag(char one[])
{
    for(int i = 0; i < strlen(one); i++) {
        one[i] = 0;
    }
}

// 읽은 태그와 목록의 태그 배열 데이터가 같은지 비교
boolean compareTag(char one[], char two[])
```

```
{
  // 읽은 태그 데이터가 없으면 false 반환
  if(strlen(one) == 0) return false;

  // 태그가 서로 다르면 false 반환
  for(int i = 0; i < 12; i++) {
    if(one[i] != two[i])
      return false;
  }
  return true; // 태그가 동일하면
}
```

## 9.4 지그비(Xbee) 통신

Zigbee는 Bluetooth의 고가격, 고전력 소비의 단점을 보완한 기술로 zig-zag로 날아다니며 동료에게 정보를 전달하는 벌(bee)의 정보전달 체계에 착안하여 붙여진 명칭이다. 주로 무선 리모콘, 무선 조명제어, 무선 키보드 및 무선 마우스, 무선 센서 네트워크 등 무선통신에 주로 사용된다. Zigbee끼리는 유•무선 통신이 가능하므로 다수의 Zigbee를 통해 일대다(point to multi-point)로 데이터를 주고받을 수 있다. 전용 인터페이스 보드를 사용해 다양한 응용이 가능한 이점이 있다.

Digi사의 XBee는 출력 전원, 안테나 형태, 동작 주파수와 네트워킹 능력에 따라 다양한 버전을 가지고 있어서 사용 환경이나 용도에 따른 선택이 가능하다. XBee 무선 통신은 시리즈 1, 시리즈 2 또는 시리즈 2.5 XBee 모듈을 사용하는데 시리즈1과 시리즈2/2.5는 서로 호환되지 않는다. 시리즈1 802.15.4 모듈은 네트워크를 구현하지 못한다. 메시(mesh) 네트워크나 다대일 통신 네트워크를 만들려면 시리즈2/2.5를 사용해야 한다. 하지만 사용이 쉽고 안전에 대한 요구가 낮으며 단지 유선 직렬 통신을 무선으로 변경하고자 하면 시리즈1으로 충분하다. 시리즈1 모듈은 기본적으로 무선의 UART 직렬 연결로 UART(RX와 TX 2 핀으로 동작)를 사용하는 어느 것과도 통신할 수 있다. 시리즈1 XBee를 적절하게 구성(configuration)한 후 모듈에서 RX 핀을 통해 데이터를 전송하면 동일 데이터가 통신 범위 내의 모든 다른 XBee의 TX 핀에 수신된다.

일반적인 마이크로컨트롤러와 XBee는 시리얼 통신방식으로 2번 핀 DOUT, 3번 핀 DIN과 연결하여 쉽게 상호 접속할 수 있다. XBee는 20개의 핀을 가지고 있지만 주로 1, 2, 3, 10번 핀을 사용한다. 주요 핀을 설명하면, 1번 핀은 Vcc로 3.3V 전원을 사용한다. 소켓을 이용하거나 직접 제작가능하며 아두이노 보드(UNO)의 3.3V출력을 사용할 수 있다. 즉 이 출력 단자와 XBee 1번 핀을 연결한다. 2번과 3번 핀은 DOUT과 DIN이다. XBee 모듈 사이의 전송 또는 XBee의 환경을 설정하는데 필요한 데이터는 DOUT 핀을 통해 마이크로컨트롤러나 PC로 직렬 송신되고 DIN 핀을 통해 XBee에 직렬 수신된다. 기본 데이터 속도(전송률)는 비동기 직렬 통신을 사용하여 9600 bps이다. 10번 핀은 GND로 접지에 연결한다. Xbee 모듈을 사용하려면 PC와 XBee 모듈 사이에 통신을 위해 USB 통신 기능과 Xbee 인터페이스 기능을 갖는 〈그림 9.25〉의 보드가 필요하다. 이 보드를 사용하여 펌웨어를 다운로드하고 XBee 모듈을 업데이트 한다.

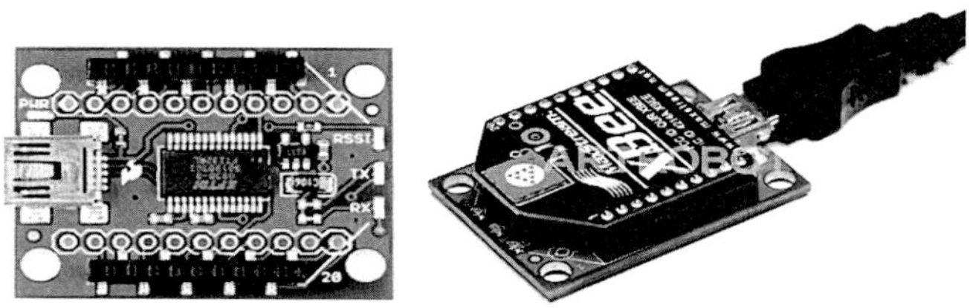

〈그림 9.25〉 PC USB와 Xbee 사이를 중계하는 보드

XBee 모듈에 따라 안테나, 전원 규격 및 장단점이 다르다. 선 안테나는 무지향성으로 안테나가 일직선이면 최대 전송 거리는 모든 방향에서 동일하다. 칩 안테나는 세라믹 칩으로 납작하다. 선 안테나 보다 공간을 작게 차지하지만 신호는 선 안테나만큼 무지향성이 아니다. UFL 커넥터는 외부 안테나 커넥터 가운데 가장 작다. 이 커넥터에 안테나를 부착하지 않고도 XBee를 사용할 수 있지만 사용 환경이 금속 상자 안이면 금속 상자에 의해 신호가 감쇄되므로 안테나를 상자 밖으로 나오게 부착해야 한다. 최소 2개의 XBee 모듈이 필요하다. XBee 쉴드나 XBee가 설치된 아두이노를 사용한다. XBee의 디폴트 구성을 변경하려면 XBee explorer를 사용하는 것이 편하다. 아두이노 프로는 〈그림 9.26〉과 같이 XBee 모듈과 직접 결합해 사용한다(인용 출처 http://bildr.org/2011/04/arduino-xbee-wireless/).

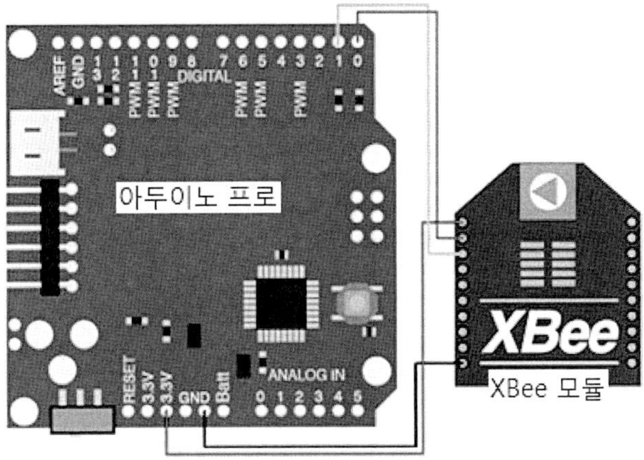


〈그림 9.26〉 아두이노 프로와 XBee 모듈의 직접 결합

XBee의 공급 전압은 3.3 V이므로 아두이노에서 XBee에게 5 V의 직렬 명령을 전송하면 절대 안 된다. 아두이노 Uno와 Duemilanove 보드는 5 V에서 동작하고 3.3V 핀이 있지만 직렬 통신 핀, 디지털 핀 등은 5 V에서 동작한다. 5 V를 3.3 V로 변환하기 위해 BOB-08745와 같은 논리 레벨 변환기(logic level converter)를 사용한다. 이 변환기는 3.3 V를 5 V로 또는 5 V를 3.3 V로 만들어 주기 때문에 XBee로부터 3.3 V 직렬 통신은 아두이노에 적합하도록 5 V 직렬 통신으로 변환되고 아두이노의 5 V 직렬 통신은 XBee를 위해 3.3 V 직렬 통신으로 변환된다. 〈그림 9.27〉에 보인 것처럼 논리 레벨 변환기는 5 V와 3.3 V의 전원을 필요로 하며 몇 개의 입출력(ins/outs)를 가진다.

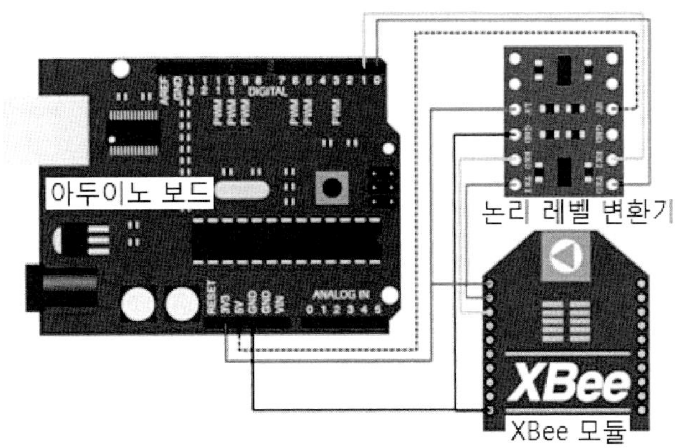


〈그림 9.27〉 논리 레벨 변환기를 이용한 아두이노와 XBee 모듈 결합

아두이노와 XBee 사이의 전압 변환 문제를 해결하기 위해 〈그림 9.28〉와 같이 여러 유형의 XBee 쉴드가 만들어져 있기 때문에 이를 사용하면 아두이노에서 XBee 통신을 쉽게 사용할 수 있다. 〈그림 9.29〉은 XBee 모듈, XBee 연결을 도와주는 XBee 쉴드와 아두이노 Uno 보드가 결합된 것이다. XBee 자체는 동작하는데 4개 핀이 필요하다: 전원, 접지와 RX/TX. RFID 리더와 같이 데이터를 전송하는 센서에 사용하면 3개 핀만 필요하다. 아두이노 스케치를 업로드 할 때 XBee와 연결된 TX, RX핀이 충돌을 일으킬 수 있으므로 모듈을 분리하고 진행한다. XBee 쉴드에 선택 스위치가 있으면 선택 핀을 스케치 업로드 때는 DLINE에, 동작 시에는 UART에 위치시킨다.

〈그림 9.28〉 XBee 쉴드

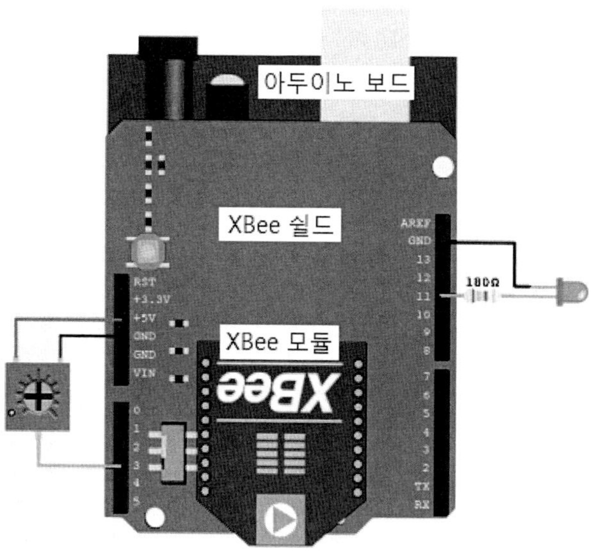


〈그림 9.29〉 XBee 쉴드를 이용한 XBee와 아두이노 결합

### 1) XBee 구성(Configuration)

XBee 모듈은 바로 사용할 수 있도록 채널 0X0C(12), 네트워크 3332에서 동작하고 기본 전송률 9600 bps으로 구성되어 있다. 이는 설정 변경 없이 모듈이 서로 통신할 수 있으며 동시에 통신 범위 내에 있는 다른 모듈이 설정을 변경하지 않았다면 이 모듈 또한 통신이 가능함을 나타낸다. 사용할 프로젝트에서 이 문제가 중요하지 않으면(통신 범위 내에 다른 XBee 통신이 없는 경우) 리셋 없이 사용하면 되고 그렇지 않으면 보다 안전한 통신이 이루어지도록 설정을 변경한다. XBee를 재구성하기 위해서는 컴퓨터에 XBee 모듈을 연결해야 하고 이를 위해 XBee Explorer USB를 사용한다. 이는 FTDI 드라이버를 사용할 수 있어야 하는데 아두이노 소프트웨어를 설치할 때 해당 드라이버는 설치된다. 펌웨어를 변경하거나 일대일 또는 일대다 통신을 위해서는 XBee 모듈을 그에 맞게 설정해야 한다. 윈도우 운영체제인 경우 Digi사의 X-CTU 소프트웨어를 사용하여 XBee 모듈 설정하며 그 방법은 다음과 같다.

① Digi사의 X-CTU라는 소프트웨어를 다운로드하고 설치한다. 실행하면 〈그림 9.30〉과 같은 초기 화면이 뜬다.

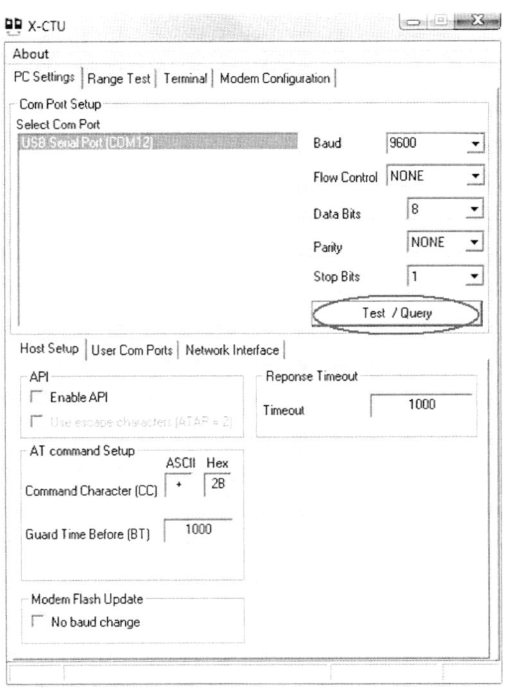


〈그림 9.30〉 X-CTU 실행 초기 화면

② XBee 모듈을 XBee Explorer USB에 끼우고 XBee Explorer를 컴퓨터에 연결한다. COM 포트 확인한다. 연결이 되지 않을 때에는 FTDI 드라이버를 설치한 후 재 연결한다(아두이노 IDE를 설치하면 FTDI 드라이버도 설치됨).

③ "PC Setting" 탭에서 현재 설정(baud rate, flow control, data bits, parity, stop bits)에 대한 기본 정보를 확인할 수 있다. 올바른 COM포트를 왼쪽 창에서 선택하고 오른쪽의 "Test/Query" 버튼을 클릭하여 연결을 확인한다(〈그림 9.31〉). 연결에 실패하면 Baud 항목의 전송률을 바꾸거나 다른 COM포트를 사용한다.

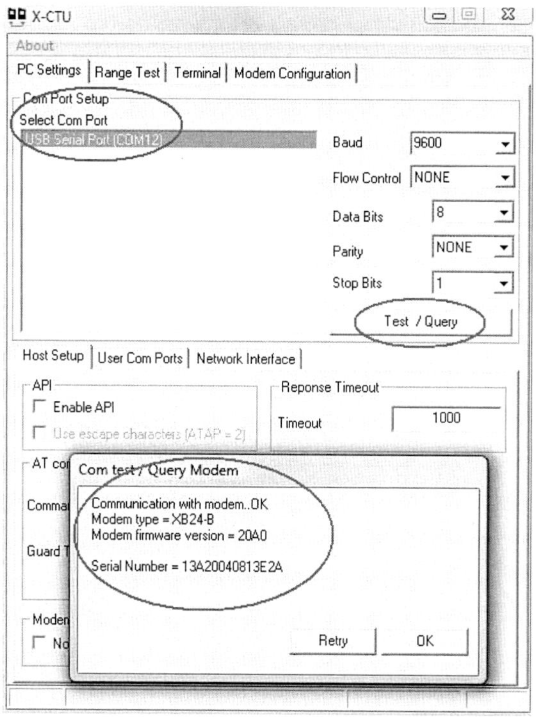


〈그림 9.31〉 "Test/Query" 버튼 실행 후

④ “모뎀 설정(Modem Configuration)”창을 선택한다(〈그림 9.32〉). 다운로드 후 첫 실행 시에는 오른쪽에 있는 새로운 버전으로 업데이트부터 실행한다.

〈그림 9.32〉 X–CTU 모뎀 구성 화면

⑤ “Range Test” 탭에서 통신 범위를 검사한다. 통신 범위는 주변 환경과 다른 신호 등에 영향을 받아 달라진다.

⑥ “Terminal” 탭에서 데이터를 전송하고 수신된 정보를 확인할 수 있다.

⑦ “Read” 버튼을 클릭, 모뎀의 구성을 읽는다(〈그림 9.33〉).

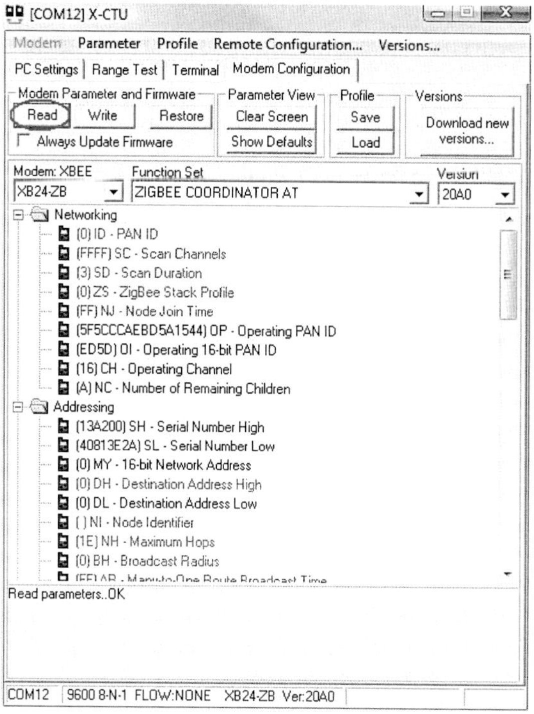

〈그림 9.33〉 Xbee 시리즈2인 XB24-ZB 모뎀 구성 상태

⑧ 각 XBee의 데이터시트를 확인하여 통신에 알맞은 프로토콜을 설정한다. XBee는 초기 설정 그대로 두면 1:1 통신이 가능하다. 모델마다 프로토콜이 다르므로 데이터시트를 반드시 확인한다.

⑨ 만약 모뎀을 초기화하고 싶다면 “Show Defaults” 버튼을 클릭한다.

⑩ “Always Update Firmware”를 선택하고 “Write” 버튼을 눌러 새 펌웨어를 기록한다.

⑪ 성공적으로 완료되었으면 다시 “Read” 버튼을 클릭, 바르게 작성되었는지 확인한다.

하나의 XBee에 대해 끝냈으면 그 다음 XBee에 대해서 동일한 과정을 거쳐 채널, 네트워크 ID와 전송률이 같도록 설정한다. 사용할 XBee 모두 상호 통신이 가능하도록 하기 위해 채널과 “Serial Interfacing” 하의 설정이 동일해야 한다. 근처의 다른 XBee 프로젝트에서 다른 네트워크 ID를 사용하고 있다 해도 채널을 달리해야 한다. 동일 채널을 사용하면 간섭을 일

으켜 통신 범위가 줄어든다. 이제 동일한 구성을 갖는 XBee 두 개가 있다. 하나는 XBee Explorer에 남기고 XBee 쉴드를 아두이노 위에 끼운다. 아직 XBee를 XBee 쉴드에 꽂지 않는다. 이제 모든 XBee 모듈의 설정이 끝났고 동일 네트워크에 있기 때문에 XBee의 RX 핀에 들어오는 데이터는 동일 네트워크 상의 다른 XBee 모듈의 TX 핀에서 전송된 것이다. 그 반대도 마찬가지이다. 네트워크에 10개의 XBee가 있다면 그들 가운데 어떤 XBee가 보낸 데이트를 나머지 XBee 모두가 받게 된다. 많은 데이터를 지속적으로 전송하면 직렬 버퍼는 빨리 채워지고 패킷을 잃어버려 데이터의 일부가 제대로 전송되지 않을 수 있다. 또한 컴퓨터에 연결된 XBee Explorer에 XBee 모듈이 끼워져 있고 아두이노의 직렬 모니터가 열려 있으면 동일 네트워크 상의 XBee에 명령을 송수신할 수 있다.

## 2) Xbee 통신 스케치

아두이노는 XBee가 사용할 동일 RX/TX 핀을 통해 스케치의 업로드가 이루어지므로 XBee가 해당 핀에 연결되어 있으면 아두이노에 스케치를 업로드 하지 못한다. 스케치를 업로드 할 때에는 XBee를 아두이노에서 분리한다. 선택 스위치가 있는 XBee 쉴드를 사용하는 경우면 XBee 분리 없이 선택 핀을 스케치 업로드 때는 DLINE에, 동작 시에는 UART에 위치시킨다.

컴퓨터 터미널(아두이노 직렬 모니터) 창으로부터 문자 a를 전송하면 아두이노 11번 핀에 연결된 LED를 점등하고 문자 b를 전송하면 LED를 꺼지는 스케치를 작성한다. XCTU의 "Terminal" 탭에서 이 데이터를 전송할 수도 있다. 문자 a를 친다. 아두이노에 연결된 LED가 점등된다. 문자 b를 친다. LED는 꺼진다. 아두이노의 스케치에서 Serial.print() 함수를 사용하면 아두이노에서 컴퓨터로 이 데이터를 전송할 수도 있다. 스케치의 동작을 위해 〈그림 9.29〉과 같이 아두이노 11번 핀에 LED와 저항 180 $\Omega$을 직렬로 연결한 후 이를 접지에 연결한다. 가변저항의 양 끝단을 5 V와 접지에 연결, 중앙은 아두이노 아날로그 핀3에 연결한다.

```
/**** 문자 a는 핀11의 LED를 점등, 문자 b LED를 점멸 ****/

void setup()
{
   // 아두이노 직렬 통신 보레이트 초기화
   Serial.begin(9600);
```

```
        // 디지털 핀11을 출력으로 설정
    pinMode(11, OUTPUT);
}

void loop()
{
    // 직렬 통신에서 수신된 데이터가 있는지 확인
    while(Serial.available())
    {
        // 1 바이트 데이터를 읽어 변수 getData에 대입
        char getData = Serial.read();
        // 읽은 데이터가 문자 a이면
        if( getData == 'a' ) {
            digitalWrite(11, HIGH);  // 핀11에 HIGH 출력, LED 점등
        }
        // 읽은 데이터가 문자 b이면
        else if( getData == 'b' ) {
            digitalWrite(13, LOW);      // 핀11에 LOW 출력, LED 끔
        }
    }
}
```

이번에는 〈그림 9.29〉의 아두이노에 연결된 가변저항을 돌리면 동일 네트워크에 있는 모든 아두이노에 연결된 LED의 밝기를 변경하는 스케치를 다뤄보자. 이를 위해서 앞에서 사용한 것과 동일한 아두이노/XBee 조합이 2개 이상 필요하다.

```
/**** 아두이노에서 가변저항을 돌려 네트워크에 연결된 LED 밝기를 조정 ****/
// 가변저항 연결할 아날로그 핀 번호
#define potPin 3
// LED 연결할 디지털 핀 번호
#define ledPin 11

// 직렬 통신에서 수신 데이터를 저장할 변수
int inByte = -1;
```

```
// 숫자 문자를 저장할 문자열 배열 정의
char inString[6];
// 배열 inString[]에서 저장 위치를 지정할 인덱스 변수
int stringPos = 0;
// 가변저항에 걸린 이전 전압 값을 저장하는 변수
int lastValue = 0;

void setup()
{
   // LED 연결 핀11을 출력으로 설정
   pinMode(ledPin, OUTPUT);
   // 직렬 통신 초기화
   Serial.begin(9600);
}

void loop()
{
   // 직렬 통신에서 수신한 데이터(1 바이트) 읽음
   inByte = Serial.read();
   // 가변저항에 걸린 전압을 읽어 변수 potVal에 대입
   // analogRead()은 0~5 V의 전압을 읽어 0~1023의 디지털 값으로 반환
   int potVal = analogRead(potPin);

   // 빈번한 전송으로 네트워크 넘침(flooding)을 막기 위해
   // 이전에 받은 데이터와 차가 5보다 크면 새로운 값을 전송
   // 이전 전압과의 차가 5보다 크면
   if( abs(potVal - lastValue) > 5) {
      // 현재 값을 XBee를 통해 전송
      Serial.println(potVal);
      // 현재 값을 이전 값으로 저장
      lastValue = potVal;
   }

   // 읽은 데이터가 0~9의 숫자 문자이면
   if( (inByte >= '0') && (inByte <= '9') ) {
      // 문자배열 inString[]에 순서대로 문자 저장
```

```
    inString[stringPos] = inByte;
    // 배열에서 저장 위치 변경 인덱스
    stringPos ++;
  }

  // 직렬 통신에서 수신한 데이터가 줄 바꿈(줄의 끝) 문자(아스키 10)이면
  if (inByte == '\r') { 또는 inByte == 10
    // atoi() 함수를 이용해서 배열 inString[]의 내용을 정수로 변환하고
    // 변환된 숫자(0~1023)를 변수 brightness에 대입
    int brightness = atoi(inString);

    // 0~1023 범위의 숫자를 0~255 범위의 숫자로 변환
    brightness = map(brightness, 0, 1023, 0, 255);
    // 0~255 범위의 숫자에 해당하는 0~5 V 범위의 전압으로 LED에 출력
    analogWrite(ledPin, brightness);

    // 배열 inString[]을 0으로 초기화
    for (int c = 0; c < stringPos; c++) {
      inString[c] = 0;
    }
    stringPos = 0;
  }
}
```

두 개 이상의 XBee를 사용해 보고 네트워크 토폴로지와 구성도 변경해 보자. 벽이나 다른 장애물이 신호 전송 범위에 어떤 영향을 주는지도 알아보자. 무선의 RFID 문 잠금 장치나 무선으로 아두이노 핀을 제어하는 프로젝트를 시도해 보자.

# Part 10

# 나만의 프로젝트 만들기

## 10.1 잔상효과(POV) LED 디스플레이

잔상효과(POV: Persistence of Vision)를 이용한 LED 디스플레이는 소량의 LED를 사용하여 보다 넓은 표시 효과를 내는 장치이다. 하지만 LED를 움직여서 잔상효과를 내야하기 때문에 손으로 직접 움직이거나 모터를 달아서 회전시켜야 하는 문제가 있고 높은 해상도의 디스플레이를 구현하기는 어려운 단점이 있다. 또한 잔상을 이용하기 때문에 프레임 속도가 높은 영상을 재생하는 것은 어렵지만 정적인 3차원 이미지의 표현에는 적합하다. 여기서는 〈그림 10.1〉의 회로를 사용하여 문자열을 잔상효과 LED에 표시하기 위한 스케치에 대해 알아본다.

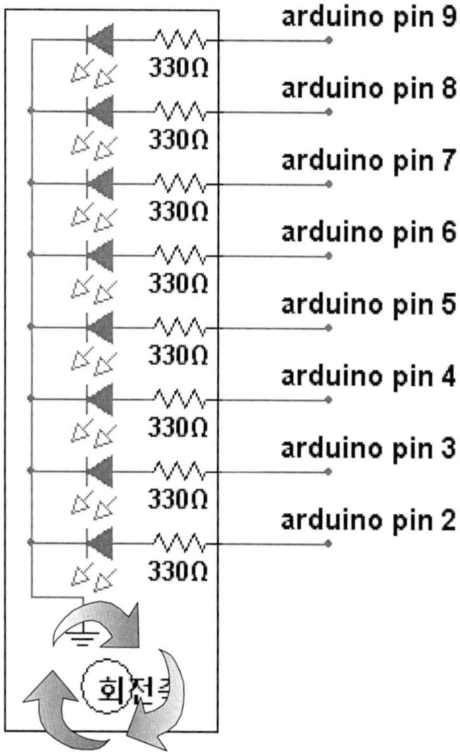


〈그림 10.1〉 잔상효과 디스플레이 회로

문자열은 다수의 문자가 결합된 것으로 문자 각각의 표시는 폰트에 의해 결정된다. 폰트는 LED로 표시할 문자에 대한 LED 온·오프 정보를 저장하며 스케치에서 다음과 같이 부호 없는 상수 문자 배열로 선언한다.

- 폰트는 문자 하나를 8(높이)*5(폭)의 크기로 표시한다. 높이는 문자 표시에 사용할 LED 개수를 결정한다.

```
const unsigned char font[95][5] = { 생략 };
```

- LED에 표시할 문자열은 상수 문자열 배열 textString[]에 정의된다.

```
const char textString[] = "LOVE";
```

- textString[]에 저장된 문자를 하나씩 displayLetter(textString[i]) 함수에 인수로 넘겨 LED에 표시한다. 저장된 문자열 개수 sizeof(textString)만큼 반복 호출한다.

```
for (int i=0; i<sizeof(textString); i++){
   displayLetter(textString[i]);
}
```

- 넘겨받은 textString[i]의 문자를 LED에 표시하는 것은 폰트 표시 함수 displayLetter (char ch)에서 다음과 같이 처리된다. 표시할 문자의 아스키 코드에서 공백 문자의 아스키 코드 32를 빼면 표시 문자의 폰트 배열 인덱스를 얻는다. 가령, 'L' 문자를 표시하려면 이 문자의 아스키 코드 76에서 빈 공백 문자의 아스키 코드 32를 빼면 문자 'L'의 폰트 배열 인덱스 44를 얻는다(76-32=44). 즉 'L'의 폰트는 font[44][]에 정의되어 있다. 이에 대한 스케치는 다음과 같다.

```
if (ch < 32 || ch > 126){ // 아스키 코드가 32 ~ 126 범위가 아니면
  ch = 32; // 공백 문자로 처리
}
ch -= 32;
```

• 〈그림 10.2〉의 문자 'L'에 대한 폰트 5바이트로 LED를 점등하는 것을 알아보자. font[44][0]부터 순서대로 font[44][4]까지의 데이터로 8개의 LED를 점멸하면 문자 'L'이 표시된다.

| 문자 'L' 폰트 | 16진수 | 2진수 |
|---|---|---|
| font[44][0] | 0x7f | 01111111 |
| font[44][1] | 0x40 | 01000000 |
| font[44][2] | 0x40 | 01000000 |
| font[44][3] | 0x40 | 01000000 |
| font[44][4] | 0x40 | 01000000 |

charWidth
5

charHeight
8

〈그림 10.2〉 문자 'L' 표시를 위한 폰트 정의

• font[44][i]의 한 바이트 데이터로 8개의 LED를 점등하기 위해 먼저 해당 바이트를 바이트 자료형 변수 b에 넣는데 이는 i=0에서 i=4까지 실행된다.

```
byte b = font[ch][i];
```

• 코드 (b & (1 〈〈 j))는 b의 j번째 비트를 알아내기 위해 1을 j번 왼쪽으로 시프트하고 그것과 b를 논리곱으로 계산한다. 이는 j=0(b의 우측 최하위 비트)에서부터 7(최상위 비트)까지에 대해 반복 적용된다. 아래 코드는 변수 b의 비트 정보를 사용하여 해당 LED 핀(ledPINs[j])에 1(HIGH) 또는 0(LOW)을 출력한다. 비트가 1이면 해당 LED를 켜고 0이면 끈다.

```
digitalWrite(ledPINs[j], (b & (1 << j)));
```

• 표 10.1은 문자 'L'의 font[44][0] = 0x7f로 LED 온・오프 과정을 설명한다. 먼저 font[44][0] 데이터의 최하위 비트 값이 1이므로 아두이노 핀9에 연결된 LED를 점등한다. 이런 방식으로 상위 비트까지 순차적으로 처리한다. 최상위 비트는 0이므로 아두이노 핀2에 연결된 LED를 끈다.

〈표 10.1〉 폰트 정보로 LED 온 · 오프

<table>
<tr><td rowspan="2">LED 점멸</td><td>font[44][0]</td><td>오프</td><td>온</td><td>온</td><td>온</td><td>온</td><td>온</td><td>온</td><td>온</td></tr>
<tr><td>font[44][1]</td><td>오프</td><td>온</td><td>오프</td><td>오프</td><td>오프</td><td>오프</td><td>오프</td><td>오프</td></tr>
<tr><td colspan="2">아두이노 핀<br>ledPINs[0-7]</td><td>2</td><td>3</td><td>4</td><td>5</td><td>6</td><td>7</td><td>8</td><td>9</td></tr>
<tr><td colspan="2" rowspan="2">font[44][0]<br>= 0x7f</td><td>0</td><td>1</td><td>1</td><td>1</td><td>1</td><td>1</td><td>1</td><td>1</td></tr>
<tr><td colspan="8">0x7f의 이진 수</td></tr>
<tr><td colspan="2" rowspan="2">font[44][1]<br>= 0x40</td><td>0</td><td>1</td><td>0</td><td>0</td><td>0</td><td>0</td><td>0</td><td>0</td></tr>
<tr><td colspan="8">0x40의 이진 수</td></tr>
</table>

- 한 문자의 열 사이에 아래 코드로 시간지연을 둔다. 시간지연은 LED의 움직이는 속도에 맞춰 잔상효과로 문자가 잘 보이도록 정한다.

```
delayMicroseconds(1500);
```

- 한 문자를 표시한 후 모든 LED를 끄고 잠시 그 상태를 유지한다. 마찬가지로 문자가 잘 보이도록 시간지연 값을 결정한다.

```
for (int i=0;i<=charHeight;i++){
    digitalWrite(ledPINs[i],LOW);
}
delayMicroseconds(2000);
```

- 〈그림 10.1〉의 회로에서 8개의 LED가 시계방향으로 회전할 때 문자열 "LOVE"를 표시하려면 아래 스케치에서 다음과 같이 선언한다.

```
const char textString[] = "LOVE";
```

- 반시계 방향으로 회전하는 경우에는 "LOVE"를 표시하려면 문자 E부터 역순으로 LED에 표시되어야 하기 때문에 다음과 같이 선언한다.

```
const char textString[] = "EVOL";
```

〈그림 10.1〉의 회로가 시계방향으로 회전할 때 잔상효과 디스플레이에서 문자열 "LOVE"를 표시하기 위한 스케치는 다음과 같다.

```
/**** 잔상 효과 스케치 ****/
// 크기 8(높이)*5(폭)인 문자 폰트 배열 데이터 정의
const unsigned char font[95][5] = {
   {0x00,0x00,0x00,0x00,0x00}, //  0x20(공백 문자 16진수) 32(아스키 코드)
   {0x00,0x00,0x6f,0x00,0x00}, // ! 0x21 33
   {0x00,0x07,0x00,0x07,0x00}, // " 0x22 34
   {0x14,0x7f,0x14,0x7f,0x14},  // # 0x23 35
   {0x00,0x07,0x04,0x1e,0x00}, // $ 0x24 36
   {0x23,0x13,0x08,0x64,0x62}, // % 0x25 37
   {0x36,0x49,0x56,0x20,0x50}, // & 0x26 38
   {0x00,0x00,0x07,0x00,0x00}, // ' 0x27 39
   {0x00,0x1c,0x22,0x41,0x00}, // ( 0x28 40
   {0x00,0x41,0x22,0x1c,0x00}, // ) 0x29 41
   {0x14,0x08,0x3e,0x08,0x14}, // * 0x2a 42
   {0x08,0x08,0x3e,0x08,0x08}, // + 0x2b 43
   {0x00,0x50,0x30,0x00,0x00}, // , 0x2c 44
   {0x08,0x08,0x08,0x08,0x08}, // - 0x2d 45
   {0x00,0x60,0x60,0x00,0x00}, // . 0x2e 46
   {0x20,0x10,0x08,0x04,0x02}, // / 0x2f 47
   {0x3e,0x51,0x49,0x45,0x3e}, // 0 0x30 48
   {0x00,0x42,0x7f,0x40,0x00}, // 1 0x31 49
   {0x42,0x61,0x51,0x49,0x46}, // 2 0x32 50
   {0x21,0x41,0x45,0x4b,0x31}, // 3 0x33 51
   {0x18,0x14,0x12,0x7f,0x10}, // 4 0x34 52
   {0x27,0x45,0x45,0x45,0x39}, // 5 0x35 53
   {0x3c,0x4a,0x49,0x49,0x30}, // 6 0x36 54
   {0x01,0x71,0x09,0x05,0x03}, // 7 0x37 55
   {0x36,0x49,0x49,0x49,0x36}, // 8 0x38 56
   {0x06,0x49,0x49,0x29,0x1e}, // 9 0x39 57
   {0x00,0x36,0x36,0x00,0x00}, // : 0x3a 58
   {0x00,0x56,0x36,0x00,0x00}, // ; 0x3b 59
   {0x08,0x14,0x22,0x41,0x00}, // < 0x3c 60
   {0x14,0x14,0x14,0x14,0x14}, // = 0x3d 61
   {0x00,0x41,0x22,0x14,0x08}, // > 0x3e 62
   {0x02,0x01,0x51,0x09,0x06}, // ? 0x3f 63
```

```
{0x3e,0x41,0x5d,0x49,0x4e}, // @ 0x40 64
{0x7e,0x09,0x09,0x09,0x7e}, // A 0x41 65
{0x7f,0x49,0x49,0x49,0x36}, // B 0x42 66
{0x3e,0x41,0x41,0x41,0x22}, // C 0x43 67
{0x7f,0x41,0x41,0x41,0x3e}, // D 0x44 68
{0x7f,0x49,0x49,0x49,0x41}, // E 0x45 69
{0x7f,0x09,0x09,0x09,0x01}, // F 0x46 70
{0x3e,0x41,0x49,0x49,0x7a}, // G 0x47 71
{0x7f,0x08,0x08,0x08,0x7f},  // H 0x48 72
{0x00,0x41,0x7f,0x41,0x00}, // I 0x49 73
{0x20,0x40,0x41,0x3f,0x01}, // J 0x4a 74
{0x7f,0x08,0x14,0x22,0x41}, // K 0x4b 75
{0x7f,0x40,0x40,0x40,0x40}, // L 0x4c 76
{0x7f,0x02,0x0c,0x02,0x7f}, // M 0x4d 77
{0x7f,0x04,0x08,0x10,0x7f}, // N 0x4e 78
{0x3e,0x41,0x41,0x41,0x3e}, // O 0x4f 79
{0x7f,0x09,0x09,0x09,0x06}, // P 0x50 80
{0x3e,0x41,0x51,0x21,0x5e}, // Q 0x51 81
{0x7f,0x09,0x19,0x29,0x46}, // R 0x52 82
{0x46,0x49,0x49,0x49,0x31}, // S 0x53 83
{0x01,0x01,0x7f,0x01,0x01}, // T 0x54 84
{0x3f,0x40,0x40,0x40,0x3f}, // U 0x55 85
{0x0f,0x30,0x40,0x30,0x0f}, // V 0x56 86
{0x3f,0x40,0x30,0x40,0x3f}, // W 0x57 87
{0x63,0x14,0x08,0x14,0x63}, // X 0x58 88
{0x07,0x08,0x70,0x08,0x07}, // Y 0x59 89
{0x61,0x51,0x49,0x45,0x43}, // Z 0x5a 90
{0x3c,0x4a,0x49,0x29,0x1e}, // [ 0x5b 91
{0x02,0x04,0x08,0x10,0x20}, // ₩ 0x5c 92
{0x00,0x41,0x7f,0x00,0x00}, // ] 0x5d 93
{0x04,0x02,0x01,0x02,0x04}, // ^ 0x5e 94
{0x40,0x40,0x40,0x40,0x40}, // _ 0x5f 95
{0x00,0x00,0x03,0x04,0x00}, //   0x60 96
{0x20,0x54,0x54,0x54,0x78}, // a 0x61 97
{0x7f,0x48,0x44,0x44,0x38}, // b 0x62 98
{0x38,0x44,0x44,0x44,0x20}, // c 0x63 99
```

```
    {0x38,0x44,0x44,0x48,0x7f}, // d 0x64 100
    {0x38,0x54,0x54,0x54,0x18}, // e 0x65 101
    {0x08,0x7e,0x09,0x01,0x02}, // f 0x66 102
    {0x0c,0x52,0x52,0x52,0x3e}, // g 0x67 103
    {0x7f,0x08,0x04,0x04,0x78}, // h 0x68 104
    {0x00,0x44,0x7d,0x40,0x00}, // i 0x69 105
    {0x20,0x40,0x44,0x3d,0x00}, // j 0x6a 106
    {0x00,0x7f,0x10,0x28,0x44}, // k 0x6b 107
    {0x00,0x41,0x7f,0x40,0x00}, // l 0x6c 108
    {0x7c,0x04,0x18,0x04,0x78}, // m 0x6d 109
    {0x7c,0x08,0x04,0x04,0x78}, // n 0x6e 110
    {0x38,0x44,0x44,0x44,0x38}, // o 0x6f 111
    {0x7c,0x14,0x14,0x14,0x08}, // p 0x70 112
    {0x08,0x14,0x14,0x18,0x7c}, // q 0x71 113
    {0x7c,0x08,0x04,0x04,0x08}, // r 0x72 114
    {0x48,0x54,0x54,0x54,0x20}, // s 0x73 115
    {0x04,0x3f,0x44,0x40,0x20}, // t 0x74 116
    {0x3c,0x40,0x40,0x20,0x7c}, // u 0x75 117
    {0x1c,0x20,0x40,0x20,0x1c}, // v 0x76 118
    {0x3c,0x40,0x30,0x40,0x3c}, // w 0x77 119
    {0x44,0x28,0x10,0x28,0x44}, // x 0x78 120
    {0x0c,0x50,0x50,0x50,0x3c}, // y 0x79 121
    {0x44,0x64,0x54,0x4c,0x44}, // z 0x7a 122
    {0x00,0x08,0x36,0x41,0x41}, // { 0x7b 123
    {0x00,0x00,0x7f,0x00,0x00}, // | 0x7c 124
    {0x41,0x41,0x36,0x08,0x00}, // } 0x7d 125
    {0x04,0x02,0x04,0x08,0x04} // ~ 0x7e 126
};

// LED 핀 설정
const int ledPINs[] = {9,8,7,6,5,4,3,2};
// 표시 문자 높이 지정 변수 선언
const int charHeight = sizeof(ledPINs);
// 표시 문자의 폭 지정 변수 선언
const int charWidth = 5;
```

```
// 표시할 문자열 지정
const char textString[] = "LOVE";

void setup()
{
  for (int i=0;i<=charHeight;i++){
    // 아두이노 LED 핀 출력으로 설정
    pinMode(ledPINs[i], OUTPUT);
  }
  pinMode(13, OUTPUT);
}

void loop()
{
  // 변수 배열 textString이 가진 문자열 표시
  for (int i=0; i<sizeof(textString); i++){
    displayLetter(textString[i]);
  }
}

// 폰트 표시 함수
void displayLetter(char ch)
{
  // 문자가 폰트 배열에 정의되어 있는지 확인, 없으면 공백 문자로 처리
  // 아스키 코드가 32 ~ 126 범위가 아니면
  if (ch < 32 || ch > 126){
   ch = 32; // 공백 문자로 처리
  }
  // 폰트 배열 첫 문자인 공백 문자의 아스키 코드 값을 빼서
  // 아스키 코드를 폰트 배열 인덱스로 변환
  ch -= 32;

  // 문자 폰트 배열의 문자에서 한 바이트씩 읽어 처리
  for (int i=0; i<charWidth; i++) {
    // 문자 폭 5 바이트 데이터에서 한 바이트 씩 읽음
    byte b = font[ch][i];
```

```
        // 문자 한 바이트의 최하위 비트부터 한 비트씩 LED 핀으로 출력
        for (int j=0; j<charHeight; j++) {
            digitalWrite(ledPINs[j], !!(b & (1 << j)));
        }

        // 한 문자의 열 사이에 시간지연을 둠
        delayMicroseconds(1500);
    }

    // 문자 표시 LED 오프
    for (int i=0;i<=charHeight;i++){
        digitalWrite(ledPINs[i],LOW);
    }

    // 표시 문자 사이에 공백 처리
    delayMicroseconds(2000);
}
```

이제 잔상효과 LED 디스플레이를 손으로 흔들어 사용하는 경우를 고려해보자. 이때 디스플레이는 손 움직임에 따라 시계 방향과 반시계 방향으로 교대로 움직인다. 문자열 "Kissing the rain."을 LED 디스플레이에 표시한다고 하자. "Kissing"은 시계방향으로 움직일 때 표시되고 "the rain."은 반시계 방향으로 움직일 때 표시되도록 하자. 반시계 방향으로 움직일 때는 표시할 문자열의 문자가 역순으로 나타나야 하기 때문에 표 10.2에 보인 것처럼 ".niar eht"이 된다.

〈표 10.2〉 LED 디스플레이 양방향 회전에 따른 문자열 처리

| 표시할 문자열 | "Kissing | the rain." |
|---|---|---|
| 회전 방향 | 시계 방향(↷) | 반시계 방향(↶) |
| 문자열 저장 | textStringCW[] = "Kissing" | textStringCCW[] = ".niar eht" |
| 방향 감지 | 방향 스위치 온 | 방향 스위치 오프 |

- 문자열을 저장할 변수로 시계 방향은 textStringCW[]와 반시계 방향은 textStringCCW[]를 사용하여 코드를 수정하면 다음과 같다.

```
const char textStringCW[] = "Kissing";  // 시계 방향에서 표시할 문자열
const char textStringCCW[] = ".niar eht"; // 반시계 방향에서 표시할 문자열
```

- 방향을 구분하기 위해 4.4절에 소개한 단방향 스위치를 사용한다. 회로는 〈그림 10.3〉과 같다. 아두이노 아날로그 0번 핀을 통해 전압을 읽어 변수 sensorVal에 저장한다. 회로를 구현할 때 방향 스위치는 시계 방향 회전을 시작할 때 온이 되고 반시계 방향 회전을 시작할 때 오프가 되도록 설치한다.

```
const int sensorPIN = 0;  // 방향 스위치 아날로그 센서 핀 지정
int sensorVal;  // 센서 출력 값 저장할 변수 선언
sensorVal = analogRead(sensorPIN);  // 센서 출력 읽음
```

- 스위치가 온이 되면 0(0 V)인 값을 읽고 스위치가 오프이면 1023(5 V) 값을 읽는다. 중간인 512를 기준으로 스위치의 온·오프를 판단한다. 스위치가 온이 되면 시계 방향 으로 회전으로 textStringCW[]을 표시하고 오프이면 반시계 방향 회전으로 으로 textStringCCW[]을 표시한다.

```
  // 방향 스위치로 회전 방향 감지
  // 스위치 온(시계 방향 회전)
if (sensorVal < 512) {
  // 변수 배열 textStringCW[]이 가진 문자열 표시
  for (int i=0; i<sizeof(textStringCW); i++){
    displayLetter(textStringCW[i]);
  }
}
// 방향 스위치 오프(반시계 방향 회전)
else {
  // 변수 배열 textStringCCW[]이 가진 문자열 표시
  for (int i=0; i<sizeof(textStringCCW); i++){
    displayLetter(textStringCCW[i]);
  }
}
```

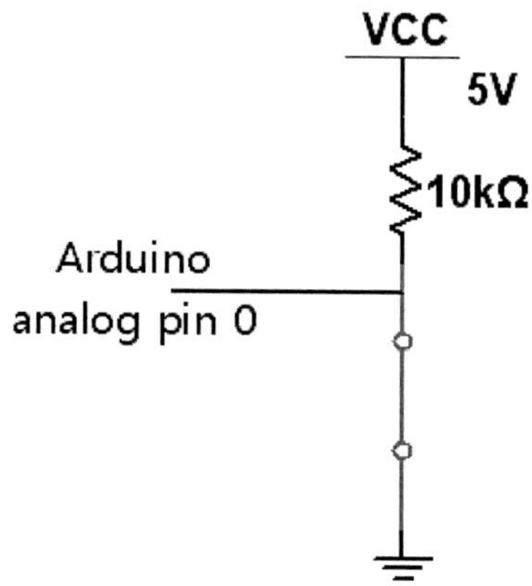


〈그림 10.3〉 방향 센서 회로

수정된 부분의 코드는 다음과 같다. 이전 코드에서 const unsigned char font[95][5] 선언부는 아래 코드 앞에 함수 displayLetter()는 마지막에 추가하고 실행한다.

```
const int ledPINs[] = {9,8,7,6,5,4,3,2}; // LED 핀 설정
const int charHeight = sizeof(ledPINs); // 표시 문자 높이 지정 변수 선언
const int charWidth = 5; // 표시 문자의 폭 지정 변수 선언

const int sensorPIN = 0;  방향 스위치 아날로그 센서 핀 지정
int sensorVal;  // 센서 출력 값 저장할 변수 선언

const char textStringCW[] = "Kissing";  // 시계 방향에서 표시할 문자열
const char textStringCCW[] = ".niar eht"; // 반시계 방향에서 표시할 문자열

void setup()
{
   for (int i=0;i<=charHeight;i++){
      // 아두이노 LED 핀 출력으로 설정
      pinMode(ledPINs[i], OUTPUT);
   }
   pinMode(13, OUTPUT);
}
```

```
void loop()
{
  // 방향 스위치 센서 출력 읽음
  sensorVal = analogRead(sensorPIN);

  // 방향 스위치로 회전 방향 감지
  // 스위치 온(시계 방향 회전)
  if (sensorVal < 512) {
    // 변수 배열 textStringCW[]이 가진 문자열 표시
    for (int i=0; i<sizeof(textStringCW); i++){
      displayLetter(textStringCW[i]);
    }
  }
  // 방향 스위치 오프(반시계 방향 회전)
  else {
    // 변수 배열 textStringCCW[]이 가진 문자열 표시
    for (int i=0; i<sizeof(textStringCCW); i++){
      displayLetter(textStringCCW[i]);
    }
  }
}
```

## 10.2 시프트레지스터를 이용한 다수 LED 제어

아두이노에서 단순히 LED를 제어할 경우 아두이노의 출력 핀 수에 의해 LED의 개수가 제한된다. 아두이노에서 핀 수 보다 더 많은 LED를 제어하려면 다른 방법이 필요한데 그 중 하나가 시프트레지스터를 사용하는 것이다. 10.1절의 POV에서 단색 LED의 개수를 늘리거나 단색을 RGB로 바꾸고자 하면 이 방법이 필요하다.

〈그림 10.4〉에 보인 8비트 시프트레지스터인 74HC595를 사용하면 아두이노 핀 3개로 8개의 출력을 제어할 수 있다. 표 10.3은 핀에 대한 설명이고 〈그림 10.5〉는 데이터(DS)와 제어 신호(클럭 SHCP와 래치 $\overline{OE}$)에 따른 출력 신호의 시간관계를 보인 타이밍 선도이다. 데이터

핀을 설정(HIGH 또는 LOW)하고 클럭 펄스(SHCP)를 발생하고 다시 데이터 핀을 설정하고 클럭 펄스를 발생하는 과정을 반복한다. 이 과정은 8비트 데이터가 시프트 아웃될 때까지 반복된다. 출력 enable 입력인 래치 펄스를 발생하면 8비트가 시프트레지스터 핀에 전달된다.

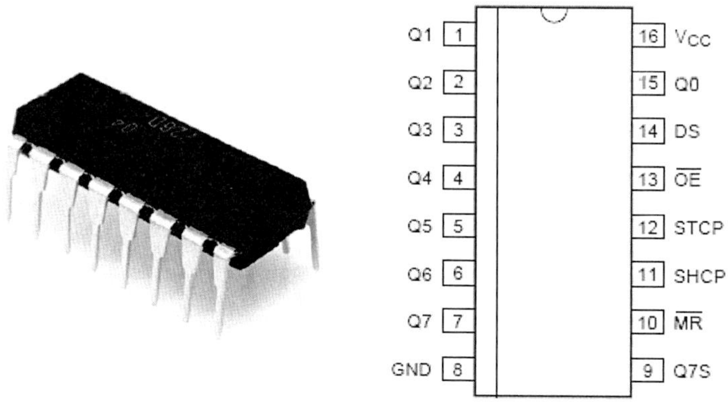


〈그림 10.4〉 74HC595 칩과 핀 배열

〈표 10.3〉 74HC595 핀 배열 및 설명

| 기호 | 핀 | 설명 |
|---|---|---|
| Q1 | 1 | 병렬 데이터 출력 1 |
| Q2 | 2 | 병렬 데이터 출력 2 |
| Q3 | 3 | 병렬 데이터 출력 3 |
| Q4 | 4 | 병렬 데이터 출력 4 |
| Q5 | 5 | 병렬 데이터 출력 5 |
| Q6 | 6 | 병렬 데이터 출력 6 |
| Q7 | 7 | 병렬 데이터 출력 7 |
| GND | 8 | 접지(0 V) |
| Q7S | 9 | 직렬 데이터 출력 |
| $\overline{MR}$ | 10 | 마스터 리셋(액티브 LOW) |
| SHCP | 11 | 시프트레지스터 클럭 입력 |
| STCP | 12 | 저장 레지스터 클럭 입력 또는 래치 핀 |
| $\overline{OE}$ | 13 | 출력 인에이블 입력(액티브 LOW) |
| DS | 14 | 직렬 데이터 입력 |
| Q0 | 15 | 병렬 데이터 출력 0 |
| $V_{cc}$ | 16 | 전원 공급 전압 |

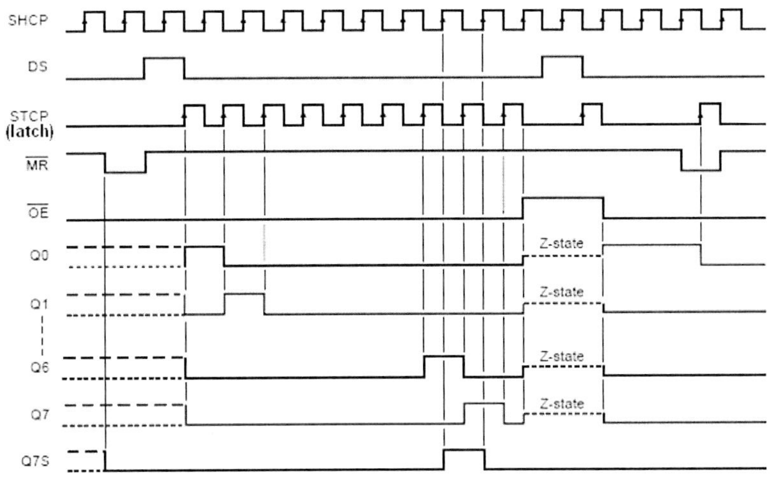


〈그림 10.5〉 74HC595의 타이밍 선도

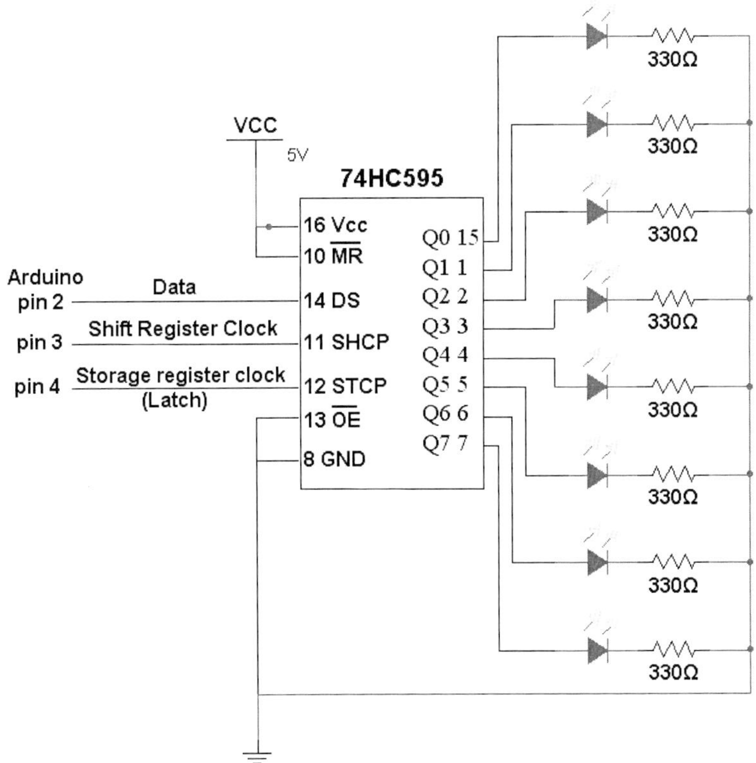


〈그림 10.6〉 시프트레지스터를 이용한 LED 제어 회로

〈그림 10.6〉 회로는 단색 LED 8개를 제어하는데 아두이노 핀 3개를 사용한다. 아래 스케치에서 8비트(1바이트)의 데이터를 한 번에 시프트 아웃시키기 위해 shiftOut() 함수를 사용한다. 이 함수는 가장 왼쪽 비트인 최상위 비트(MSB: Most Significant Bit)나 가장 오른쪽 비트인 최하위 비트(LSB: Least Significant Bit)부터 시작한다. 각각의 비트는 차례로 데이터 핀에 보내지고 그 직후에 클럭 핀의 펄스가 HIGH로 되었다가 바로 LOW 되어 데이터 비트가 사용가능함을 표시한다. 이 함수의 인수는 다음과 같다

shiftOut(dataPin, clockPin, bitOrder, value)

- dataPin: 정수형 데이터 비트를 출력할 핀
- clockPin: 시프레지스터 클럭 핀
- bitOrder: 비트의 시프트 아웃 순서로 최상위 비트부터면 MSBFIRST로 최하위 비트부터면 LSBFIRST
- value: 시프트레지스터 병렬 출력 핀에 내보낼 데이터
  이 함수가 실행되면 넘겨받은 8비트의 데이터(value의 값)를 시프트레지스터 병렬 출력 핀에 동시에 내보내며 그 핀의 값(1 또는 0)에 따라 연결된 LED가 켜지거나 꺼진다.

```
/**** 8핀 대신 3핀과 시프트레지스터를 이용하여 8개의 LED를 제어 ****/

// 데이터 및 제어를 위한 아두이노 핀 정의
// 데이터용  아두이노 핀2, 74HC595의 DS 핀14에 연결
int data = 2;
// 클럭용 아두이노 핀3, 74HC595의 SHCP 핀11에 연결
int clock = 3;
// 래치용 아두이노 핀4, 74HC595의 STCP 핀12에 연결
int latch = 4;

// 3개의 제어 핀을 출력으로 설정
void setup()
{
   pinMode(data, OUTPUT);
   pinMode(clock, OUTPUT);
   pinMode(latch, OUTPUT);
}
```

```
// 점등할 LED 설정 후 74HC595에 상태를 보내는 루틴(함수) 호출
void loop()
{
   // LED의 다음 갱신까지 대기 시간(ms)
   int delayTime = 100;

   for(int i = 0; i < 256; i++) {
      // 0~255까지의 값을 인수로 updateLEDs() 함수 호출
      updateLEDs(i);
      delay(delayTime);
   }
}

/* 인수로 넘겨받은 데이터를 74HC595에 전송, 병렬로 시프트 아웃하고 병렬 출력
   핀에 연결된 LED를 점멸 */
void updateLEDs(int value)
{
   // 시프트레지스터 칩 래치(STCP) 신호를 LOW로 설정
   digitalWrite(latch, LOW);

   // 8비트 데이터를 시프트레지스터로 시프트 아웃하는 shiftOUT() 함수 호출
   // value 값을 시프트 아웃, 병렬 데이터 출력 핀에 동시에 내보내 LED 온·오프
   shiftOut(data, clock, MSBFIRST, value);

   // 래치 신호를 HIGH로 설정, 병렬 데이터 출력
   digitalWrite(latch, HIGH);
}
```

아두이노는 복잡한 동작을 매우 쉽게 처리하는데 데이터를 시프트 아웃 하는 것이 이 중 하나이다. 아두이노의 장점 가운데 하나는 사용자가 원하는 대로 코드를 쉽게 또는 어렵게 만들 수 있는 것이다. 이번에는 updateLEDs(int value) 함수 대신 updateLEDsLong(int value)으로 코드를 수정하고 loop() 함수에서도 updateLEDs(i) 대신 updateLEDsLong(i)을 호출한다. 아래의 변경된 스케치를 업로드 하여 실행한다. 실행 결과는 달라지지 않지만 스케치에서 한 번에 한 비트 씩 칩과 통신하는 것을 볼 수 있다.

```
/* 시프트레지스터 이용 8개 LED 제어 */
// 인용 사이트: http://ardx.org/SPI

// 데이터 및 제어를 위한 아두이노 핀 정의
// 데이터용  아두이노 핀2, 74HC595의 DS 핀14에 연결
int data = 2;
// 클럭용 아두이노 핀3, 74HC595의 SHCP 핀11에 연결
int clock = 3;
// 래치용 아두이노 핀4, 74HC595의 STCP 핀12에 연결
int latch = 4;

// 3개의 제어 핀을 출력으로 설정
void setup()
{
   pinMode(data, OUTPUT);
   pinMode(clock, OUTPUT);
   pinMode(latch, OUTPUT);
}

// 점등할 LED 설정 후 74HC595에 상태를 보내는 루틴(함수) 호출
void loop()
{
   // LED의 다음 갱신까지 대기 시간(ms)
   int delayTime = 100;

   for(int i = 0; i < 256; i++) {
      // 0~255까지의 값을 인수로 updateLEDs() 함수 호출
      updateLEDsLong(i);
      delay(delayTime);
   }
}

/* 앞의 updateLEDs() 함수와 동일하지만 시프트 아웃이 소프트웨어에서 구현되는
   것을 볼 수 있음 */
void updateLEDsLong(int value)
```

```
{
  // 시프트레지스터 칩 래치(STCP) 신호를 LOW로 설정
  digitalWrite(latch, LOW);

  /* 최상위 비트 먼저 시프트 아웃하기 위해 최상위 비트 값을 확인하고
     왼쪽으로 1 비트씩 시프트 아웃. 최하위 비트 먼저 시프트 아웃하려면
     1 비트씩 오른쪽 시프트 아웃. */
  for(int i = 0; i < 8; i++){  // 8번 반복, 한 번에 한 비트
    // 숫자의 8번째 비트만 선택하기 위해 비트마스크 사용
    // 만일 최하위 비트부터 시프트하면 int bit = value & B00000001;
    int bit = value & B10000000;

    // 숫자를 1 비트 왼쪽으로 이동
    value = value << 1;
    // 최하위 비트부터 시프트하면  value = value >> 1;

    // 최상위 비트부터 시프트이면 bit 값은 128(최상위 비트 1=27) 또는 0임
    if(bit == 128) {
      // 비트8이 1이면 데이터 핀을 HIGH로 설정
      digitalWrite(data, HIGH);}
    else {
      // 비트8이 0이면 데이터 핀을 LOW로 설정
      digitalWrite(data, LOW);
    }

    /* 최하위 비트부터 시프트이면 bit 값은 1(최하위 비트 1) 또는 0임
    if(bit == 1) {
      // 비트1이 1이면 데이터 핀을 HIGH로 설정
      digitalWrite(data, HIGH);}
    else {
      // 비트1이 0이면 데이터 핀을 LOW로 설정
      digitalWrite(data, LOW);
    } */

    // 클럭 핀에 펄스 입력
    digitalWrite(clock, HIGH);
```

```
        delay(1);
        digitalWrite(clock, LOW);
    }

    // 래치 신호를 HIGH로 설정, 병렬 데이터 출력
    digitalWrite(latch, HIGH);
}
```

이제 개별적으로 LED를 제어하도록 스케치를 변경해 보자. 8개의 LED 상태 정보를 한 바이트에 저장하고 비트 연산을 통해 비트를 조작한다. 스케치를 업로드 하고 실행하면 순서대로 LED가 점등되고 같은 순서로 꺼진다.

```
/**** 시프트레지스터를 사용해 8개의 LED를 개별적으로 제어 ****/

// 데이터 및 제어를 위한 아두이노 핀 정의
// 데이터용  아두이노 핀2, 74HC595의 DS 핀14에 연결
int data = 2;
// 클럭용 아두이노 핀3, 74HC595의 SHCP 핀11에 연결
int clock = 3;
// 래치용 아두이노 핀4, 74HC595의 STCP 핀12에 연결
int latch = 4;

// LED 조작을 위해 사용
// LED 상태 정보
int ledState = 0;
// HIGH를 ON으로 정의
const int ON = HIGH;
// LOW를 OFF로 정의
const int OFF = LOW;

// 비트 단위 연산으로 개별 LED 상태 변경에 사용
int bits[] = {B00000001, B00000010, B00000100, B00001000, B00010000,
              B00100000, B01000000, B10000000};
```

```
int masks[] = {B11111110, B11111101, B11111011, B11110111, B11101111,
               B11011111, B10111111, B01111111};

// 3개의 제어 핀을 출력으로 설정
void setup()
{
  pinMode(data, OUTPUT);
  pinMode(clock, OUTPUT);
  pinMode(latch, OUTPUT);
}

// 점등할 LED 설정 후 74HC595에 상태를 보내는 루틴(함수) 호출
void loop()
{
  // LED의 다음 갱신까지 대기 시간(ms)
  int delayTime = 100;

 for(int i = 0; i < 8; i++) {
    // 변수 i값에 해당하는 LED를 점등(HIGH 출력)
    changeLED(i,ON);
    delay(delayTime);
 }
 for(int i = 0; i < 8; i++) {
    // 변수 i값에 해당하는 LED를 끔(LOW 출력)
    changeLED(i,OFF);
    delay(delayTime);
 }
}

// 개별 LED 변경 함수. 인수 led는 0~7을, state는 0(오프) 또는 1(온)을 가짐
void changeLED(int led, int state)
{
  /* ledState 값에서 다룰 비트를 클리어. 예로 ledState=0(처음 시작 상태)이고
     led=0이면 0번 LED를 의미, 0번 비트를 클리어하기 위해
     masks[0]=B11111110와 ledState=B00000000를 비트 AND 처리하면
     ledState=B00000000로 0번 비트는 0이 됨.
```

```
    */
    ledState = ledState & masks[led];

    /* state=OFF일 때는 아래 조건문이 블록이 실행되지 않으므로 위에서 비트 &
       연산으로 해당 led에 대한 비트는 0으로 변경됨. state = ON일 때는 아래
       비트 OR 연산으로 해당 led에 대한 비트가 1로 변경됨.
    */
    if(state == ON) {
    /* 예로 led=0이면 앞에서 ledState=B00000000와 bits[0]=B00000001를 비트
       OR하면 ledState = B00000001로 0번 비트는 1로 변함.
    */
       ledState = ledState | bits[led];
    }
    /* 새로운 LED 상태(예: ledState는 B0000000 → B00000001로 0번 비트가 변
함)를 시프트레지스터에 전송, 결과적으로 0번 LED가 켜짐.
    */
    updateLEDs(ledState);
}

/* 인수로 넘겨받은 데이터를 74HC595에 전송, 병렬로 시프트 아웃하고 병렬 출력
    핀에 연결된 LED를 점멸
*/
void updateLEDs(int value)
{
    // 시프트레지스터 칩 래치(STCP) 신호를 LOW로 설정
    digitalWrite(latch, LOW);

    // 8비트 데이터를 시프트레지스터로 시프트 아웃하는 shiftOUT() 함수 호출
    // value 값을 시프트 아웃, 병렬 데이터 출력 핀에 동시에 내보내 LED 온·오프
    shiftOut(data, clock, MSBFIRST, value);

    // 래치 신호를 HIGH로 설정, 병렬 데이터 출력
    digitalWrite(latch, HIGH);
}
```

# 10.3 피에조 멜로디 연주기

4.1절에 설명한 압전 부저(〈그림 4.1 회로〉) 또는 소형 스피커를 이용하여 경보음 대신 멜로디를 연주해 보자. 가령, 440 Hz의 펄스를 피에조 스피커에 입력하면 A음을 만들어낸다. 적정 주파수의 구형파를 피에조 스피커에 보내면 음을 발생시킬 수 있는데 표 10.4의 음계에 대한 반주기 값을 스케치에서 사용한다.

〈표 10.4〉 멜로디 음

| 음 | 주파수(Hz) | 주기(μsec) | 반 주기 |
|---|---|---|---|
| c | 261 | 3830 | 1915 |
| d | 294 | 3400 | 1700 |
| e | 329 | 3038 | 1519 |
| f | 349 | 2864 | 1432 |
| g | 392 | 2550 | 1275 |
| a | 440 | 2272 | 1136 |
| b | 493 | 2028 | 1014 |
| C | 523 | 1912 | 956 |

연주에 속도감을 내려면 즉, 멜로디 속도를 변경하려면 아래와 같이 변수 tempo 값을 변경한다. 이 값이 크면 멜로디가 느려지고, 작으면 빨라진다. 속도를 변경하려면 아래 스케치에서 tempo 변수 값 300을 다른 값을 변경한다.

```
int tempo = 300; —> int tempo = 새로운 값
```

음을 조정하려면 배열 tone[]의 값을 크게 또는 작게 해서 음을 맞춘다. 배열 names[]에 있는 이름과 음은 서로 맞아야 한다(예 아래 코드에서 c = 1915).

```
char names[] = { 'c', 'd', 'e', 'f', 'g', 'a', 'b', 'C' };
int tones[] = { 1915, 1700, 1519, 1432, 1275, 1136, 1014, 956 };
```

프로그램으로 연주 음악을 미리 설정하고 변경할 수 있다. 아래 스케치에서 음악은 하나의 정수와 두 개의 배열로 정의된다. 즉 정수인 길이(length)가 음의 개수를, 배열 notes[]는 각 음을 그리고 배열 beats[]는 각 음의 연주 길이를 정의한다. 가령 'Happy Birthday'의 첫 소절을 연주하고 싶으면 아래 스케치에서 다음 4줄의 코드를 변경하면 된다.

```
int length = 13; // Happy Birthday(첫 소절) 연주 음의 개수
char notes[] = {"ccdcfeccdcgf "}; // 멜로디 음계, 맨 뒤에 빈칸 입력
// 멜로디 음의 길이(최소길이의 음을 1로 하여 그 배수로 표시)
int beats[] = {1, 1, 1, 1, 1, 2, 1, 1, 1, 1, 1, 2, 4}; //
```

```
/**** 멜로디 연주 ****/
// 참고 사이트: http://www.oomlout.com/a/products/ardx/circ-06

// 피에조 부착 핀 번호
int speakerPin = 9;
// 음의 개수
int length = 15;
// 빈 칸은 무음
char notes[] = "ccggaagffeeddc ";
int beats[] = { 1, 1, 1, 1, 1, 1, 2, 1, 1, 1, 1, 1, 1, 2, 4 };
// 멜로디 속도(템포) 조정을 위한 변수
int tempo = 300;

void playTone(int tone, int duration)
{
   for (long i = 0; i < duration * 1000L; i += tone * 2) {
      digitalWrite(speakerPin, HIGH);
      delayMicroseconds(tone);
      digitalWrite(speakerPin, LOW);
      delayMicroseconds(tone);
   }
}

void playNote(char note, int duration)
{
   char names[] = { 'c', 'd', 'e', 'f', 'g', 'a', 'b', 'C' };
   int tones[] = { 1915, 1700, 1519, 1432, 1275, 1136, 1014, 956 };

   // 음표(note) 이름에 따른 음(tone) 연주
   for (int i = 0; i < 8; i++) {
```

```
        if (names[i] == note) {
            playTone(tones[i], duration);
        }
    }
}

void setup()
{
    pinMode(speakerPin, OUTPUT);
}

void loop()
{
    for (int i = 0; i < length; i++) {
        if (notes[i] == ' ') {
            delay(beats[i] * tempo); // 무음
        }
        else {
            playNote(notes[i], beats[i] * tempo);
        }
        delay(tempo/2);          // 음 사이의 멈춤
    }
}
```

멜로디 연주가 완성되었으면 3.2절(또는 10.2절)의 LED 제어를 참조하여 멜로디 연주 중에 다수의 LED가 점멸 되도록 해보자. 이를 위해 〈그림 10.7〉에 보인 것처럼 다수의 LED를 하트 모양으로 배치하고 멜로디 연주 중에 LED가 패턴에 따라 점멸되도록 만들어 보자.

〈그림 10.7〉 멜로디 연주 장치

## 10.4 GPS를 이용한 위치 찾기

GPS(Global Positioning System)는 위성을 이용하여 위치를 결정하는 시스템이다. 여기서는 〈그림 10.8〉의 EM-406A GPS를 사용하여 위치를 찾아보자. 이 GPS는 단순하지만 전원을 공급하는 순간 동작하므로 아두이노로 직렬 출력 데이터를 읽어 들이면 된다. 이를 위해 〈그림 10.9〉와 같은 GPS 쉴드를 사용하거나 커넥터 보드를 사용한다(인용 사이트: http://bildr.org/?s=wifi). 위치를 알아내려면 4개 이상의 위성으로부터 신호를 받아야 하기 때문에 GPS는 느릴 수 있고 실내에서는 잘 동작하지 않는다. 스마트폰에 내장된 GPS가 실내에서도 위치를 잘 찾는 것 같지만 실제로는 스마트폰의 셀 수신 및 wifi 신호도 함께 이용하여 실내에서의 위치를 알아낸다.

〈그림 10.8〉 EM-406A GPS

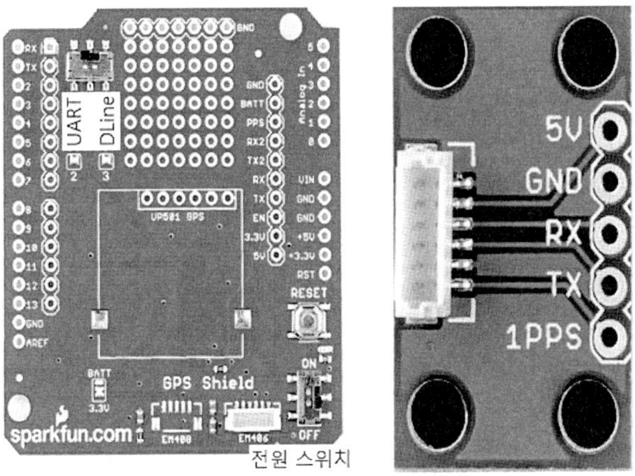


〈그림 10.9〉 EM-406A GPS 쉴드와 커넥터 보드

〈그림 10.9〉의 쉴드나 커넥터 보드를 사용하여 EM-406A를 연결한다. 2개의 직렬(RX, TX) 연결만 하면 동작한다. 커넥터 보드를 사용하면 직렬연결 시 통상의 직렬 포트인 디지털 핀0과 핀1 대신 핀2와 핀3를 사용함을 명심한다. 이는 소프트웨어 방식의 직렬연결을 채용하기 때문이며 여전히 아두이노 소프트웨어 직렬 모니터에 출력을 내보내거나 읽어 올 수 있다. 이는 GPS의 연결을 해제하지 않고 스케치를 업로드 할 수 있는 이점도 있다. 아두이노 쉴드를 사용하면 아두이노 "UART"는 내장 하드웨어 직렬연결이므로 D-Line/UART 스위치가 "UART"가 아니고 "D Line"에 있어야 한다. GPS는 5 V에서 동작한다.

직렬 모니터에 GPS 정보(시간, 위치, 속도 등)를 내보내는 스케치가 동작하도록 커넥터 보드를 사용하여 〈그림 10.10〉과 같이 아두이노와 GPS를 연결한다.

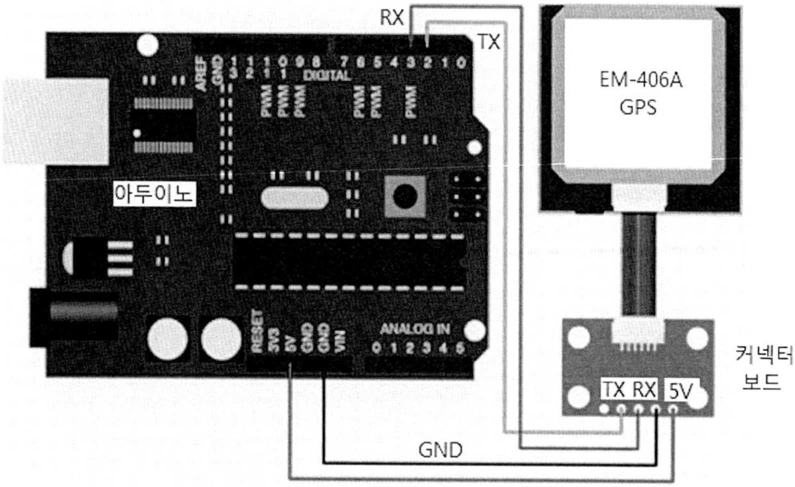


〈그림 10.10〉 아두이노와 GPS의 연결

```
/**** TinyGPS 라이브러리를 이용한 GPS 데이터 처리 ****/
/* SoftwareSerial 라이브러리 사용, 핀3(RX)와 핀2(TX)에 GPS 연결,
  데이터 전송률 4800, SoftwareSerial 라이브러리 다운로드:
  http://arduiniana.org/libraries/newsoftserial/
  TinyGPS 라이브러리 다운로드: http://arduiniana.org/libraries/tinygps/
*/

#include <SoftwareSerial.h>
#include <TinyGPS.h>

// 핀 설정
#define RXPIN 3
#define TXPIN 2
 // GPS 데이터 전송률
#define GPSBAUD 4800

// TinyGPS 클래스에서 객체 gps 생성
TinyGPS gps;
// SoftwareSerial 클래스에서 객체 uart_gps 생성 및 초기화
SoftwareSerial uart_gps(RXPIN, TXPIN);
```

```
void setup()
{
  // 직렬 모니터와의 통신 속도 설정
  Serial.begin(115200);
  // GPS와 통신 속도 설정
  uart_gps.begin(GPSBAUD);

  // 메시지 표시
  Serial.print("TinyGPS library version: ");
  // 라이브러리 버전 표시
  Serial.println(TinyGPS::library_version());
  Serial.println();
}

void loop()
{
  bool newData = false;
  unsigned long chars;
  unsigned short sentences, failed;

  // 1 초 동안 GPS 데이터 분석
  for (unsigned long start = millis(); millis() - start < 1000;) {
    // GPS 데이터가 있는지 확인
    while (uart_gps.available()) {
      // 직렬 포트에서 데이터 읽음
      char c = uart_gps.read();
      // GPS 데이터 표시
      Serial.write(c);
      // 입력된 데이터가 GPS 데이터이면
      if (gps.encode(c)){
        newData = true;
      }
    }
  }

  if (newData) {
```

```
        float flat, flon;
        unsigned long age;
        // 위도와 경도 위치 얻음
        gps.f_get_position(&flat, &flon, &age);
        Serial.print("LAT=");
        Serial.print(flat == TinyGPS::GPS_INVALID_F_ANGLE ? 0.0 : flat, 6);
        Serial.print(" LON=");
        Serial.print(flon == TinyGPS::GPS_INVALID_F_ANGLE ? 0.0 : flon, 6);
        Serial.print(" SAT=");
        Serial.print(gps.satellites() ==
                TinyGPS::GPS_INVALID_SATELLITES ? 0 : gps.satellites());
        Serial.print(" PREC=");
        Serial.print(gps.hdop() ==
                TinyGPS::GPS_INVALID_HDOP ? 0 : gps.hdop());
    }

    gps.stats(&chars, &sentences, &failed);
    Serial.print(" CHARS=");
    Serial.print(chars);
    Serial.print(" SENTENCES=");
    Serial.print(sentences);
    Serial.print(" CSUM ERR=");
    Serial.println(failed);
}
```

이번에는 특정 위치로부터 거리를 계산하는 스케치를 작성해보자. 현재 위치에서 특정 위치까지의 거리를 계산해서 직렬 모니터에 출력한다. 이 스케치가 동작하려면 "NewSoftSerial"와 "TinyGPS" 라이브러리가 설치되어 있어야 한다.

```
#include <SoftwareSerial.h>
#include <TinyGPS.h>

#define RXPIN 3
#define TXPIN 2
#define GPSBAUD 4800
```

```
// TinyGPS 클래스에서 객체 gps 생성
TinyGPS gps;
// SoftwareSerial 클래스에서 객체 uart_gps 생성 및 초기화
SoftwareSerial uart_gps(RXPIN, TXPIN);

void getgps(TinyGPS &gps);

void setup()
{
   // 직렬 모니터와의 통신 속도 설정
   Serial.begin(115200);
   // GPS와 통신 속도 설정
   uart_gps.begin(GPSBAUD);
   // 직렬 모니터에 "Waiting for signal" 표시
   Serial.println("Waiting for signal");
}

void loop()
{
   // GPS 데이터가 있는지 확인
   while(uart_gps.available()) {
      // 직렬 포트에서 데이터 읽음
      byte c = uart_gps.read();
      // 입력된 데이터가 GPS 데이터이면
      if(gps.encode(c)) {
         getgps(gps); // 데이터 처리
      }
   }
}

void getgps(TinyGPS &gps)
{
   float latitude, longitude;  // 위도와 경도 변수 정의

   // 현재 위치(위도와 경도) 얻음
   gps.f_get_position(&latitude, &longitude);
```

```
    // 북극(위도 90 도, 경도 0 도)까지의 거리 계산
    // 'M' 마일로 계산
    float northPole = distance(latitude, longitude, 90, 0, 'M');

    Serial.print(northPole); // 직렬 모니터에 거리 표시
    Serial.println(" Miles from the north pole"); //
}

// 위도와 경도를 이용하여 두 점 사이의 거리 계산
float distance(float lat1, float lon1, float lat2, float lon2, char unit)
{
    // 거리 단위는 'M'은 마일, 'N'은 해리, 'K'은 km로 계산
    float theta = lon1 - lon2; // 두 지점 간 경도 차
    float dist = sin(DEG_TO_RAD*lat1)*sin(DEG_TO_RAD*lat2) +
     cos(DEG_TO_RAD*lat1)*cos(DEG_TO_RAD*lat2)*cos(DEG_TO_RAD*theta);
    dist = acos(dist);
    dist = RAD_TO_DEG*dist;
    float miles = dist*60*1.1515;

    if (unit == 'K') {
        return (miles*1.609344); // km로 환산
    }
    else if (unit == 'N') {
        return (miles*0.8684);  // 해리로 환산
    }
    else {
        return miles;
    }
}
```

# Part 11 아두이노와 컴퓨터 프로그램의 연동

아두이노와 컴퓨터 프로그램의 연결은 아두이노에서 수집한 데이터를 저장하거나 표시할 때 유용한다. 또한 컴퓨터 프로그램에서 아두이노 핀을 직접 제어하거나  핀의 상태를 감시할 수도 있다. 이 장에서는 널리 사용되는 프로세싱 언어, 매트랩 및 랩뷰와 아두이노를 연결하여 사용하는 방법에 대해 설명한다.

## 11.1 아두이노와 프로세싱의 연동

아두이노가 오픈 소스 하드웨어인 것처럼 프로세싱(Processing)은 컴퓨터에서 프로그램을 작성하기 위한 오픈 소스 언어(개발 환경)이다. 아두이노에서 수집된 데이터를 컴퓨터에 저장하거나 표시하고자 할 때 프로세싱은 오픈 소스라는 점 외에도 그래픽 처리를 위한 언어라는 장점을 갖고 있다.

### 1) 라이브러리(Firmata)를 이용한 아두이노 제어

아두이노는 프로세싱과의 통신을 위한 기본 예제("Examples〉Communication")를 제공하며 이 예제는 아두이노와 프로세싱이 서로 통신하는 간단한 프로그램을 작성할 때 유용하게 사용할 수 있다. 프로세싱 프로그램에서 아두이노 보드를 직접 제어하고자 하면 아두이노 라이브러리(Firmata)를 사용하는 것이 좋다. 이 라이브러리는 아두이노 코드를 작성할 필요없이 프로세싱에서 아두이노 보드를 제어할 수 있게 해준다. 대신 보드에 표준 펌웨어인 Firmata를 업로드 하여 라이브러리를 사용해 통신할 수 있게 한다. 펌웨어 Firmata는 아두이노 개발 환경에 포함되어 있다. 프로세싱 라이브러리는 http://playground.arduino.cc/Interfacing/Processing에서 다운받을 수 있으며 설치는 아래와 같은 순서로 한다.

- Processing v2.0용 라이브러리: processing2-arduino.zip

① 〈그림 11.2〉의 압출 파일을 풀어 프로세싱 스케치북(sketchbook)의 하위 폴더인 "libraries"에 〈그림 11.1〉와 같이 "arduino" 폴더를 복사한다. 프로세싱의 스케치북 폴더는 기본으로 윈도우의 "문서(Documnets)" 폴더 하단에 "processing"으로 만들어진다.

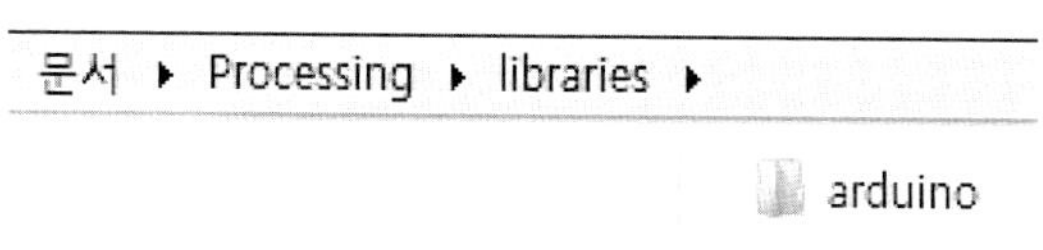


〈그림 11.1〉 프로세싱의 스케치북 하위 라이브러리 폴더

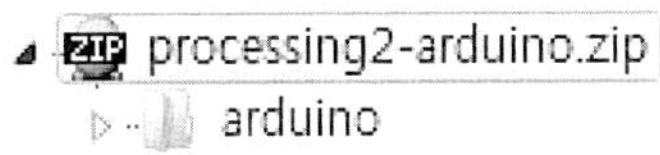


〈그림 11.2〉 프로세싱 아두이노 압축 파일

② 아두이노를 실행한 후 〈그림 11.3〉과 같이 "Examples 〉 Firmata 〉 StandardFirmata" 스케치를 열고 이를 아두이노 보드에 업로드 한다.

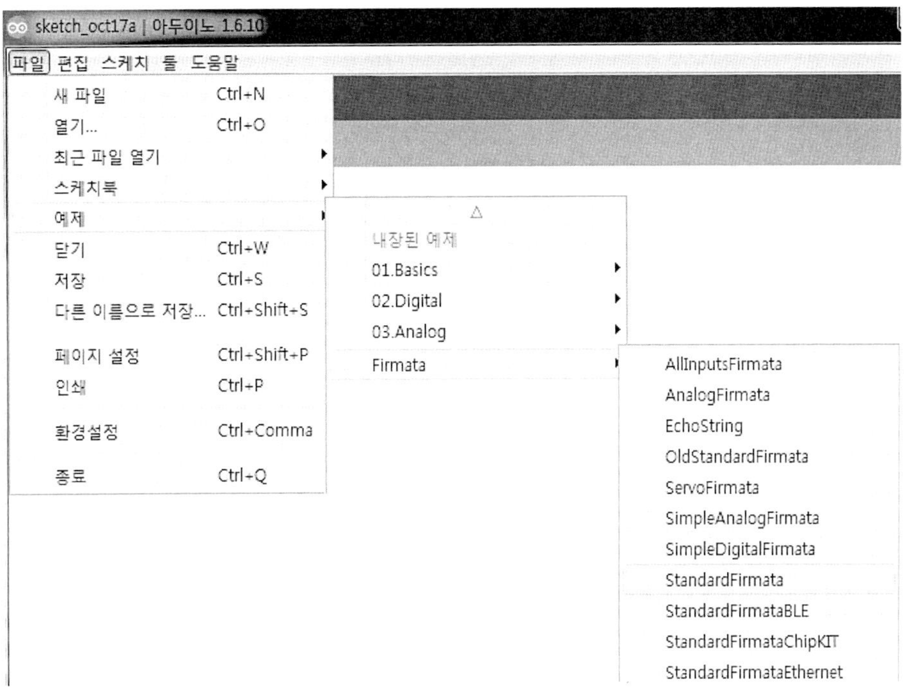


〈그림 11.3〉 StandardFirmata 스케치 열기

③ 프로세싱에서 아두이노 라이브러리와 함께 제공되는 예제 중 하나를 열어 사용해도 되지만 여기서는 아래 프로세싱 코드를 사용한다.

```
import processing.serial.*;
import cc.arduino.*;

// 아두이노 객체 생성
```

```
Arduino arduino;
int ledPin = 13;

void setup()
{
  //println(Arduino.list());
  arduino = new Arduino(this, Arduino.list()[0], 57600);
  arduino.pinMode(ledPin, Arduino.OUTPUT);
}

void draw()
{
  arduino.digitalWrite(ledPin, Arduino.HIGH);
  delay(1000);
  arduino.digitalWrite(ledPin, Arduino.LOW);
  delay(1000);
}
```

④ 예제 코드에서 현재 아두이노가 사용 중인 직렬 포트가 선택하도록 수정한다. 아래 코드에서 [0]의 숫자를 변경해야 되는데 다음과 같이 한다.

```
arduino = new Arduino(this, Arduino.list()[0], 57600);
배열에서 올바른 숫자를 선택하려면 아래 코드를 프로세싱에서 실행한다.
import processing.serial.*;
import cc.arduino.*;
println(Arduino.list());
```

〈그림 11.4〉와 같이 직렬 포트 목록이 표시된다. 두 개의 직렬 포트 COM1과 COM14가 보인다. COM1, COM2는 통상 컴퓨터용으로 COM14에 아두이노가 연결되어 있음을 알 수 있다. 이는 아두이노 개발환경에서 〈그림 11.5〉와 같이 아두이노 보드가 연결된 포트를 확인할 수 있다. 두 번째 포트인 COM14를 선택해야 하므로 Arduino.list()[1]로 숫자를 변경한다. COM0는 Arduino.list()[0]에 해당한다.

〈그림 11.4〉 프로세싱 창에 표시된 직렬 포트 목록

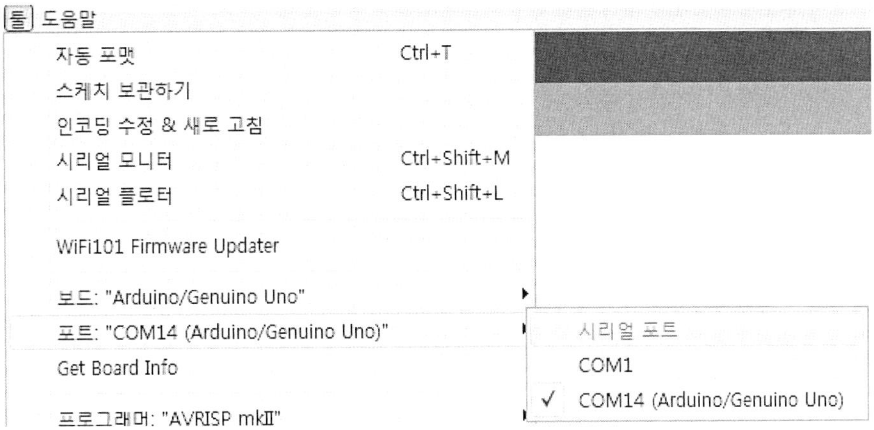


〈그림 11.5〉 아두이노 개발환경에서 연결된 직렬 포트 확인

⑤ 앞에서 작성한 프로세싱 코드를 실행한다. 아두이노 보드의 13번 핀에 연결된 LED가 1 초 간격으로 점멸할 것이다.

프로세싱 아두이노 라이브러리는 Firmata가 설치된 아두이노와 통신하기 위해 다음과 같은 함수들을 제공한다.

- Arduino.list(): 이용 가능한 직렬 장치 목록을 반환한다. 아두이노 보드가 컴퓨터에 연결되어 있을 때 이 함수가 호출되면 해당 직렬 포트 장치가 목록에 나타난다.
- Arduino(parent, name, rate): 아두이노 객체를 생성한다. parent는 this로 적고 name은 직렬 장치 이름(즉 Arduino.list()에서 반환된 이름 가운데 하나), rate는 연결 속도로 통산 57600 이다.
- pinMode(pin, mode): 디지털 핀을 입력, 출력 또는 서보 모드로 설정한다(Arduino.INPUT, Arduino.OUTPUT, 또는 Arduino.SERVO).
- digitalRead(pin): 디지털 핀의 값을 반환한다(Arduino.LOW 또는 Arduino.HIGH). 해당 핀은 입력으로 설정되어 있어야 한다.

- digitalWrite(pin, value): 디지털 핀에 Arduino.LOW 또는 Arduino.HIGH를 쓴다.
- analogRead(pin): 아날로그 입력의 값을 반환한다(0 ~ 1023).
- analogWrite(pin, value): 아날로그 출력을 지원하는 디지털 핀(3, 5, 6, 9, 10, 및 11)에 PWM 아날로그 값을 쓴다(0 ~ 255).
- servoWrite(pin, value): 서보 모터에 회전 각도에 해당하는 값(0 ~ 180)을 쓴다.

## 2) 직렬 통신을 이용한 데이터 전송

아두이노에서 수집한 데이터(바이트)를 프로세싱에 전송하여 그래프를 그리는 방법을 설명한다. 이는 실제 USB 케이블을 사용하는 것이지만(시리얼에서 USB로 다시 USB에서 시리얼 컨버터로) 컴퓨터와 아두이노 보드가 직렬 포트로 연결되어 있어서 직렬 통신이라 부른다. 아두이노에서 전송되는 데이터를 보려면 아두이노 개발환경의 직렬 모니터를 사용하면 된다.

〈그림 11.6〉의 회로와 같이 가변저항 양 끝 다리를 5 V와 GND에 연결하고 가운데 다리를 아두이노 보드 아날로그 0번 핀에 연결한다. 가변저항을 돌려가면서 저항 변화에 따라 변화하는 전압을 수집하고 이 데이터를 직렬 포트로 전송하는 아두이노 코드를 다음과 같이 작성한다.

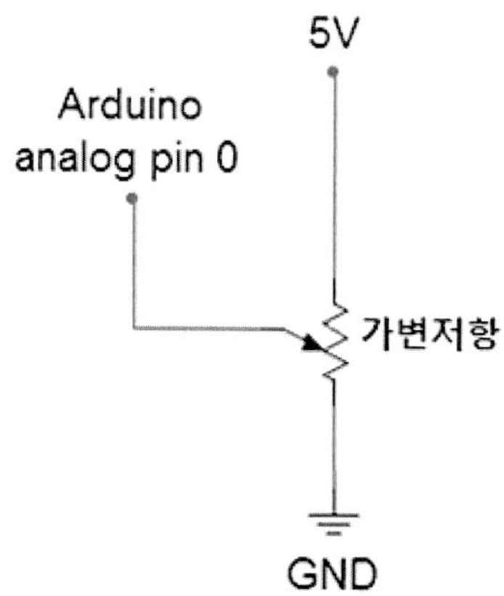


〈그림 11.6〉 가변저항 전압 측정 회로

```
/**** 아두이노 코드 ****/
// 코드 출처:  http://www.arduino.cc/en/Tutorial/Graph

void setup()
{
  // 직렬 통신 속도 초기화
  Serial.begin(9600);
}

void loop()
{
  // 아날로그 0번 핀의 값을 읽어 전송
  Serial.println(analogRead(A0));
  // AD(아날로그에서 디지털로) 변환 안정화를 위한 시간 지연
  delay(2);
}
```

다음과 같이 프로세싱 코드를 작성한다.

```
/**** 프로세싱에서 그래프 그리기 ****/
import processing.serial.*;

Serial myPort;          // 직렬 포트 객체 생성
int xPos = 1;           // 그래프의 수평축 시작 위치
float inByte = 0;

void setup () {
  // 프로세싱 창 크기 설정
  size(400, 300);
  // 이용 가능한 직렬 포트 출력
  println(Serial.list());
  // 아두이노 보드가 연결된 포트에 해당하는 숫자 입력
  myPort = new Serial(this, Serial.list()[0], 9600);
  // 줄 바꿈 문자가 수신될 때까지 serialEvent() 함수 호출하지 않음
```

```
  myPort.bufferUntil('₩n');
  // 창의 배경 색(흰색)으로 지정
  background(255);
}

void draw () {
  // 선의 RGB 색 설정
  stroke(127, 34, 255);
  // 1 픽셀 크기로 선 그리기
  line(xPos, height - inByte -1, xPos, height - inByte);

  // 창 왼쪽부터 그리기 시작하여 우측 끝에 도달하면 다시 왼쪽부터 그림
  if (xPos >= width) {
    xPos = 0;
    background(255);
  } else {
    // 수평 위치 증가
    xPos++;
  }
}

void serialEvent (Serial myPort) {
  // 줄 바꿈 문자까지의 아스키 문자열 얻어오기
  String inString = myPort.readStringUntil('₩n');

  if (inString != null) // 받은 문자열이 널이 아니면
  {
    // 문자열에서 빈 공란 제거
    inString = trim(inString);
    // 문자열을 실수로 변환
    inByte = float(inString);
    println(inByte); // 프로세싱 하단 창에 출력
    // inByte 변수의 값(0 ~ 1023)을 프로세싱 창의 높이(0 ~ height)로 변환
    // 아두이노는 가변저항에 걸린 전압 0 ~ 5 V를 0 ~ 1023으로 읽음
    inByte = map(inByte, 0, 1023, 0, height);
  }
}
```

위의 프로세싱 코드를 실행하고 〈그림 11.6〉의 가변저항을 돌리면 〈그림 11.7〉과 같이 그래프가 그려진다.

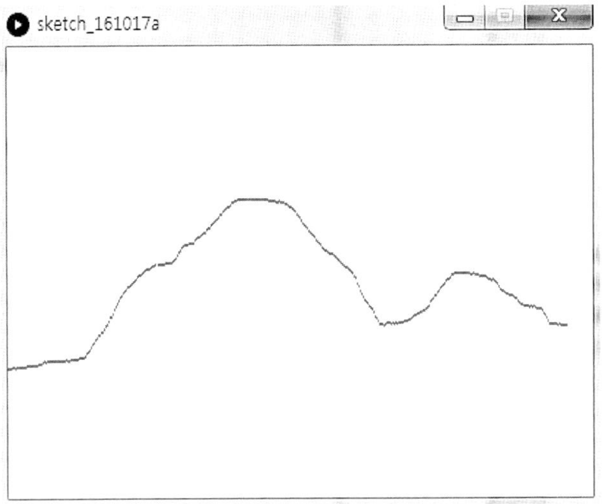


〈그림 11.7〉 프로세싱 창의 출력 그래프

## 11.2 아두이노와 매트랩(Matlab), 시뮬링크(Simulink)의 연동

매트랩과 시뮬링크의 고수준 프로그래밍 및 블록 다이어그램으로 아두이노 프로젝트를 구현할 수 있다. 여기서는 매트랩, 시뮬링크와 아두이노를 연동시키는 것에 대해서만 설명한다. 매트랩 및 시뮬링크 자체에 대한 것은 매트랩 및 시뮬링크 프로그래밍에 대한 책을 참고하기 바란다.

아두이노를 위한 매트랩 지원 패키지는 〈그림 11.8〉과 같이 USB를 통해 아두이노와 통신할 수 있게 해준다. 매트랩은 고수준의 인터프리터형 언어이기 때문에 컴파일 없이 입출력 명령으로부터 결과를 바로 확인할 수 있다. 매트랩은 아두이노에서 취득한 데이터를 분석하고 시각화하는데 사용할 수 있는 수학, 엔지니어링 및 그리기 함수들을 갖고 있다. 측정한 데이터를 쉽게 표시할 수 있기 때문에 아두이노 사용자가 매트랩을 사용한다.

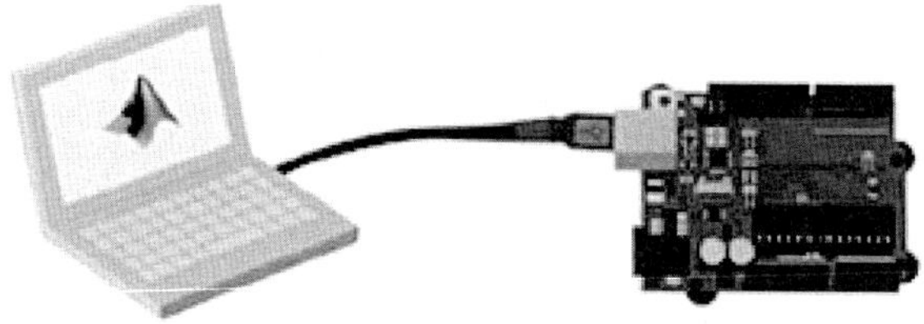

〈그림 11.8〉 매트랩과 아두이노 연동

매트랩 지원 패키지를 사용하면 다음과 같은 것을 수행할 수 있다.

- 아두이노 보드에서 아날로그 및 디지털 센서 데이터의 취득
- 디지털 및 PWM 출력으로 다른 장치를 제어
- DC, 서보 및 스텝 모터를 구동
- I2C 또는 SPI 통신을 통해 센서 및 주변 장치에 접근
- 추가적인 하드웨어 및 소프트웨어 라이브러리를 사용해 개별 인터페이스 구축

〈그림 11.9〉와 같이 시뮬링크 지원 패키지는 아두이노에서 독자적으로 실행되는 알고리즘을 개발하도록 지원한다. 시뮬링크는 동적 시스템을 모델링 하고 알고리즘을 개발하기 위한 블록 다이어그램 환경을 제공한다. 이 지원 패키지는 아두이노 센서를 구성하고 데이터를 읽고 쓰기 위한 블록 제공한다. 시뮬링크 모델이 만들어지면 시뮬레이션을 통해 알고리즘 매개변수를 조정할 수 있고 장치에서 독자적인 실행이 가능한 완성된 알고리즘을 다운로드 할 수 있다. 시뮬링크가 갖는 고유의 유용한 특징이라면 알고리즘이 하드웨어에서 실행되는 동안 컴퓨터에서 매개변수를 조정할 수 있다는 점이다.

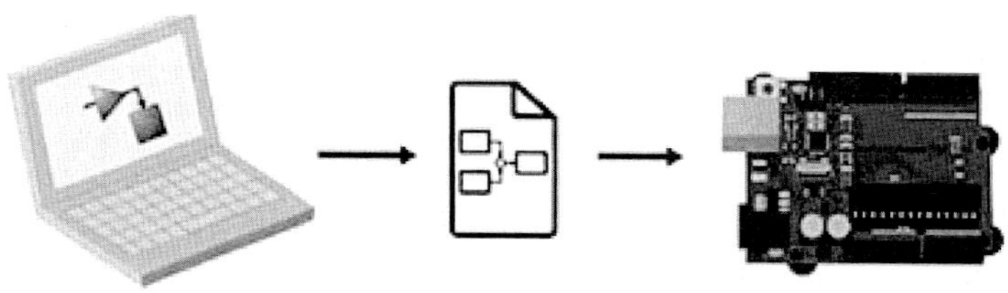

〈그림 11.9〉 시뮬링크와 아두이노 연동

시뮬링크 지원 패키지에는 다음과 같은 것을 포함하고 있다.

- 아두이노 센서와 액츄에이터를 구성하고 접근할 수 있는 블록
- 아두이노 와이파이 쉴드 및 이더넷 쉴드에 접근

- 알고리즘이 장치에서 실행될 때 상호 연동해서 신호를 감시하고 매개변수를 조정하기 위한 외부 모드
- 아두이노에서 독자적으로 실행될 수 있는 모델 배포

〈그림 11.10〉에 보인 것처럼 MathWorks 사이트에서 지원 패키지 다운받을 수 있으며 교육 동영상을 볼 수 있다.

〈그림 11.10〉 MathWorks의 아두이노 지원 사이트

지원 패키지는 아래 사이트에서 설치 파일을 다운받을 수 있으며 이를 설치하면 〈그림 11.11〉 및 〈그림 11.12〉의 설치 화면이 나온다.

- 매트랩의 아두이노 지원 패키지:
  http://kr.mathworks.com/hardware-support/arduino-matlab.html

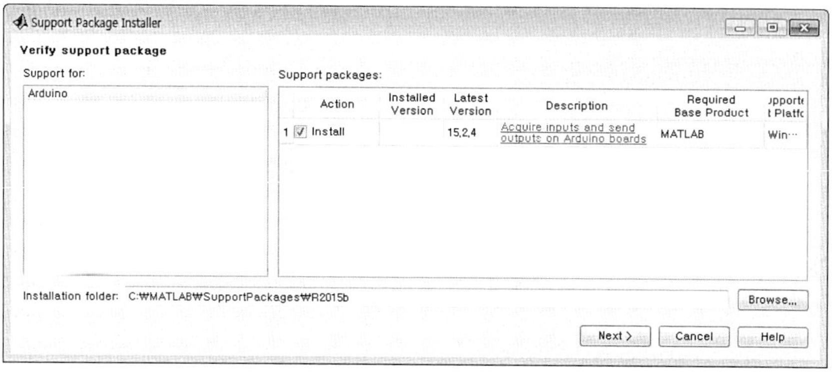


〈그림 11.11〉 매트랩의 아두이노 지원 패키지 설치 화면

- 시뮬링크의 아두이노 지원 패키지:
  http://kr.mathworks.com/hardware-support/arduino-simulink.html

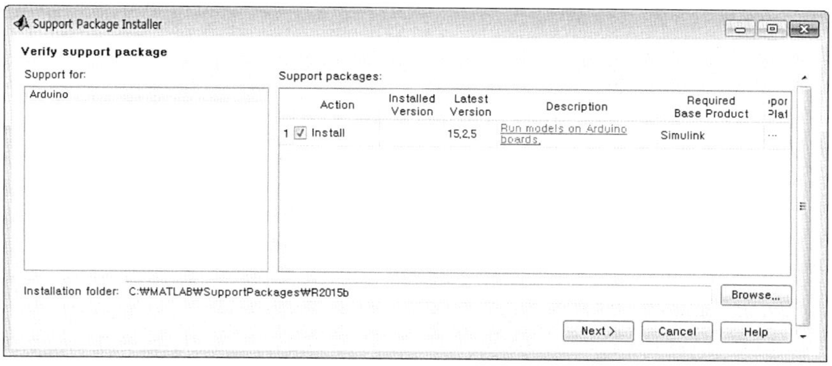


〈그림 11.12〉 시뮬링크의 아두이노 지원 패키지 설치 화면

표 11.1은 매트랩 및 시뮬링크가 모두 지원되는 아두이노 하드웨어의 목록이다.

〈표 11.1〉 매트랩 및 시뮬링크가 지원하는 아두이노 보드

| 아두이노 보드 | 쉴드 지원 | 기타 |
|---|---|---|
| Arduino Uno | Y | |
| Arduino Due | Y | DAC와 CAN 채널은 현재 지원 안 됨 |
| Arduino Mega 2560 | Y | |
| Arduino Leonardo | Y | |
| Arduino Mega ADK | Y | |

## 1) 매트랩에서 아두이노 사용

### (1) 아두이노 하드웨어에 연결

매트랩 지원 패키지가 설치된 상태에서 매트랩을 실행한다. 아두이노 보드는 USB를 통해 컴퓨터에 연결된다. 매트랩 명령창에서 아래 명령어를 입력한다.

〉 a = arduino

다음과 같이 연결된 아두이노 정보를 볼 수 있다.

```
a =

  arduino with properties:

                    Port: 'COM25'
                   Board: 'Uno'
     AvailableAnalogPins: [0 1 2 3 4 5]
    AvailableDigitalPins: [2 3 4 5 6 7 8 9 10 11 12 13]
               Libraries: {'I2C'  'SPI'  'Servo'}
```

아두이노가 연결된 포트와 보드 이름을 지정해서 명령을 실행할 수 있다.

〉 a = arduino('COM3','Uno')

```
a =

  arduino with properties:

                    Port: 'COM3'
                   Board: 'Uno'
     AvailableAnalogPins: [0 1 2 3 4 5]
    AvailableDigitalPins: [2 3 4 5 6 7 8 9 10 11 12 13]
               Libraries: {'I2C'  'SPI'  'Servo'}
```

비공식적이거나 복제된 아두이노 하드웨어를 사용하는 경우라면 포트와 보드 이름을 지정해서 연결을 설정한다. 연결된 포트를 알고 싶으면 〈그림 11.13〉과 같이 장치관리자를 열어 확인할 수 있다.

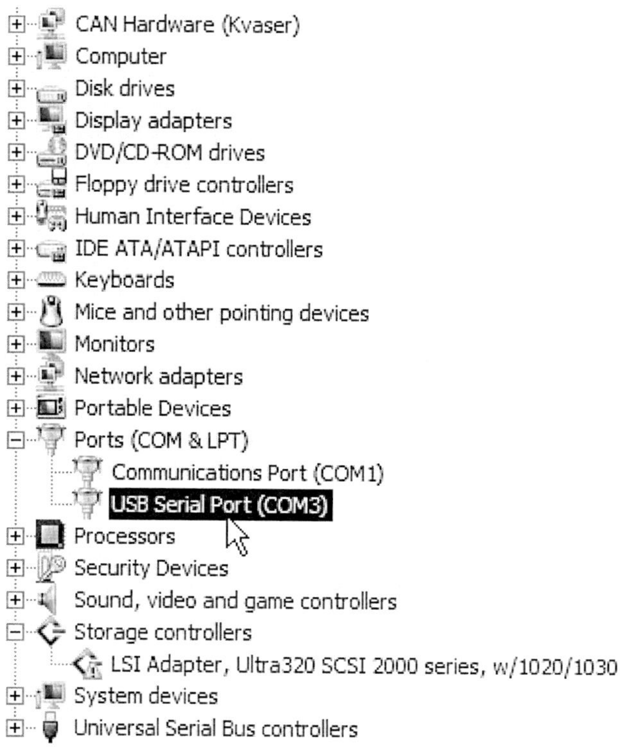


〈그림 11.13〉 장치관리자에서 아두이노 연결 포트 확인

### (2) 매트랩에서 LED 제어

매트랩에서 LED의 온・오프 및 밝기를 조절하는 방법에 대해 설명한다. LED를 아두이노 9번 핀에 연결한 후 매트랩 명령창에서 아두이노 객체를 생성한다.

```
> a = arduino;
```

10초 동안 반복해서 LED를 점멸하기 위해 디지털 핀에 데이터를 쓰는 명령을 다음과 같이 실행한다.

```
> for idx = 0:10     // 11 회 반복
>     writeDigitalPin(a, 9, 1); // 아두이노 객체(a)의 9번 핀에 1(HIGH) 출력
>     pause(0.5);  // 0.5 초 대기
>     writeDigitalPin(a, 9, 0); // 아두이노 객체(a)의 9번 핀에 0(LOW) 출력
```

```
〉     pause(0.5);
〉 end
```

PWM 출력이 가능한 디지털 핀에 PWM 듀티 사이클을 사용하여 최대에서 최소 밝기로 변하도록 한다.

```
〉 for brightness = 1:-0.1:0    // 1부터 0.1씩 빼면서 0이 될 때까지 반복
     // 아두이노 객체의 9번 핀에 brighteness의 값 출력
     writePWMDutyCycle(a,9,brightness);
     pause(0.5);
〉 end
```

### (3) 아두이노 연동을 지원하는 매트랩 함수

① 핀의 모드 설정 함수

pinMode = configurePin(a, pin)은 아두이노 객체(a)에서 지정된 핀(pin)의 모드를 표시한다. configurePin(a, pin, mode)은 아두이노의 핀(pin)을 지정된 모드 값(mode)으로 설정한다.

```
〉 a = arduino(); // 아두이노 객체 연결
〉 configurePin(a, 'A2') // 아두이노 객체의 핀 A2의 모드 표시
```

```
ans =

AnalogInput
```

```
〉 a = arduino();
〉 configurePin(a,'A4','I2C');  // 아날로그 핀 24를 I2C 모드로 설정
〉 pinMode = configurePin(a,'A4')  // A4 핀의 모드 표시
```

```
pinMode =

I2C
```

```
> a = arduino();
> configurePin(a, 'D3', 'pullup'); // 디지털 3번 핀을 풀업 모드로 설정
> pinMode = configurePin(a, 'D3') // D3 핀의 현재 모드 표시
```

```
pinMode =

Pullup
```

핀의 모드 지정에 사용될 수 있는 모드는 다음과 같다.

- AnalogInput: 핀에서 아날로그 신호를 얻고자 할 때
- DigitalInput: 핀에서 디지털 신호를 얻고자 할 때
- DigitalOutput: 핀에 디지털 신호를 출력할 때
- I2C: I2C 통신용 핀으로 지정할 때
- Pullup: 핀을 풀업 스위치로 사용할 때
- PWM: PWM 출력 핀으로 지정할 때
- Servo: 서보 모터에 연결할 신호 핀으로 사용할 때
- SPI: SPI 통신용 핀으로 지정할 때
- Unset: 핀 지정을 해제

### ② readDigitalPin 함수

value = readDigitalPin(a,pin)은 아두이노의 지정된 핀에서 데이터를 읽는다.

```
> a = arduino()  // 아두이노 연결
> readDigitalPin(a, 'D13');  // 디지털 핀13의 데이터를 읽음
```

### ③ writeDigitalPin 함수

writeDigitalPin(a,pin,value)는 아두이노의 핀(pin)에 값(value)을 출력한다.

```
> a = arduino();
> writeDigitalPin(a, 'D5', 1); // 아두이노 디지털 핀5에 HIGH 출력
```

④ writePWMVoltage 함수

writePWMVoltage(a, pin, voltage)은 아두이노 핀(pin)에 값(voltage)에 해당하는 PWM 신호를 출력한다.

```
> a = arduino();
> writePWMVoltage(a, 'D7', 3); // 디지털 핀7에 3 V의 PWM 신호 출력
```

⑤ writePWMDutyCycle 함수

writePWMDutyCycle(a, pin, dutyCycle)는 아두이노 핀(pin)에 PWM 듀티 사이클 값(dutyCycle)에 해당하는 PWM 신호를 출력한다.

```
> a = arduino();
> writePWMDutyCycle(a, 'D7', 0.33); // 핀7에 듀티 사이클 33 % PWM 신호 출력
```

⑥ playTone 함수

playTone(a, pin, frequency, duration) 아두이노 핀(pin)에 연결된 피에조 부저에 지정된 시간(duration) 동안 지정된 주파수(frequency)의 톤을 발생한다.

```
> a = arduino()
> playTone(a, 'D5', 2400, 30); // 핀5에 연결된 부저에 2400 Hz 톤을 30 초 발생
```

⑦ readVoltage 함수

voltage = readVoltage(a, pin)는 지정된 핀(pin)에서 아날로그 전압을 읽는다.

```
> a = arduino;
> readVoltage(a, 'A4') // 아날로그 핀4에서 전압을 읽음
```

```
ans =

    2.1533
```

⑧ servo 함수

servo(a, pin)은 핀(pin)에 서보 객체를 연결한다.

〉 a = arduino()

〉 s = servo(a,'D3') // 디지털 핀3에 서보 객체를 연결

```
s =

  Servo with properties:

                 Pins: D3
     MinPulseDuration: 5.44e-04 (s)
     MaxPulseDuration: 2.40e-03 (s)
```

서보 모터에 대해 최소와 최대 펄스 폭을 지정하려면(예, 최소 0.0007 초, 최대 0.0023 초로 지정하려면 아래와 같은 명령을 사용한다.

〉 a = arduino()

〉 s = servo(a,'D3','MinPulseDuration',7.00e-4,'MaxPulseDuration',2.3e-3)

```
s =

  Servo with properties:

                 Pins: D3
     MinPulseDuration: 7.00e-04 (s)
     MaxPulseDuration: 2.30e-03 (s)
```

⑨ readPosition 함수

position = readPosition(s)는 아두이노에 연결된 서보 모터 축의 위치를 읽어 서보 모터의 최대 각도에 대한 비율로 그 값을 반환한다.

〉 a = arduino();

〉 s = servo(a, 3); // 아두이노 핀3에 서보 모터 연결

〉 postion = readPosition(s) // 서보 모터의 위치 읽음

```
position =

    0.5
```

⑩ writePosition 함수

writePosition(s,position)는 아두이노에 연결된 서보 모터에 위치 값(position)을 출력한다.

```
> a = arduino();
> s = servo(a, 3);
> writePosition(s, 0.5)  // 서보 모터를 중간 지점으로 회전시킴
```

⑪ 기타

이상에서 설명한 함수 이외에 다음과 같은 함수들을 지원한다.

- 아두이노에 연결된 I2C 장치를 읽거나 쓰기 위한 함수
- 아두이노에 연결된 SPI 장치를 읽거나 쓰기 위한 함수
- 아두이노에 연결된 추가적인 쉴드 장치를 읽거나 쓰기 위한 함수
- 아두이노를 위한 추가적인 라이브러리를 만들기 위한 함수

## 2) 시뮬링크에서 아두이노 사용

아두이노를 위한 시뮬링크 지원 패키지는 시뮬링크 모델을 아두이노 보드에서 실행되도록 한다. 이 패키지는 아두이노 센서, 액츄에이터 및 통신 인터페이스를 구성하고 접근하기 위한 시뮬링크 블록 라이브러리를 포함하고 있다. 또한 시뮬링크 모델이 아두이노에서 실행 중에도 연동해서 감시하고 조정할 수 있다. 앞에서 설명한 지원 패키지를 설치하지 않았으면 매트랩 명령 창에서 'supportPackageInstaller'를 입력하면 설치 파일을 실행할 수 있다.

### (1) 모델링

하드웨어에 연결할 시뮬링크 모델이 필요하며 여기에 하드웨어 프로토콜을 지원할 블록을 추가해야 한다.

① 아날로그 입력 핀의 전압 측정 블록

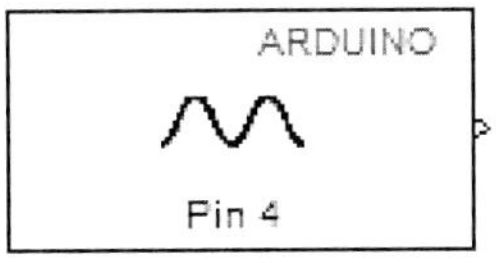


Analog Input

아두이노에서 아날로그 입력 기준 전압에 따라서 아날로그 입력 핀의 전압을 측정하고 10 비트의 0 ~ 1023 범위의 값을 출력한다. 측정 전압이 접지 전압과 같으면 블록 출력은 0이고 아날로그 기준 전압과 같으면 1023을 출력한다. 아두이노의 아날로그 기본 기준 전압은 5 V이다. 모델 구성 매개변수에서 아날로그 입력 기준 전압을 바꾸려면 Tools 〉 Run on Target Hardware 〉 Options을 실행한다. 아두이노 Due의 아날로그 입력 기준 전압은 3.3 V로 이를 바꿀 수 없다. 하드웨어 없이 시뮬레이션을 하면 이 블록은 0을 출력한다. 〈그림 11.14〉의 대화상자에서 아날로그 입력 속성을 지정할 수 있다. 〈그림 11.14〉에서 'Pin number'에는 아날로그 입력 핀 숫자를 입력한다. 'Sample time'에는 이 블록이 아날로그 입력 핀의 전압을 초 단위로 얼마나 자주 측정하는지를 지정한다. 기본 값은 1 초이며 최소는 0.000001 초이다. 이 값은 지정된 시간 안에 명령어들을 수행할 수 있도록 커야 한다.

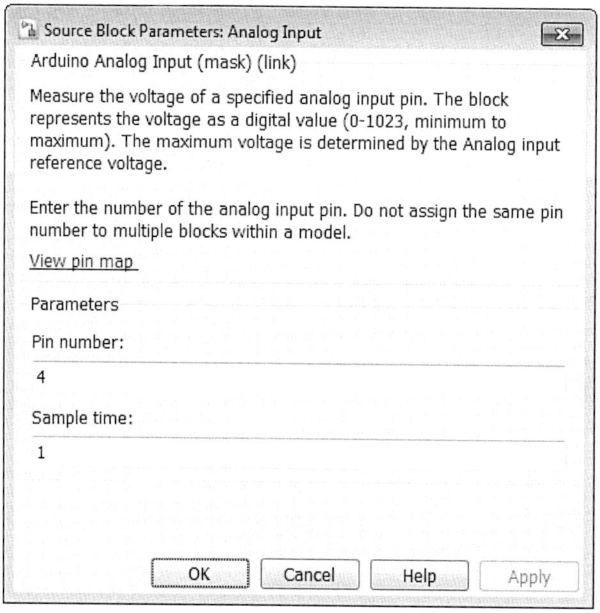


〈그림 11.14〉 아날로그 입력 속성 창

② 아날로그 출력 블록

이 블록은 지정된 핀에 전압을 발생한다.

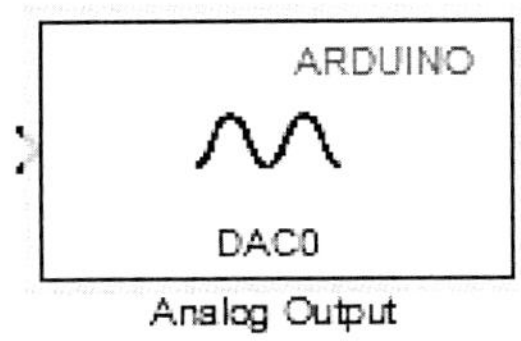


아두이노 Due 보드의 지정된 12 비트 DAC(Digital to Analog Converter) 채널에 전압을 발생하며 아날로그 두 개의 채널 DAC0와 DAC1을 사용할 수 있다. 블록은 uint16(부호 없는 16비트 정수) 형 데이터를 받아 상위 12 비트를 변환에 사용한다. 블록 입력으로 0 ~ 4095 범위의 값을 줄 수 있으며 4095 보다 큰 값은 4095에 해당하는 전압을 출력한다. 입력이 0 이면 블록은 0.56 V를, 입력이 0과 4095 사이이면 $2.2\times\frac{input}{4095}+0.56\ V$를, 입력이 4095이면 2.76 V를 출력한다. 〈그림 11.15〉의 아날로그 출력 속성 창에서 DAC 핀을 선택한다.

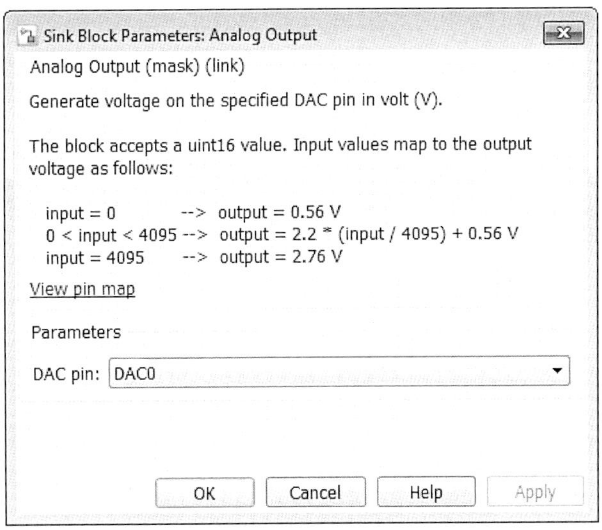


〈그림 11.15〉 아날로그 출력 속성 창

③ 연속 서보 출력

이 블록은 서모 모터의 연속 회전 축의 속도를 설정한다.

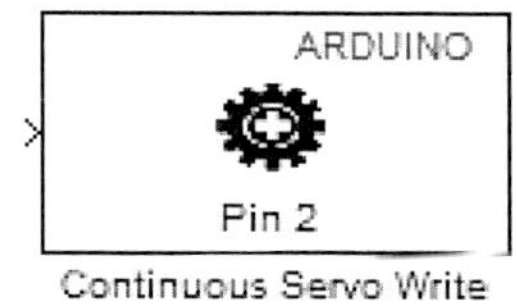


블록 입력에 -90을 입력하면 최대 회전 속도로 1 회전 한다. 90을 입력하면 최대 회전 속도로 반대 방향으로 1 회전 한다. 0을 입력하면 서보 모터는 정지한다. −95 또는 200과 같이 범위 밖의 값을 입력하면 최소 또는 최댓값을 입력한 효과를 낸다. 〈그림 11.16〉의 창에 디지털 핀 번호를 입력한다.

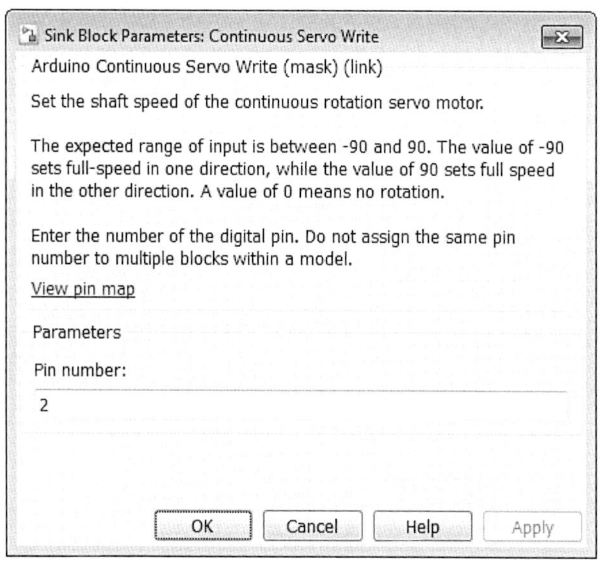


〈그림 11.16〉 서보 출력 속성 창

④ 디지털 입력

디지털 입력 핀의 값을 읽음

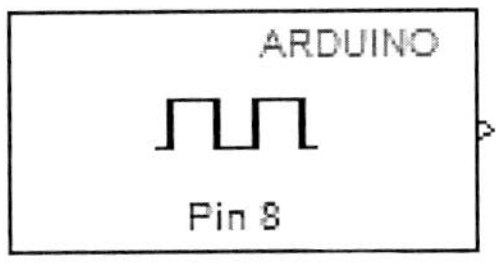


Digital Input

아두이노 디지털 핀의 논리 값을 읽는다. 핀이 LOW이면 0을, 핀이 HIGH이면 1을 출력한다. 블록의 데이터 유형은 boolean이다. 〈그림 11.17〉 속성 창에서 디지털 핀 번호와 핀을 읽는 주기(초)를 지정한다. 기본 값은 1이고 최소는 0.000001 초이다.

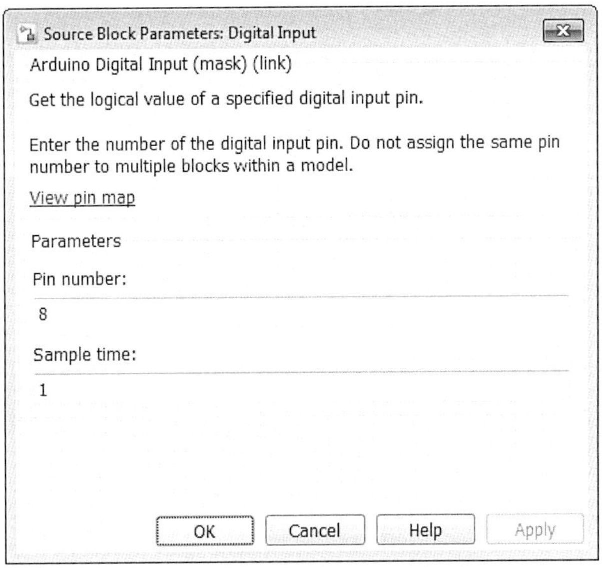


〈그림 11.17〉 디지털 입력 속성 창

⑤ 디지털 출력

디지털 핀의 논리 값을 설정한다.

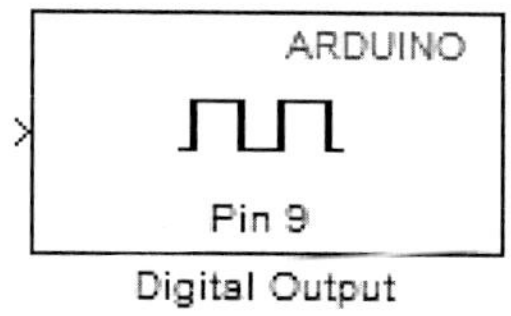


블록 입력이 1이면 디지털 핀을 HIGH로 설정 5 V 또는 3.3 V를 출력하고 블록 입력이 0이면 디지털 출력핀을 LOW로 설정 0 V를 출력한다. 〈그림 11.18〉 속성 창에서 디지털 핀 번호를 지정한다.

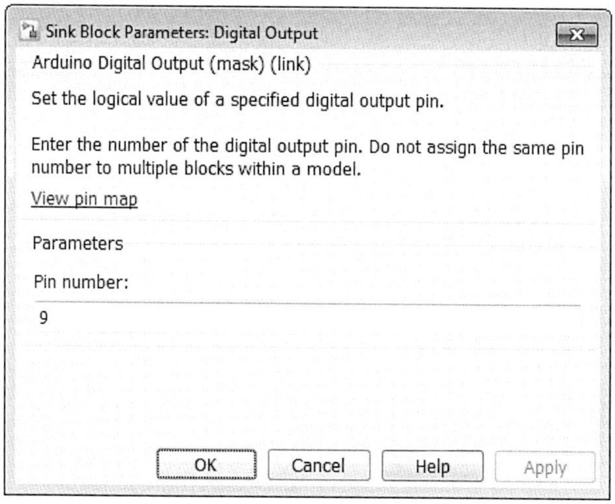


〈그림 11.18〉 디지털 출력 속성 창

⑥ PWM

아날로그 출력 핀에 PWM 파형을 발생한다.

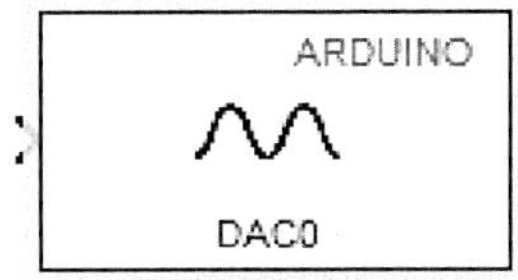


Analog Output

아두이노 PWM(펄스 폭 변조) 핀에 PWM 블록을 사용하여 듀티 사이클을 변경한다. 블록 입력은 0 ~ 255 범위의 값을 갖는다. 입력이 255이면 100 % 듀티 사이클로 PWM 핀에 최대 전압을, 입력이 0이면 출력도 0, 입력이 204이면 80 %(204/255)에 해당하는 전압이 PWM 핀에서 발생한다. 대부분의 핀에서 PWM 신호는 ~490 Hz이며 아두이노 Uno 계열의 핀 5와 6은 ~980 Hz의 주파수를 갖는다. 〈그림 11.19〉 속성 창에 PWM 핀 번호를 지정한다.

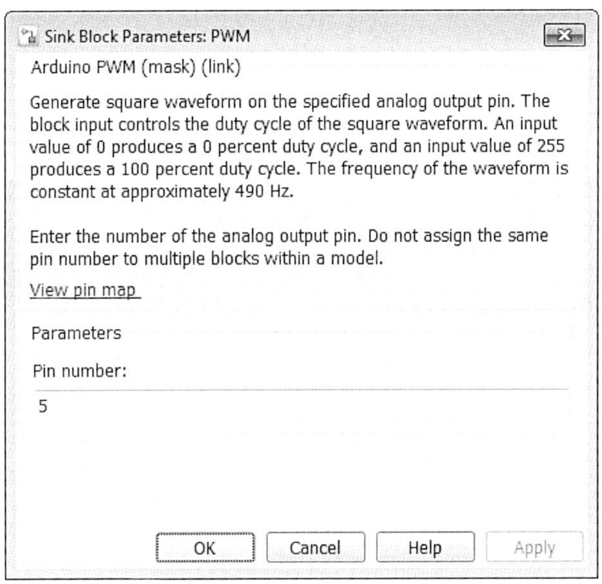


〈그림 11.19〉 PWM 속성 창

⑦ 직렬 통신 수신

직렬 통신 포트에서 1 바이트를 받는다.

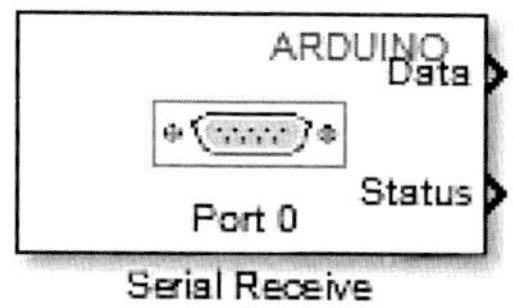


지정된 직렬 포트의 수신 버퍼에서 1 바이트를 얻는다. 블록은 Data와 Status 두 출력을 가진다. 데이터가 이용가능하면 Data 블록 출력은 직렬 수신 버퍼에서 받은 데이터를 내보내고 Status 블록 출력은 1을 내보낸다. 데이터가 이용가능하지 않을 때는 Data 블록 출력은 uint8 형의 255를, Status 블록 출력은 int 형의 0을 내보낸다. Data 블록 출력이 255 일 때 이것이 데이터인지 수신 데이터가 없음을 알리는 표시인지 구분하기 위해 Status 블록 출력을 사용한다. 〈그림 11.20〉 속성 창에 핀 번호에 직렬 포트 번호를 입력하고 수신 데이터를 읽는 주기는 초 단위로 기본은 1 초이고 최소는 0.000001 초이다.

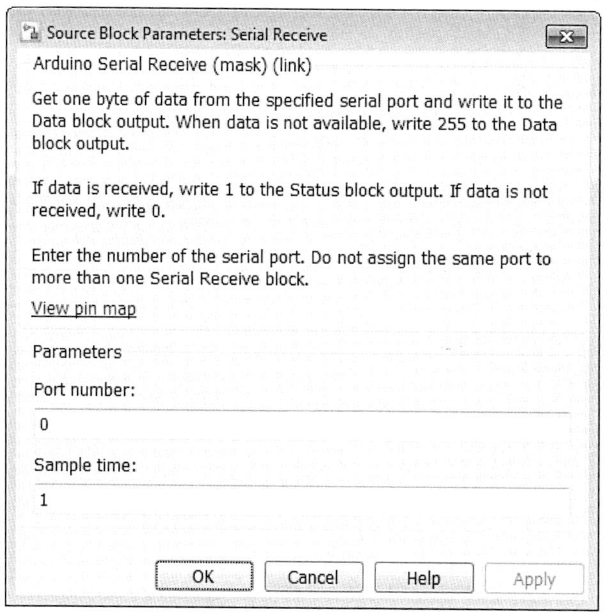


〈그림 11.20〉 직렬 수신 속성 창

⑧ 직렬 통신 송신
버퍼에 있는 데이터를 직렬 포트에 전송한다.

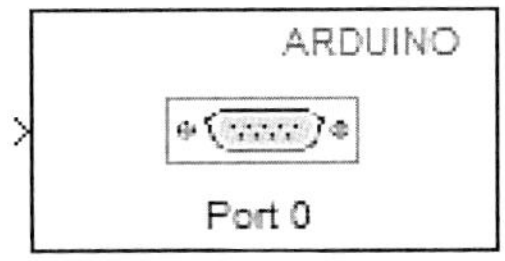

Serial Transmit

버퍼에 있는 데이터를 지정된 직렬 포트로 전송한다. 아두이노 Uno 보드는 하나의 직렬 포트 장치, serial port 0이 디지털 핀 0(RX로 표기)과 1(TX로 표기)에 연결되어 있다. 포트 번호 매개변수를 0으로 선택하면 이 블록은 TX 1으로 표기된 디지털 핀에 전송한다. 〈그림 11.21〉 속성 창에 직렬 포트 번호를 입력한다.

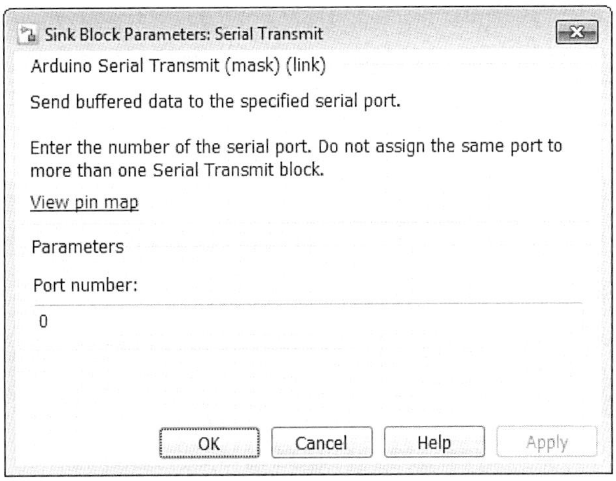


〈그림 11.21〉 직렬 송신 속성 창

⑨ 표준 서보 읽기

표준 서보 모터의 축 위치를 각도로 읽는다.

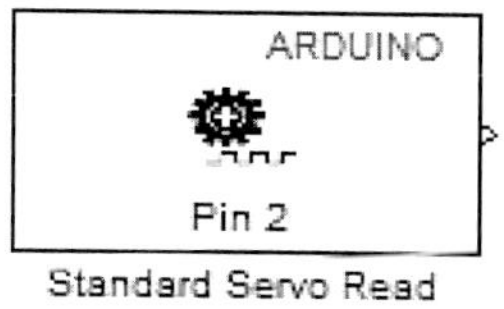


서보 모터 축의 각도를 0에서 180 도 범위의 값으로 측정한다. 블록 출력의 데이터 유형은 uint8이다. 〈그림 11.22〉 속성 창에 서보 모터 핀 번호와 측정 주기를 지정한다. 주기는 기본이 1 초이고 최소는 0.000001 초이다.

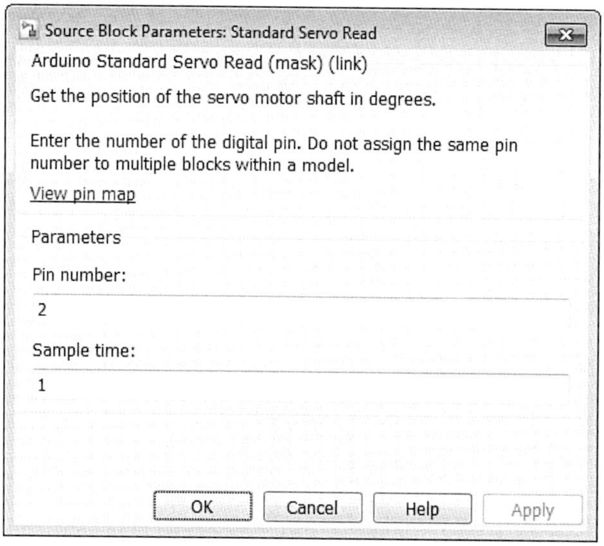


〈그림 11.22〉 표준 서보 읽기 속성 창

⑩ **표준 서보 쓰기**

표준 서보 모터의 축 위치를 설정한다.

서보 모터의 축 위치를 0에서 180 도 사이의 값으로 설정한다. 서보 모터를 회전시키려면 블록 입력에 회전 각도 값을 입력한다. 〈그림 11.23〉 속성 창에 서보 모터 핀 번호를 지정한다.

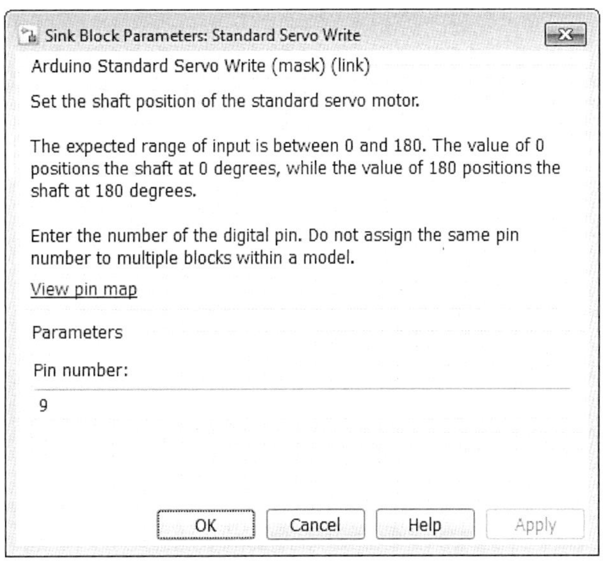


〈그림 11.23〉 표준 서보 쓰기 속성 창

공통 블록에는 이 외에 I2C 읽기와 쓰기, SPI 쓰기/읽기 블록을 지원한다. 또한 이더넷 쉴드와 와이파이 쉴드를 위해 아래 블록을 제공한다.

- 아두이노 이더넷 쉴드를 위한 블록
- 아두이노 와이파이 블록

### (2) 아두이노 보드에서 시뮬링크 모델의 실행

보드에서 실행에 앞서 USB 케이블로 아두이노 보드가 컴퓨터에 연결되어 있어야 하고 실행할 시뮬링크 모델을 만들거나 기존 것을 연다.

① 모델을 열고 메뉴 "File 〉 Save As"로 복사본을 만든다(원래 모델을 유지).

② 모델에서 메뉴 "Tools 〉 Run on Target Hardware 〉 Prepare to Run"을 선택한다. 이 동작은 모델 구성 매개변수를 변경한다.

③ 하드웨어 구현(Hardware Implementation) 창이 열리면 사용할 아두이노 보드에 대한 하드웨어 보드(Hardware board) 매개변수를 설정한다.

④ 아래 그림과 같은 "Deploy to Hardware" 버튼(

)을 클릭한다. 버튼을 클릭하면 자동으로 모델을 보드로 다운로드 한다.
아두이노 보드는 모델로부터 생성된 애플리케이션을 플래쉬 메모리에서 실행한다. 하드웨어 전원을 차단해도 이 애플리케이션은 메모리에 남아있다. 애플리케이션을 정지시키려면 보드 전원을 차단한다. 전원을 다시 연결하면 애플리케이션은 다시 동작한다. 보드에 새로운 애플리케이션을 실행하면 자동으로 이전 애플리케이션은 정지되고 삭제된다. 보드에서 실행되고 있는 모델을 다시 시작시키려면 보드의 리셋 버튼을 누른다.

### (3) LED 점멸 제어 모델

① 〈그림 11.24〉와 같이 LED와 330 Ω 저항을 직렬로 아두이노 보드 핀 9에 연결하고 아두이노 보드를 USB를 통해 컴퓨터에 연결한다.

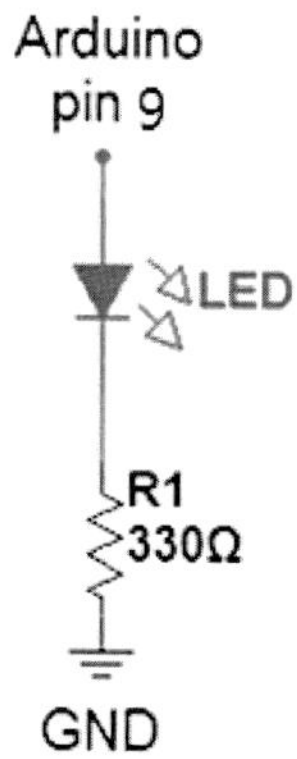


〈그림 11.24〉 LED 회로

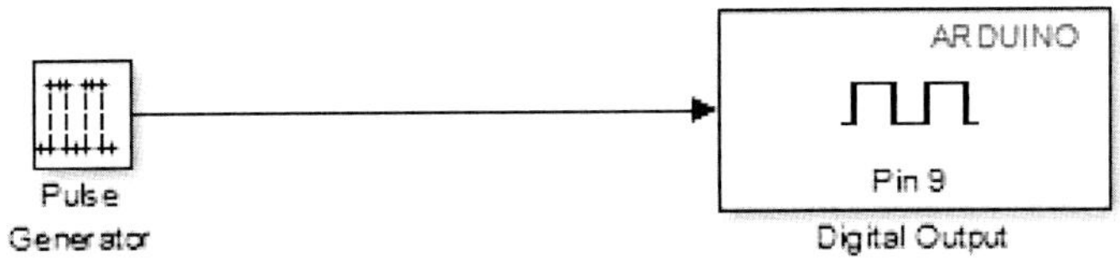


〈그림 11.25〉 LED 점멸 제어 시뮬링크 모델

② 〈그림 11.25〉의 시뮬링크 모델을 만들기 위해 매트랩에서 "HOME 〉 New 〉 Simulink Model"를 실행, 새 모델을 열고 라이브러리 브라우저의 "Source"에 있는 "Pulse Generator" 블록(〈그림 11.26〉)을 끌어 모델에 놓고 이를 더블 클릭 속성 창에 속성을 입력한다(〈그림 11.27〉).

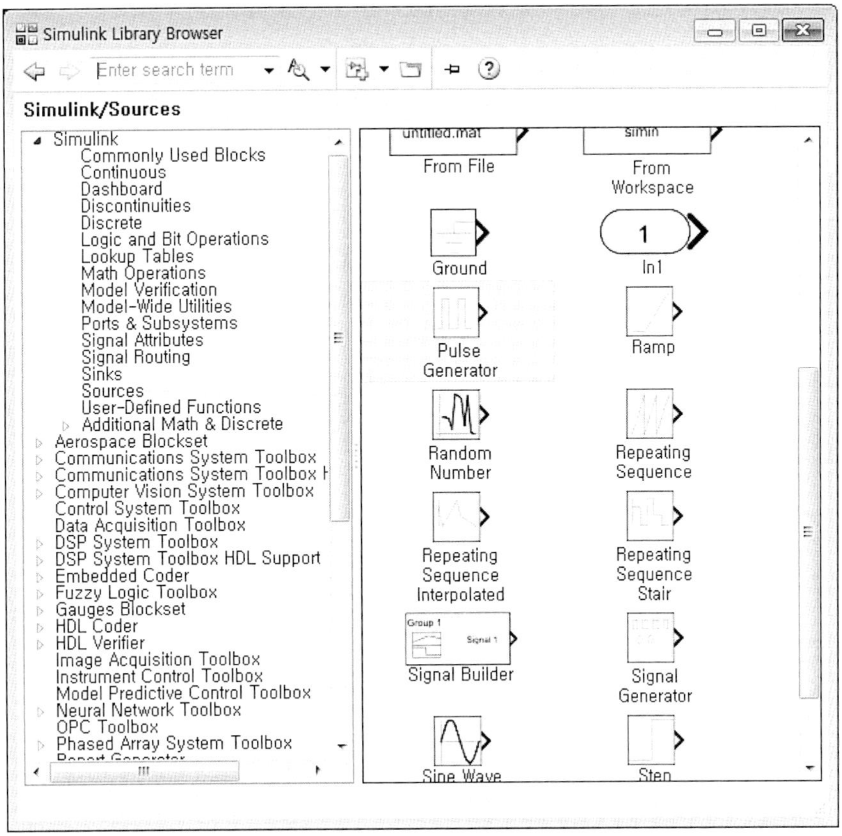


〈그림 11.26〉 Pulse Generator 블록

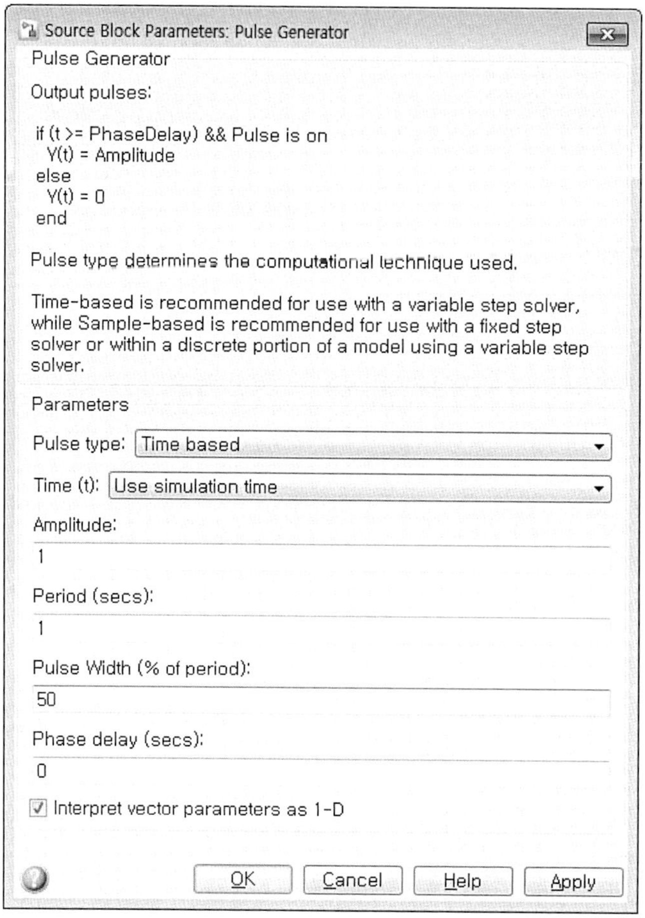


〈그림 11.27〉 Pulse Generator 블록 속성 창

③ 시뮬링크 라이브러리 브라우저의 "Simulink Support Package" 가운데 "Arduino Hardware 〉 Common"에서 "Digital Output" 블록을 모델에 끌어온다. 블록을 더블 클릭하여 핀 번호(pin number)을 9로 설정한다.

④ "Pulse Generator" 블록과 "Digital Output" 블록을 연결한다.

⑤ 시뮬링크 모델에서 메뉴 "Simulation 〉 Model Configuration Parameters"(〈그림 8.28〉)를 클릭, Configuration Parameters 대화상자(〈그림 11.29〉)를 연다.

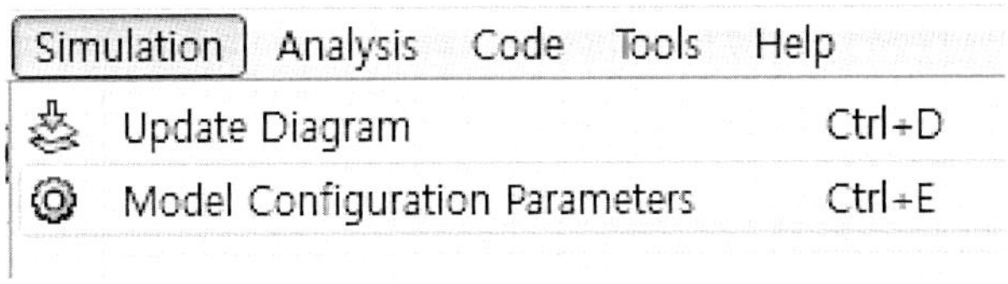


〈그림 11.28〉 메뉴 Model Configuration Parameters

⑥ 〈그림 11.29〉의 "Hardware Implementation" 창을 열고 "Hardware board" 목록에서 아두이노 하드웨어를 선택하고 다른 설정은 변경하지 않는다.

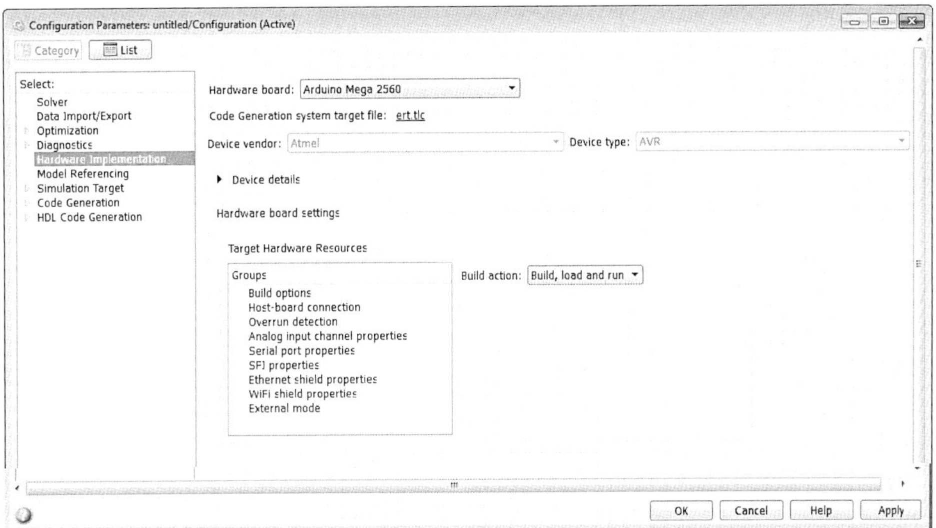


〈그림 11.29〉 Configuration Parameters 대화상자

⑦ "OK" 버튼을 클릭

⑧ 〈그림 11.25〉의 시뮬링크 모델을 아두이노 보드에서 실행하기 위해 시뮬링크 에디터 툴바에서 "Deploy to Hardware" 버튼(

)을 클릭한다.

## (4) 서보 모터 제어 모델

가변저항을 돌리면 가변저항에 걸리는 전압이 변하고 이 전압에 비례하여 서모 모터가 회전하는 시뮬링크 모델을 만든다(〈그림 11.30〉). 〈그림 11.31〉의 회로를 만든다. 아두이노 핀

4를 서보 모터 신호 핀에 연결한다. 서보 모터의 다른 두 다리는 5 V와 GND에 연결한다. 가변저항의 가운데 다리를 아날로그 핀 0(A0)에 연결하고 양끝 다리는 5 V와 GND에 연결한다.

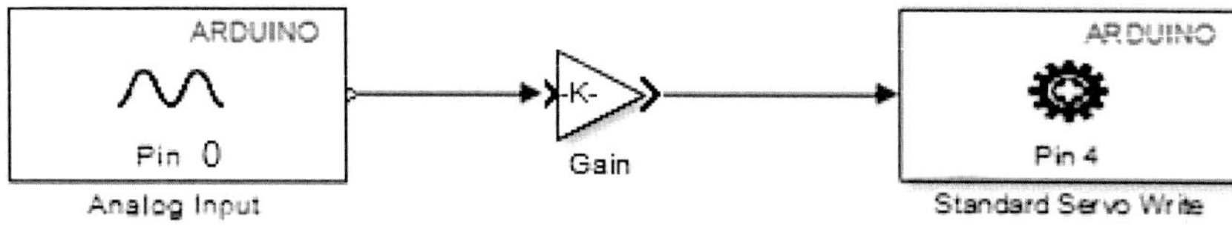


〈그림 11.30〉 서보 모터 제어 모델

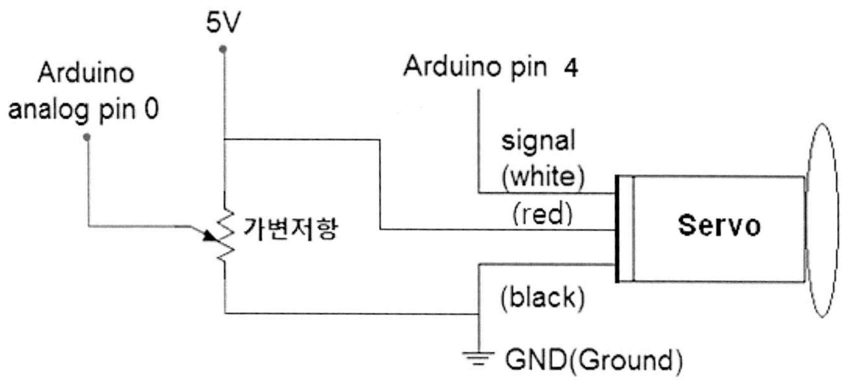


〈그림 11.31〉 서보 모터 연결 회로

① 매트랩에서 "HOME 〉 New 〉 Simulink Model"를 실행, 새 모델을 열고 라이브러리 브라우저의 "Simulink Support Package" 가운데 "Arduino Hardware 〉 Common"에서 "Analog Input" 블록을 모델에 끌어온다. 블록을 더블 클릭하여 핀 번호(pin number)를 0, 읽는 주기(sample time)을 0.01 초로 설정한다.

② "Standard Servo Write" 블록을 끌어오고 이를 더블 클릭, 핀 번호(pin number)를 4로 설정한다.

③ "Analog Input" 블록과 "Standard Servo Write" 블록을 연결한다.

④ 시뮬링크 Math Operations 라이브러리에서 "Gain" 블록(〈그림 11.32〉)을 끌어와 "Analog Input" 블록과 "Standard Servo Write" 블록을 연결하는 선 위에 놓는다. "Gain" 블록을 더블 클릭, 값(value)을 0.1760(최대 서보 모터 회전각도/아날로그 입력 디지털 변환 해상도 = 180/1023)으로 설정한다(〈그림 11.33〉).

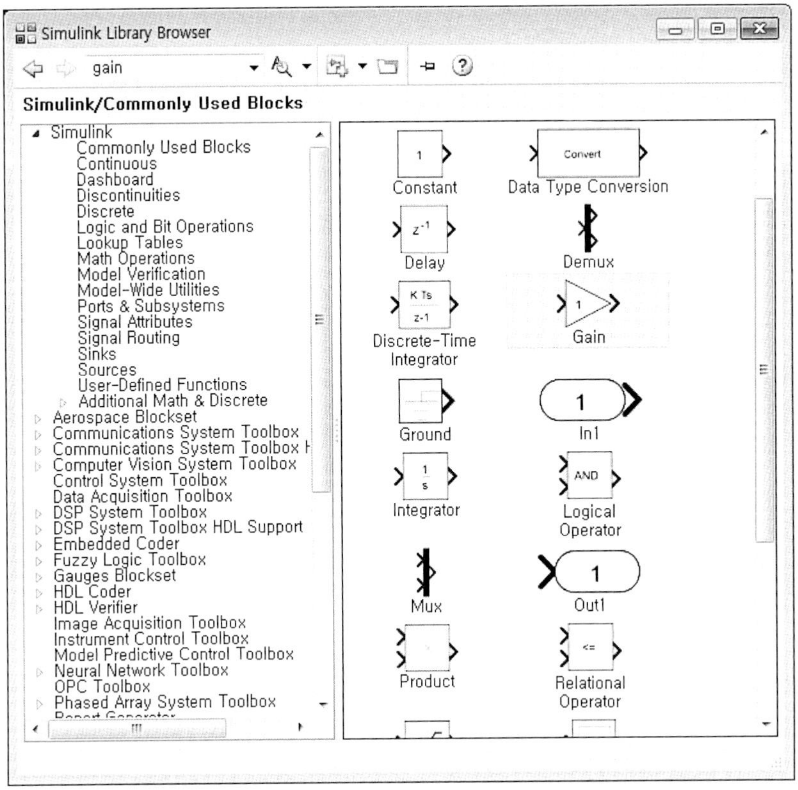


〈그림 11.32〉 Gain 블록

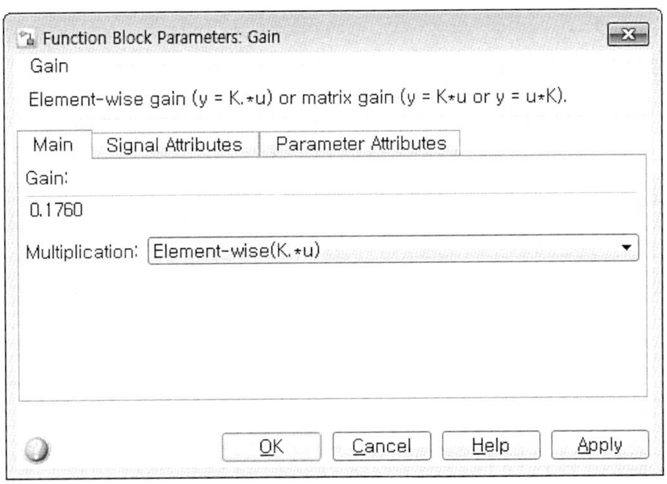


〈그림 11.33〉 Gain 블록의 속성 창

⑤ 시뮬링크 모델에서 메뉴 "Simulation 〉 Model Configuration Parameters"를 클릭, Configuration Parameters 대화상자를 연다. "Hardware Implementation" 창을 열고 "Hardware board" 목록에서 아두이노 하드웨어를 선택하고 다른 설정인 변경하지 않는다.

⑥ "OK" 버튼을 클릭

⑦ 아두이노 보드에서 실행하기 위해 시뮬링크 에디터 툴바에서 "Deploy to Hardware" 버튼을 클릭한다.

## 11.3 아두이노와 랩뷰(LabVIEW)의 연동

랩뷰는 G(Grraphical) 프로그래밍 언어로 데이터 수집, 계측과 제어 시스템을 구축할 때 높은 생산성을 발휘하기 때문에 자동차, 통신, 반도체, 항공 우주, 교통, 의료, 전자 등 많은 산업 분야에서 사용되고 있다. 랩뷰는 빠른 프로토타이핑이 가능하기 때문에 개발 과정에서는 실험 및 시험에 유리하고 생산 공정에서는 제품이나 공정을 감시하고 제어하는데 유리하다. 여기서는 랩뷰와 아두이노와 연동시키는 것에 대해서만 설명하며 랩뷰 자체는 관련 서적을 참고하기 바란다.

기존에는 LabVIEW Interface for Arduino나 LINX by Makerhub와 같은 랩뷰 툴로 아두이노를 위한 API를 제공해왔고 USB를 통해 컴퓨터에 연결된 아두이노 보드를 제어할 수 있었다. 그러나 PC와 항상 연결해서 사용해야 하는 불편한 점이 있었다. NI의 협력사 Aledyne Engineering Inc.이 개발한 아두이노 호환 컴파일러(Arduino Compatible Compiler)는 랩뷰 코드를 그대로 컴파일하여 아두이노에 탑재할 수 있다. 컴파일 시에는 USB로 아두이노를 컴퓨터에 연결해야 하지만 일단 컴파일이 완료되고 랩뷰 코드가 아두이노 보드에 다운로드된 후에는 전원만 공급하면 USB 통신 없이도 작동이 된다. 또한 제공되는 API에 기존의 랩뷰 본연의 함수들이 많이 포함되어 있어서 여기서는 Arduino Compatible Compiler를 사용해 아두이노와 연동하는 방법에 대해 설명한다.

## 1) 아두이노 호환 컴파일러 설치

랩뷰가 설치되어 있으면 애드온 툴인 "Arduino Compatible Compiler"을 설치해야한다.

① 〈그림 11.34〉과 같이 렙뷰를 실행하면 왼쪽 하단에 "애드온 찾기"가 있다. 이를 클릭하면 〈그림 11.35〉 대화상자가 열리고 '애드온 찾기'를 클릭한다.

② 〈그림 11.36〉의 사이트(http://www.ni.com/labview-tools-network/)가 열린다. 이 그림에서 Arduino Compatible Compiler를 클릭한다(그림에서 빨간색 타원으로 표시).

③ 〈그림 11.37〉의 사이트가 열리고 빨간색 타원으로 표시된 부분을 클릭, 다운로드 받는다. VIPM(VI Package Manager)를 통해 다운받으면 〈그림 11.38〉의 창이 열린다.

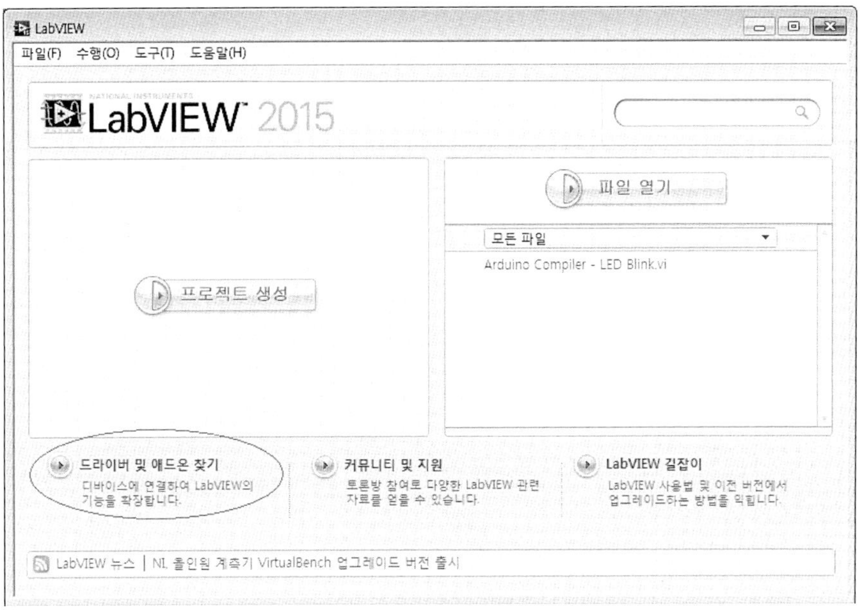


〈그림 11.34〉 랩뷰 실행 화면

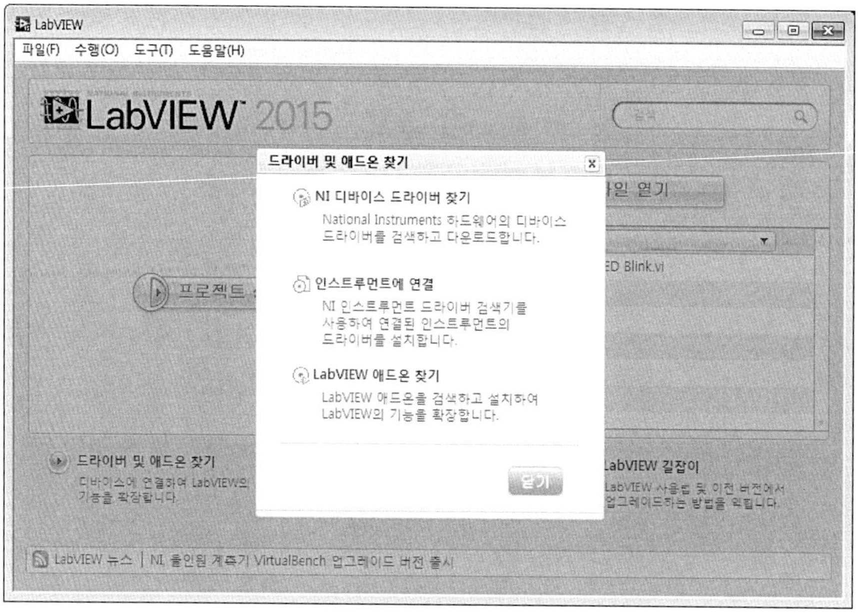


〈그림 11.35〉 애드온 찾기 창

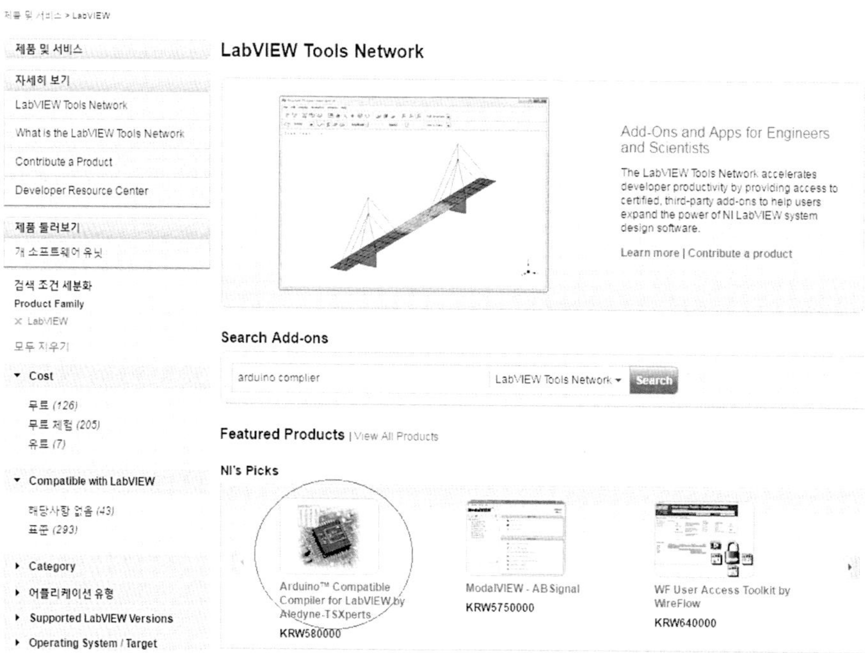


〈그림 11.36〉 랩뷰 애드온 툴

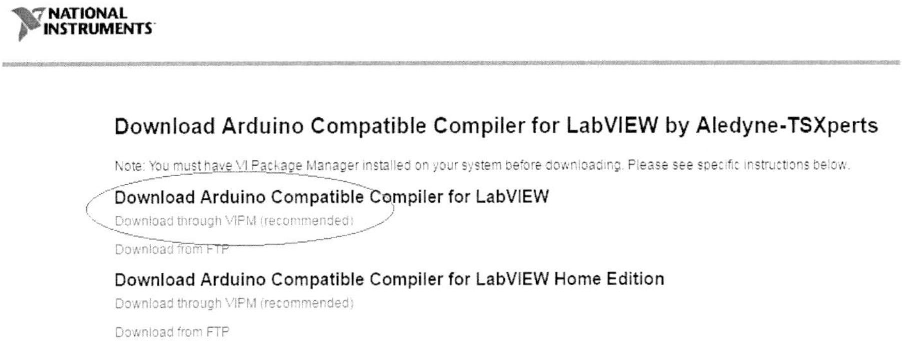


〈그림 11.37〉 Arduino Compatible Compiler 다운로드

④ 〈그림 11.38〉와 같이 VIPM 창이 열리면 상단에서 "arduino"를 검색한다. "Arduino Compatible Compiler for LabVIEW Home" 버전과 "Arduino Compatible Compiler for LabVIEW Standard" 버전이 보인다. 기능상의 차이는 없고 Home 버전은 'Home Edition'이라는 워터마크가 프로그램에 보인다. Standard 버전을 더블 클릭하면 〈그림 11.39〉 창이 열린다.

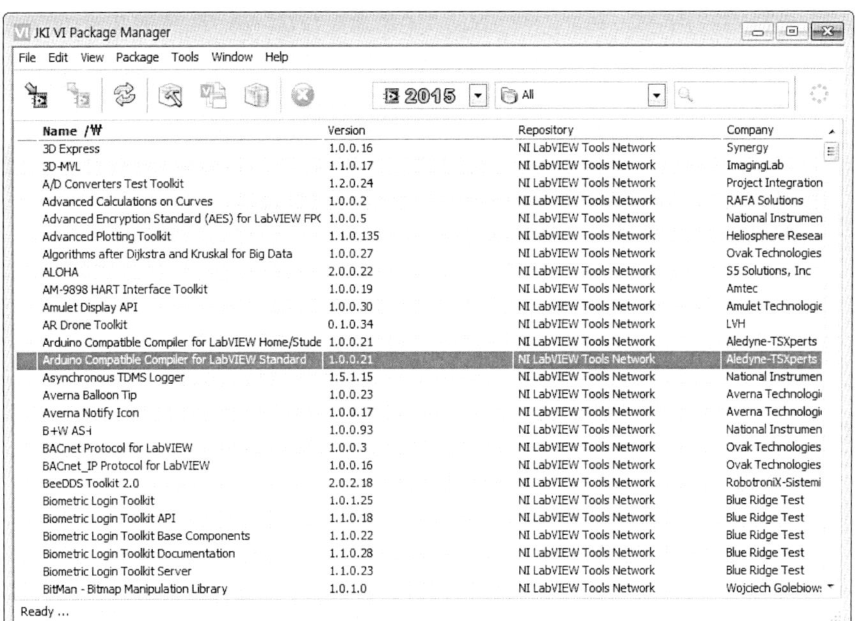


〈그림 11.38〉 VI 패키지 메니저(VIPM)

⑤ 〈그림 11.39〉에서 "Install" 버튼을 클릭, 라이센스에 동의하고 설치한다. 설치가 완료되면 〈그림 11.40〉의 창이 열리고 "Finish" 버튼을 클릭, 설치를 완료한다.

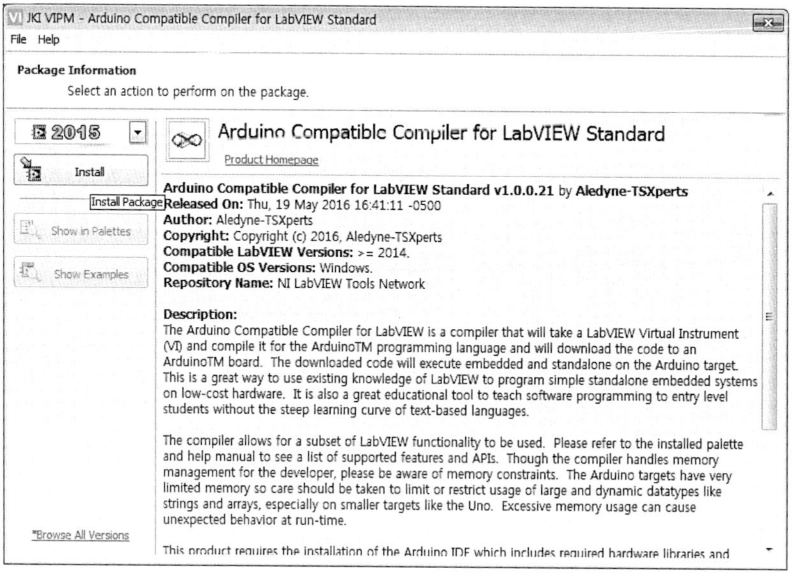

〈그림 11.39〉 Arduino Compatible Compiler 설치

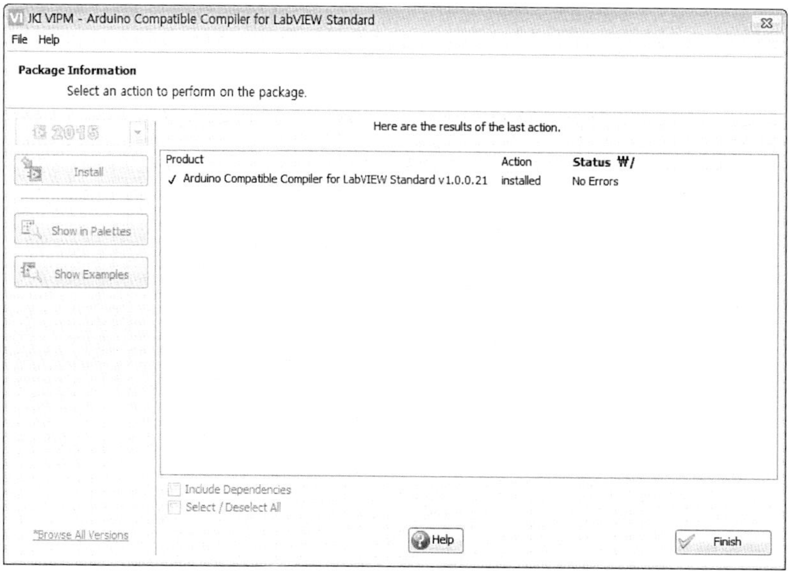

〈그림 11.40〉 Arduino Compatible Compiler 설치 종료 화면

## 2) 아두이노 호환 컴파일러를 이용한 LED 제어

다음 목록의 프로그램이 설치되어야 랩뷰를 아두이노에 탑재하여 컴퓨터 연결 없이 실행할 수 있다.

- LabVIEW 2014 또는 그 이후 버전
  http://www.ni.com/download/labview-development-system-2014/4735/en/
- NI-VISA 14.0 또는 그 이후 버전
  http://www.ni.com/download/ni-visa-15.0/5378/en/
- Arduino IDE (recommended version 1.6.5r2 또는 그 이후 버전)
  https://www.arduino.cc/en/Main/Software
- Arduino Compatible Compiler for LabVIEW
  LabVIEW Tools Network

랩뷰에서 아두이노 보드에 연결된 LED를 점멸 제어하는 것을 설명한다.

① 랩뷰를 실행하고 〈그림 11.34〉과 같은 창에서 “새 프로젝트 생성”을 클릭하면 〈그림 11.41〉이 열린다. “새 VI”를 선택하고 “마침” 버튼을 클릭한다.

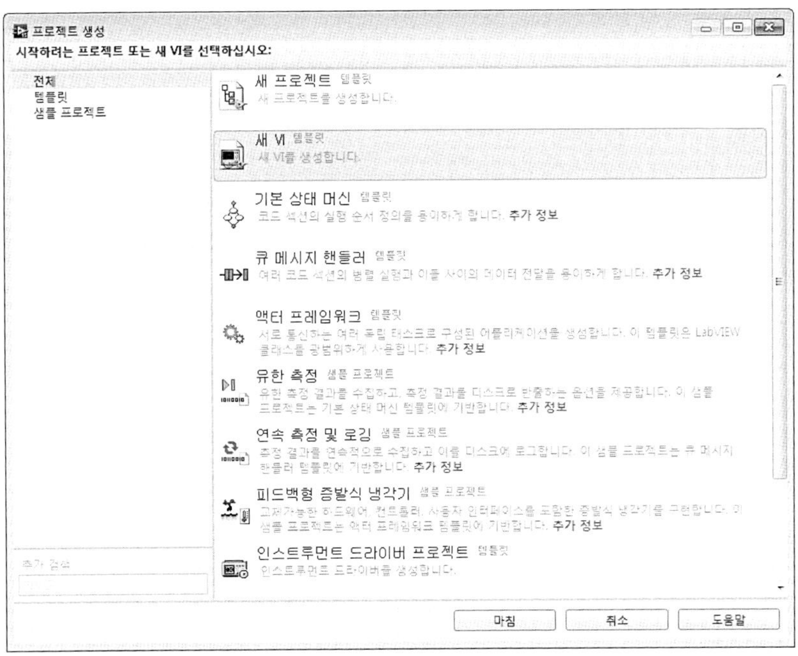


〈그림 11.41〉 랩뷰 프로젝트 생성

② 새 VI에 대한 프런트 패널과 블록다이어그램 화면이 열린다. 블록다이어그램 화면에서 마우스 우측 버튼을 클릭하면 〈그림 11.42〉의 함수 창(pallet)이 열린다. "애드온 〉 Arduino Compatible Compiler for LabVIEW Standard" 클릭하면 사용할 수 있는 랩뷰 함수 목록이 보인다. 랩뷰의 핵심인 구조와 배열, 함수 등 프로그래밍을 위한 다양한 함수들이 포함되어 있어서 기존 랩뷰 사용자가 손쉽게 원하는 아두이노 동작을 구현할 수 있게 해준다.

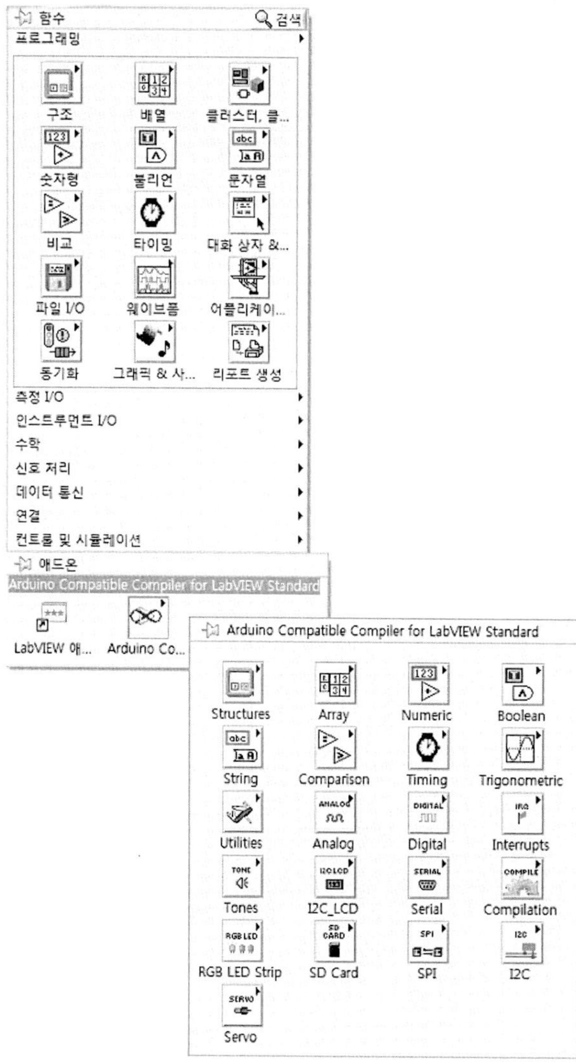


〈그림 11.42〉 Arduino Compatible Compiler 함수 목록

③ 〈그림 11.43〉에 보인 것처럼 "애드온 〉 Arduino Compatible Compiler for LabVIEW Standard 〉 Digital"에서 "Pin Mode" 및 "Digital Write" 함수를 끌어다 〈그림 11.44(b)〉의 블록 다이어그램을 완성하고 저장한다. 나머지는 랩뷰 일반 프로그래밍 함수를 사용한다. 여기서는 아두이노 보드에 내장된 LED(13번 핀에 연결)를 사용한다. 블록다이아그램을 보면 "Pin Mode" 함수를 호출, 출력으로 지정하고 무한루프에서 다음을 수행한다. "Digital Write" 함수를 호출해서 HIGH(5 V)를 디지털 핀에 출력하고 100 ms 동안 대기한 후 "Digital Write" 함수를 호출, LOW(0 V)를 디지털 핀에 출력하고 100 ms 대기한다.

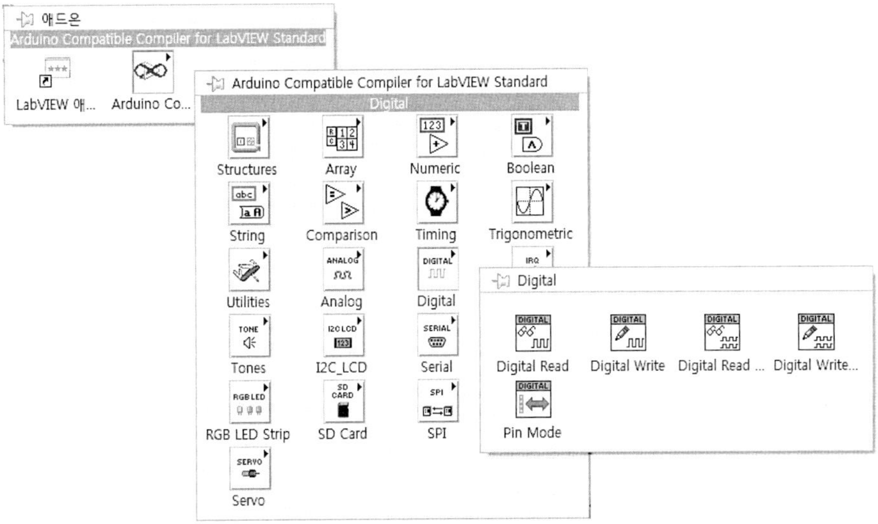


〈그림 11.43〉 Arduino Compatible Compiler 디지털 함수

(a) 프런트 패널

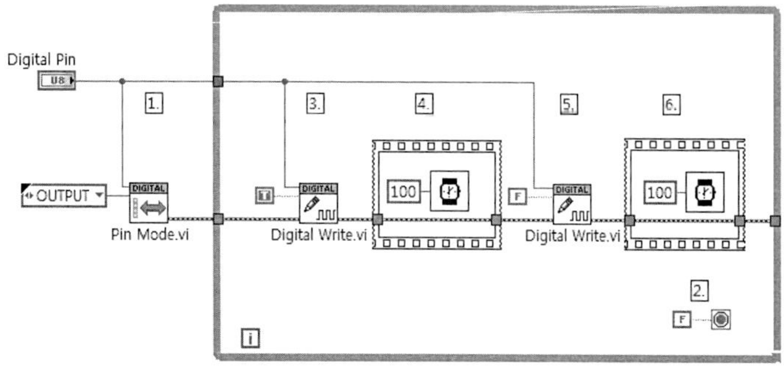


(b) 블록다이어그램

〈그림 11.44〉 LED 점멸 랩뷰 코드

④ 랩뷰 코드를 아두이노 보드에 탑재하기 〈그림 11.45〉와 같이 메뉴 "도구 〉 Arduino Compatible Compiler for LabVIEW Standard"를 클릭하면 〈그림 11.46〉의 창이 열린다.

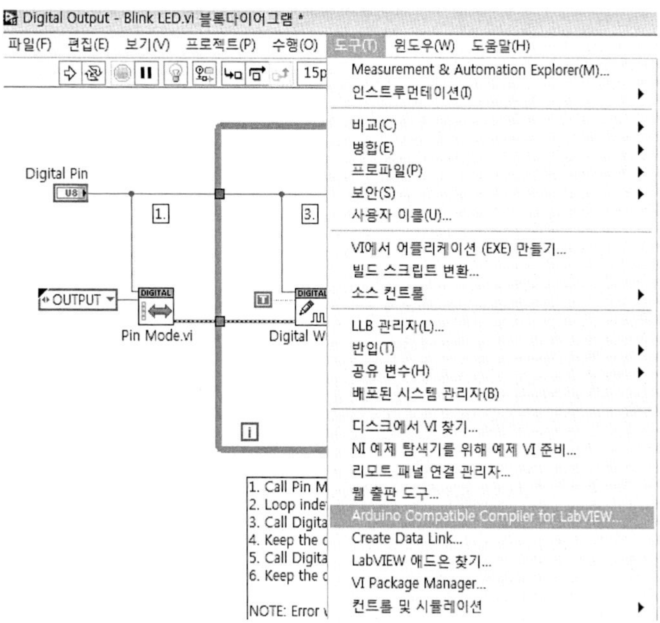


〈그림 11.45〉 아두이노 보드에 탑재

⑤ 〈그림 11.46〉에 보인 창의 메뉴 "도구(Tools) 〉 Board' 및 '도구(Tools) 〉 Port"에서 사용할 아두이노 보드와 아두이노 보드가 연결된 포트 번호를 지정한다.

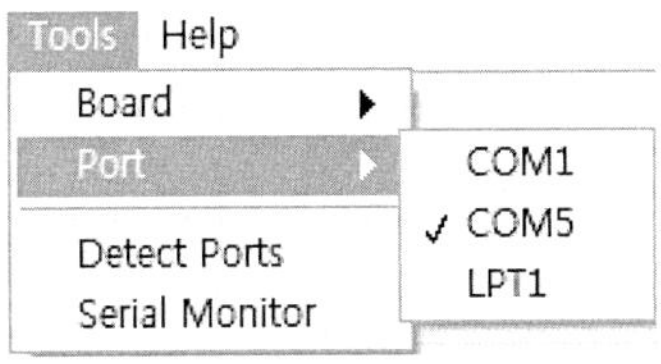


〈그림 11.46〉에 보인 것처럼 메뉴 "File 〉 Load vi" 또는 파일 "Load" 아이콘을 클릭, 아두이노에 다운로드 할 vi 파일(앞서 작성하고 저장한 파일)을 로드한다. "Compile and Download" 아이콘을 클릭하여 컴파일과 동시에 아두이노 보드에 컴파일한 파일을 다운로드 한다. 컴파일 및 다운로드가 실행 중일 때는 〈그림 11.46〉에 보인 것처럼 점선으로 이루어진 원이 점멸한다. 다운로드가 완료되면 〈그림 11.47〉와 다운로드 결과가 창에 보이고 아두이노 보드에 탑재된 프로그램이 독자적으로 실행된다.

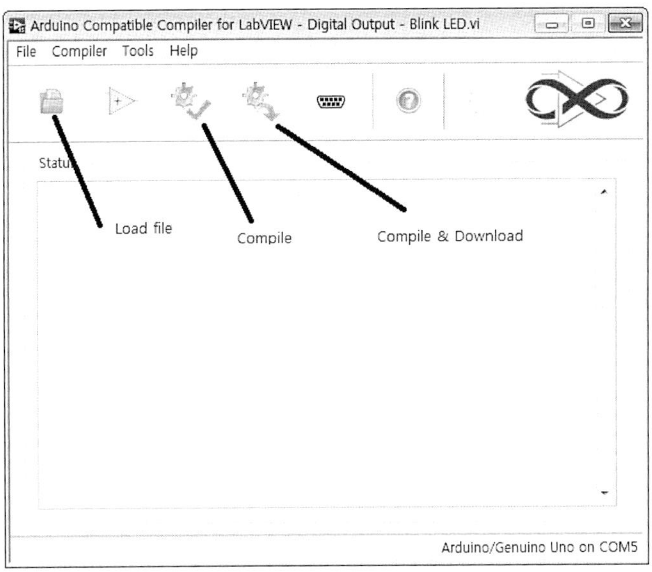


〈그림 11.46〉 컴파일 및 다운로드 창

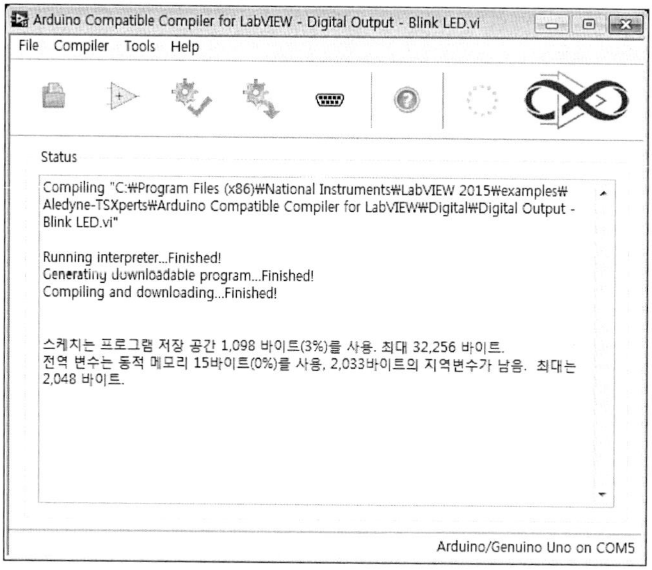


〈그림 11.47〉 다운로드 완료

# 부록

# A. 아두이노 라이브러리 만들기

라이브러리는 아두이노 스케치에서 하드웨어나 데이터 조작에 필요한 추가적인 기능을 제공한다. 아두이노의 표준 라이브러리는 해당 라이브러리가 아두이노 IDE의 "Arduino/libraries" 경로에 설치되어 있으면 아두이노 IDE에서 "Sketch 〉 Import Library" 명령으로 스케치에 #include 〈라이브러리 이름〉을 삽입할 수 있다. 여기서는 표준 라이브러리가 아닌 사용자 자신의 라이브러리를 만드는 과정을 설명한다(http://arduino.cc/en/Hacking/Library-Tutorial).

모스 부호 깜빡임 스케치에서 기능 일부를 라이브러리로 만드는 방법을 설명한다. 아래 스케치는 단순한 모스 부호 동작을 위한 것으로 13번 핀에 연결된 LED에서 SOS 모스 부호를 깜빡인다. 이 스케치의 일부분을 라이브러리로 만들 수 있다. 스케치는 실제 깜빡임을 위한 함수 dot()와 dash(), 어떤 핀을 사용할지 정의하는 ledPin 변수와 핀을 출력으로 초기화하는 pinMode() 함수의 호출로 구성된다.

```
int pin = 13;

void setup()
{
  pinMode(pin, OUTPUT);
}

void loop()
{
   dot(); dot(); dot();
   dash(); dash(); dash();
   dot(); dot(); dot();
   delay(3000);
}

void dot()
{
   digitalWrite(pin, HIGH);
   delay(250);
```

```
    digitalWrite(pin, LOW);
    delay(250);
}

void dash()
{
    digitalWrite(pin, HIGH);
    delay(1000);
    digitalWrite(pin, LOW);
    delay(250);
}
```

라이브러리를 위해 최소한 2개의 파일(확장자가 .h인 헤더 파일과 확장자가 .cpp인 소스 파일)이 필요하다. 헤더 파일은 라이브러리에 대한 정의로 필요한 모든 항목에 대한 리스트를 갖는다. 반면에 소스 파일을 실제 코드를 갖고 있다. 라이브러리 "Morse"를 호출한다고 하면 헤더 파일는 Morse.h가 된다. 헤더 파일의 핵심은 라이브러리에 있는 모든 함수(변수와 함께 클래스안에 정의됨)를 위한 한 줄을 포함한다. 클래스는 단순히 함수와 변수를 묶어 놓은 것이며 함수와 변수는 public(라이브러리 사용자가 접근할 수 있음)이나 private(클래스 자체 내에서만 접근할 수 있음)이어야 한다. 아래의 Morse라는 클래스는 public인 객체 생성자 Morse()와 dot() 및 dash() 함수와 private인 변수 _pin를 갖는다.

```
class Morse
{
  public:
    Morse(int pin);  // 객체 생성자(클래스와 이름이 같아야 함)
    void dot();
    void dash();
  private:
    int _pin;
};
```

각각의 클래스는 객체 생성자(constructor)라는 특별한 함수를 갖는데, 이는 클래스의 객체(instance)를 생성할 때 사용된다. 객체 생성자는 클래스와 이름이 같고 반환형은 없다.

헤더 파일에는 아두이노 언어의 표준 유형과 상수들에 접근할 수 있도록 #include 문장이 포함되어야 한다. 표준 라이브러리이면 〈 〉안에, 사용자가 만든 라이브러리는 " " 안에 헤더 파일명을 넣는다.

```
#include "Arduino.h"
```

이제 전체 헤더를 아래와 같은 구성으로 묶은 다음 그 아래에 #include 문장과 코드를 둔다.

```
#ifndef Morse_h
#define Morse_h

  // #include 문장과 코드가 위치하는 자리

#endif
```

이는 우연히 누군가에 의해 #include 라이브러리가 중복 삽입되는 문제를 해결한다. 끝으로 이름, 무엇을 위한 코드인지, 작성자와 라이선스 관련 내용을 라이브러리 상단에 넣는다. 이런 과정을 거쳐 모스 부호 깜빡임 스케치를 위해 만들어진 헤더 파일은 다음과 같다.

```
/*
  Morse.h - 모스 부호 깜빡임 라이브러리.
  작성자 David A. Mellis, 2007년 11월 2일.
  공개 버전.
*/
#ifndef Morse_h
#define Morse_h

#include "Arduino.h"

class Morse
{
  public:
    Morse(int pin);
    void dot();
```

```
    void dash();
  private:
    int _pin;
};

#endif
```

이제 소스파일인 Morse.cpp에 대해 알아보자. 먼저 #include 문장이 앞에 나온다. 이는 코드의 나머지 부분에서 표준 아두이노 함수와 사용자 헤더 파일에 정의된 것을 사용할 수 있게 해준다.

```
#include "Arduino.h"
#include "Morse.h"
```

그 다음에 클래스의 객체 생성자가 나온다. 모스 부호 깜빡임에 필요한 LED 연결 핀의 핀 번호를 사용자가 지정할 수 있도록 private 변수로 저장하고 해당 핀을 출력으로 설정한다.

```
Morse::Morse(int pin)
{
  pinMode(pin, OUTPUT);
  _pin = pin;
}
```

함수 Morse() 앞에 붙은 Morse::는 해당 함수가 클래스 Morse에 속해 있음(클래스의 멤버)을 의미한다. private 변수 _pin는 헤더 파일의 클래스에 정의되어 있는 변수와 이름이 같아야 한다. 이름 앞에 밑줄을 넣은 것은 private 변수임을 명확하게 표시하고 함수의 인수인 pin(pinMode(pin, OUTPUT))과 구분하기기 위한 관례이다. 다음에는 스케치에서 라이브러리로 변환된 함수의 실제 코드가 나온다. 앞에 클래스의 멤버를 표시하는 Morse::가 붙은 것과 pin 대신 _pin을 사용하는 것 이외에는 본래 스케치의 코드와 동일하다.

```
void Morse::dot()
{
  digitalWrite(_pin, HIGH);
  delay(250);
  digitalWrite(_pin, LOW);
  delay(250);
}

void Morse::dash()
{
  digitalWrite(_pin, HIGH);
  delay(1000);
  digitalWrite(_pin, LOW);
  delay(250);
}
```

이제 소스 파일 상단에 파일명, 작성자, 라이선스 등의 정보를 추가한다.

```
/*
  Morse.cpp - 모스 부호 깜빡임 라이브러리.
  작성자 David A. Mellis, 2007년 11월 2일.
  공개 버전.
*/

#include "Arduino.h"
#include "Morse.h"

Morse::Morse(int pin)
{
  pinMode(pin, OUTPUT);
  _pin = pin;
}

void Morse::dot()
```

```
{
  digitalWrite(_pin, HIGH);
  delay(250);
  digitalWrite(_pin, LOW);
  delay(250);
}

void Morse::dash()
{
  digitalWrite(_pin, HIGH);
  delay(1000);
  digitalWrite(_pin, LOW);
  delay(250);
}
```

사용자 라이브러리가 완성됐으니 라이브러리를 사용하여 스케치를 작성하는 방법을 알아보자.

소스 스케치가 있는 스케치북(sketchbook)의 하위에 Morse 디렉터토리를 만들고 그 안에 Morse.h와 Morse.cpp 파일을 옮긴다.

Arduino IDE를 실행한다.

"Sketch 〉 Import Library" 메뉴를 클릭하면 하위 메뉴에 "Morse"가 보여야 한다. 이 라이브러리는 이를 사용하는 스케치와 함께 컴파일 된다.

마지막으로 "Morse" 라이브러리를 사용하여 기존 스케치를 변경한다.

```
#include <Morse.h>

Morse morse(13); // 클래스 Morse로부터 객체 morse 생성

void setup()
{
}

void loop()
{
```

```
    morse.dot(); morse.dot(); morse.dot();
    morse.dash(); morse.dash(); morse.dash();
    morse.dot(); morse.dot(); morse.dot();
    delay(3000);
}
```

이전 스케치와 비교하면 코드 일부를 라이브러리로 옮긴 것 이외에도 차이가 조금 있다. 먼저 코드 맨 처음에 #include 문장이 추가되어 스케치에서 "Morse" 라이브러리를 사용할 수 있게 되었다. 스케치가 업로드 될 때 관련 라이브러리 코드도 함께 타겟 보드(아두이노 보드)로 보내진다. 클래스 Morse로부터 객체 morse를 생성한다.

```
Morse morse(13);
```

이 문장은 setup()보다 먼저 실행되어 Morse 클래스의 객체 생성자 함수를 호출하고 해당 인수(핀 번호 13)를 넘겨준다. setup() 함수는 비어 있는데 이는 pinMode() 함수가 객체가 만들어질 때 라이브러리 내에서 호출되기 때문이다. 함수 dot()와 dash()를 호출하기 위해서 그 앞에 생성된 객체의 이름 morse.이 붙는다(이는 객체 morse의 멤버 함수임을 표시). Morse 클래스로부터 다수의 객체를 만들 수 있고 각각의 객체는 자신의 private 변수인 _pin에 핀 번호를 저장한다. 특정 객체의 멤버 함수를 호출함으로써 호출에서 사용될 객체의 변수도 규정한다. 두 개의 객체인 morse와 morse2를 생성하는 예를 보자.

```
Morse morse(13);
Morse morse2(12);
```

morse2 객체는 자신의 멤버 함수인 morse2.dot()를 호출할 수 있고 private 변수 _pin은 12이다.

# B. 사물인터넷(IoT) 응용을 위한 RedBearLab BLE 나노 보드

RedBearLab의 BLE Nano 및 nRF51822 보드는 mbed 또는 온라인 개발 플랫폼을 사용하여 응용 애플리케이션을 개발할 수 있으며 아두이노 상에서도 개발이 가능하다. 여기서는 아두이노 개발환경에서 예제 스케치를 업로드 실행시키는 방법만 설명한다. BLE 나노 및 nRF51822 보드를 사용하기 위한 요구사항은 아래와 같다.

- iOS 7.0 이상의 운영체제에서 BLE가 지원되는 iOS 장치 : 아이폰 6+/6/5s/5c/5, 아이폰 4S, 아이패드 에어/3세대/4세대, 아이패드 미니, 아이포드 터치(5세대)
- 안드로이드 4.3 이상의 운영체제에서 BLE가 지원되는 안드로이드 장치 : 넥서스 4/5/7, 노트 3(안드로이드 지원 http://redbearlab.com/android)
- Arduino IDE가 설치된 컴퓨터(윈도우, 맥, 리눅스)

## 1) 하드웨어 설정

〈그림 B.1(b)〉의 BLE 나노 보드에 펌웨어를 탑재하려면 나노 보드를 〈그림 B.1(a)〉의 MK20 USB에 올려서 사용한다(〈그림 B.3(c)〉).

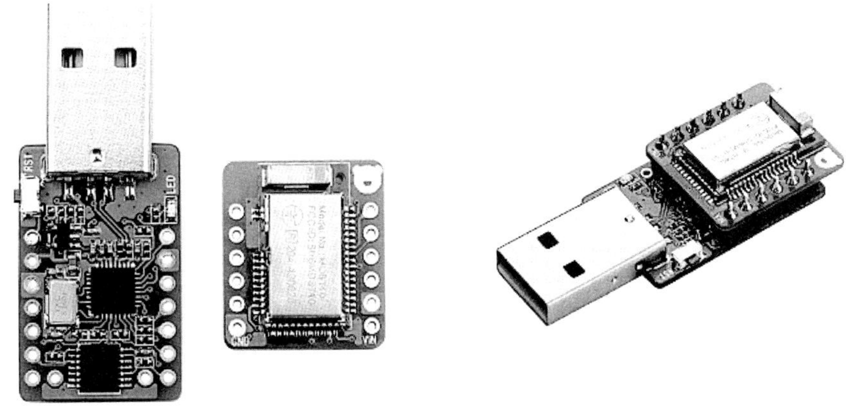

(a) MK20 USB (b) BLE Nano (c) 나노 보드 탑재한 MK20

〈그림 B.1〉 BLE Nano 및 MK20 보드

MK20 USB 보드는 직렬 포트 및 저장장치로 컴퓨터에 연결된다. 윈도우의 경우 아래 사이트에서 mbed 윈도우 직렬 포트(serial port) 드라이브를 설치해야 한다.

https://mbed.org/media/downloads/drivers/mbedWinSerial_16466.exe

## (1) BLE Nano

나노 보드는 3.3 V ~ 13 V를 VIN 핀에 공급할 수 있으며 온 보드 LDO를 경유해 3.3 V로 변환된다(nRF51822 칩이 3.3 V에서 동작). 나노 보드에 연결할 다른 장치가 있다면 VDD 핀을 통해 3.3 V를 다른 장치에 공급할 수 있다(〈그림 B.2〉). VDD 핀에 1.8 ~ 3.3 V를 공급할 수 있다(〈그림 B.3〉). VIN과 VDD에 동시에 전압을 공급하면 안 되고 VDD 핀에는 3.3 V 보다 높은 전압을, VIN 핀에서는 13 V 보다 높은 전압을 공급해선 안 된다.

〈그림 B.2〉 입력 VIN 핀, 출력 VDD 핀

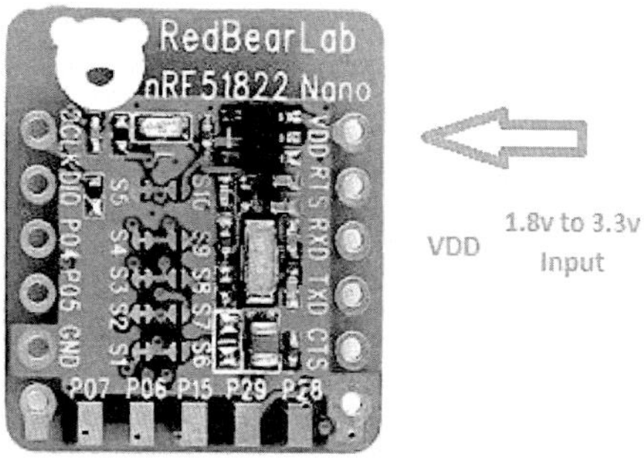


〈그림 B.3〉 입력 VDD 핀

〈그림 B.4〉에 보인 것처럼 온 보드 LED가 핀 19(P0_19)에 연결되어 있다. 핀 30은 신호 핀으로 사용된다. 스위치 S5는 단락, 스위치 S10은 개방이면 핀 30(P0_30)은 GND(LOW)가 되고 S10이 단락이고 S5가 개방이면 핀 30은 VDD(HIGH)가 된다. 스위치 S1 ~ S4와 S6 ~ S9는 UART 연결에(RTS, RXD, TXD 및 CTS)에 어떤 핀을 사용할지 선택할 때 사용된다. 기본 값은 이들이 핀 8 ~ 핀 11에 연결된다. 대부분의 Nordic 펌웨어는 이 설정을 사용한다. 스위치 S5와 S10을 동시에 단락해서는 안 된다. 표 B.1에 보드의 사양이 요약되어 있다.

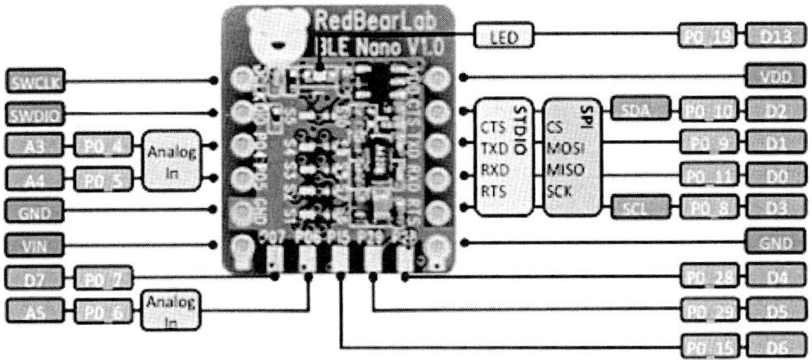


기본 설정(공장 출하 시 설정)

S1 Short and S6 Open RTS > P0_8
S2 Short and S7 Open RXD > P0_11
S3 Short and S8 Open TXD > P0_9
S4 Short and S9 Open CTS > P0_10
S5 Short and S10 Open P0_30 > GND

사용자 설정

S1 Open and S6 Short RTS > P0_0
S2 Open and S7 Short RXD > P0_3
S3 Open and S8 Short TXD > P0_1
S4 Open and S9 Short CTS > P0_2
S5 Open and S10 Short P0_30 > VDD

〈그림 B.4〉 BLE 나노 핀 배열

〈표 B.1〉 BLE Nano 사양

| | |
|---|---|
| 마이크로 컨트롤러 | Nordic nRF51822 |
| CMSIS-DAP 칩 | Freescale MK20 |
| 동작 전압 | 1.8 V ~ 3.3 V |
| 입력 전압 | 1.8 V ~ 3.3 V (VDD)<br>3.3 V ~ 13 V (VIN)<br>주의: 둘 중 하나의 전원 공급만 사용해야 됨. |
| 클럭 속도 | 16 MHz |
| 연결(통신) | 블루투스 4.0 저에너지(BLE)<br>직렬 (TX/RX)<br>I2C<br>SPI |
| 플래쉬 메모리 | 256 KB |
| SRAM | 16 KB |
| 크기 | 18.5 x 21.0 mm |
| I/O 핀 수 | 11 |

## (2) MK20

MK20(Freescale MK20DX128VFM5) USB 보드는 동글처럼 동작한다. USB 포트에서 5 V를 받아 온 보드 LDO를 통해 BLE 나노 전원 공급에 필요한 3.3 V로 변환한다. 컴퓨터에서는 직렬 포트(serial port) 및 제거가능한 대용량 저장 디스크(removable mass storage disk)로 인식된다. BLE 나노는 1.8 V 저전압에서도 동작할 수 있기 때문에 MK20 보드도 1.8 V에서 동작되게 하려면 〈그림 B.5〉의 스위치(S)를 단락시키면 전압 조정기 출력이 1.8 V가 된다.

〈그림 B.5〉 MK20 USB 보드

## 2) 아두이노로 프로그래밍하기

먼저 BLE 나노 보드 또는 RedBearLab nRF51822 보드를 등록해야한다. 등록 사이트는 http://redbearlab.com/register 이다. 제품에 동봉된 시리얼 번호를 사용하여 등록한다.

① 1장 설명과 같이 아두이노 개발환경(IDE: Integrated Development Environment)을 설치한다.

https://arduino.cc/en/Main/Software

② IDE를 시작하고 메뉴 "파일(File) 〉 환경설정(Preference)"을 클릭하고 "추가적인 보드 매니저 URLs(Additional Boards Manager URLs)"에 다음 주소를 입력한다(〈그림 B.6〉).

https://redbearlab.github.io/arduino/package_redbearlab_index.json

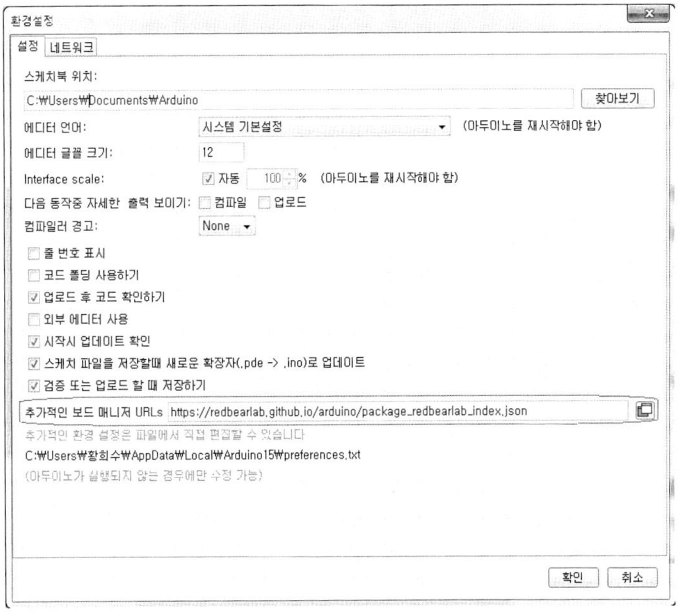


〈그림 B.6〉 아두이노 개발환경 환경설정 창

③ 메뉴 "툴(Tools) 〉 보드(Boards) 〉 보드 매니저(Board Manger)"를 클릭, 〈그림 B.7〉의 보드 매니저 창이 열리면 "RedBearLab nRF51822 Boards"를 선택하고 설치 버튼을 클릭한다. 설치가 되면 메뉴 "툴 〉 보드"에 ReaBearLab 보드가 추가된 것을 확인할 수 있다(〈그림 B.8〉). 타겟 보드로 "BLE Nano"를 선택한다.

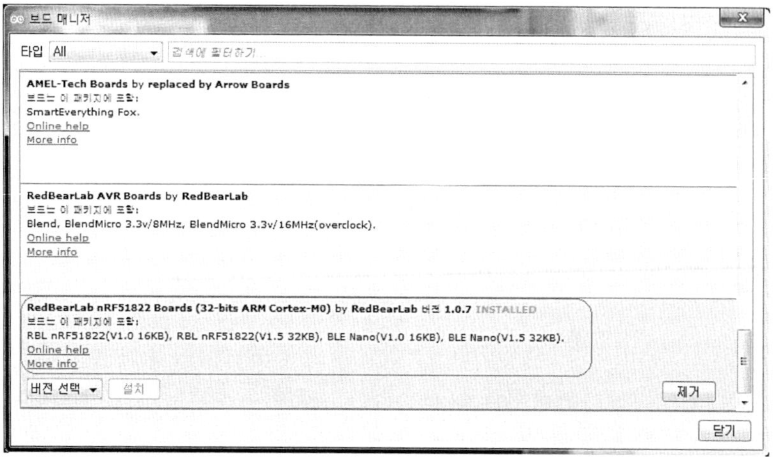


〈그림 B.7〉 보드 매니저에서 nRF51822 보드 설치 후

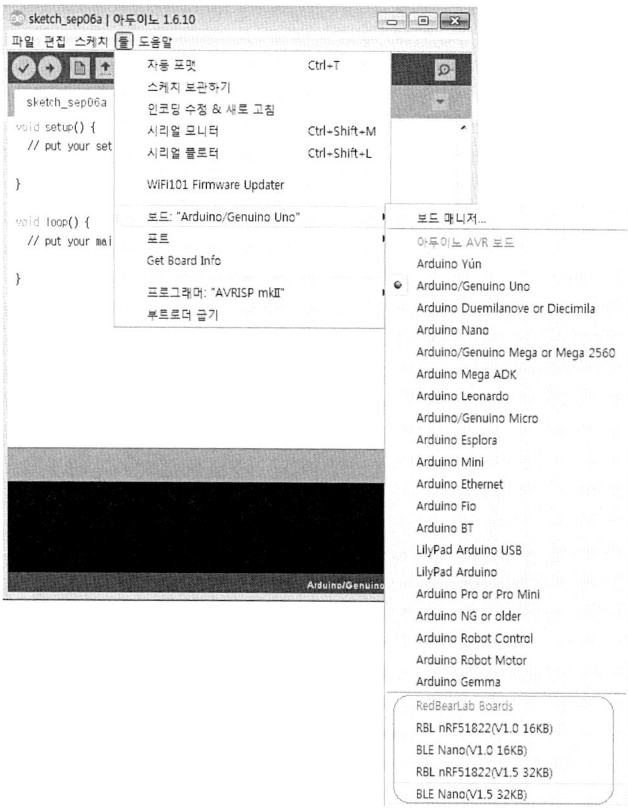


〈그림 B.8〉 아두이노 개발환경에 추가된 RedBearLab 보드

②, ③의 방법 대신 아래와 같이 파일을 직접 다운받아 설치할 수 있다.

(1) nRF51822 보드 구성 및 라이브러리를 포함하고 있는 Arduino IDE 1.5.7용 'RedBearLab nRF51822 애드-온'을 아래 사이트에서 다운받는다.

https://github.com/RedBearLab/nRF51822-Arduino

(2) 다운받은 '..₩arduino-1.6.x' 경로 밑의 'hardware' 폴더를 설치된 아두이노 IDE(adruino 1.6.x 설치 경로)에 있는 'hardware' 폴더에 합친다. 합치는 과정에서 기존 파일을 대체한다. 합치고 나면 아두이노 IDE의 'hardware/arduino' 폴더에 밑에 아래의 두 폴더가 보인다.

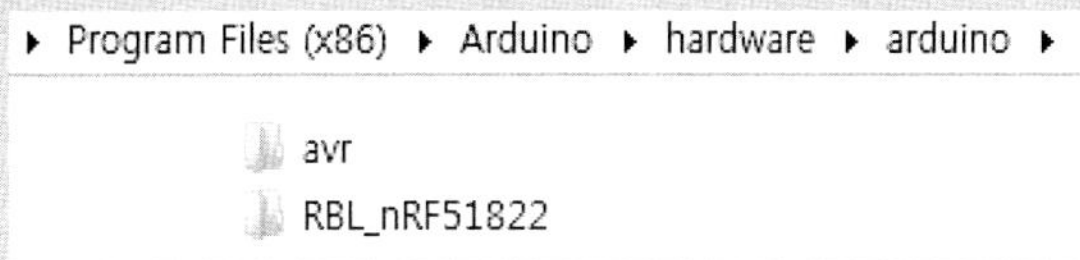


④ 윈도우 사용자의 경우 아두이노 IDE에서 스케치를 업로드 하려면 USB 시리얼 드라이버를 설치해야 한다. 아래의 파일을 다운받아 설치한다.

https://mbed.org/media/downloads/drivers/mbedWinSerial_16466.exe

⑤ BLE Nano 또는 nRF51822 보드를 MK20 USB 보드에 탑재한 상태로 컴퓨터 USB 포트에 연결한다. 아두이노 IDE 메뉴 "툴(Tools) 〉 포트(Port)"를 선택하면 〈그림 B.9〉와 같이 연결된 COM 포트 번호를 확인할 수 있다.

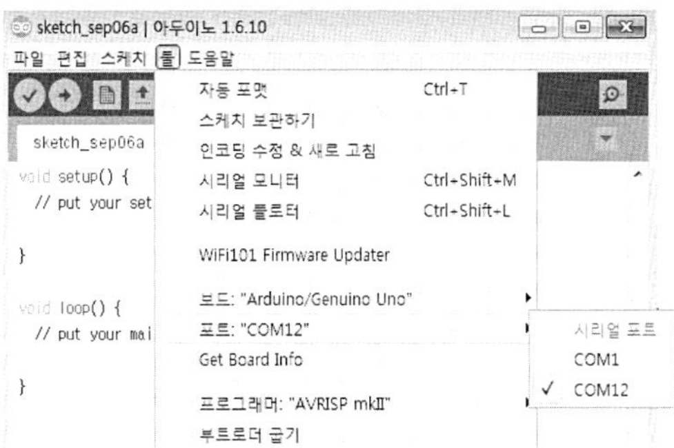


〈그림 B.9〉 BLE Nano 연결 포트

⑥ 아두이노 IDE의 "파일 〉 예제 〉 01.Basics 〉 Blink"를 연다(〈그림 B.10〉). 보드와 포트를 지정한 후 "업로드" 버튼을 클릭한다. 업로드가 되면 BLE Nano 보드 뒤의 내장 LED가 깜박인다.

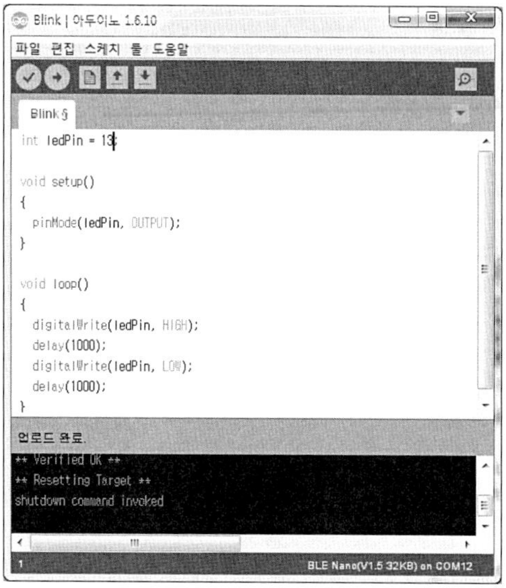


〈그림 B.10〉 업로드 완료 후

정가 23,000원

신나는 상상을 현실로! 나만의 프로젝트를 위한
**러닝 아두이노**

2017년 2월 1일 초판 인쇄
2017년 2월 10일 초판 발행
저 자 : 황희수
발행자 : 우명찬 · 송 준
발행처 : 홍릉과학출판사
주 소 : 서울시 강북구 인수봉로 50길 10
01093
등 록 : 1976년 10월 21일 제5-66호
전 화 : (02) 999-2274~5, 903-7037
팩 스 : (02) 905-6729
e-mail: hongpub@hongpub.co.kr
http://www.hongpub.co.kr
ISBN: 979-11-5600-495-0

저자와의 협의하에 인지생략